한국어 발음 습득 연구

모음 중심의 실험음성학적 연구

한국어 발음 습득 연구

모음 중심의 실험음성학적 연구

권성미 지음

도서
출판 박이정

권성미

- 경북대 노어노문학과 졸업
- 보스톤대 외국인을 위한 영어교육학과 교육학석사
- (Boston University, Dept. of TESOL, Ed.M.)
- 이화여대 한국학과 석사
- 이화여대 국어국문학과 문학박사
- 이화여대 언어교육원 한국어강사 역임
- 이화여대, 숭실대, 세종대, 세명대 국문과 강사 역임
- 현재 서울시립대 국제교육원 객원교수

주요 논저

- 「영어 화자의 한국어 운율 체계 습득 양상에 대한 연구」
- 「한국어 초·중급 교재에 나타난 간접화행 실현 양상 분석」
- 「A Study of the Effects of Similarity on L2 Phone Acquisition」
- 『Essential Korean for Everyday Use』

머리말

　종종 풍부한 어휘력을 갖추고 문법 오류도 없이 상당히 유창하게 한국어를 구사하지만 발음은 어눌한 유학생이나 이주민들을 볼 때가 있다. 그런 사람들이 단지 발음 때문에 한국인들에게 우스꽝스럽게 보이거나 부정적인 평가를 받는 경우를 볼 때면, 참 안타깝다는 생각이 들곤 한다. 아무래도 이제 막 다문화 사회의 문턱으로 들어서서 다양성을 인정하는 것에 익숙하지 않은 한국인에게, '외국인 같은 발음(foreign accent)'으로 구사하는 한국어'는 '진짜 한국어'로 받아들이기 힘든 모양이다. 그러니 ESL에서 '이해 가능한 발음'을 발음 교육의 목표로 삼는 것과 달리, 한국어교육에서 '모국어 화자와 같은 정확한 발음'을 교육 목표로 삼는 것은 포기할 수 없는 일이다.

　이러한 생각에서 필자는 학습자의 발음 연구에 관심을 갖게 되었다. 하지만, 필자에게 음성 분석은 다루기 벅찬 연구 과제였다. 그런데 공부 운이 있었던 것인지 박사과정에 합격하고 학기가 시작되기도 전에, 지도교수님이신 박창원 선생님과 영문과 오은진 선생님께서 이끄신 BK21 워크숍("음성학과 음운론의 경계")을 시작으로 음운론과 음성학에 대한 지식과 실험음성학적 연구 방법론까지 하나하나 배워 나갈 수 있었다. 그리고 박사과정 4학기 때 국어학 연구 방법론 수업을 마치면서 기말 논문을 제출하였는데, 마침 그 과목을 강의하셨던 지도교수님께서 "이 주제는 박사 논문으로 써도 되겠다."고 하신 말씀에 용기를 내어 학위논문을 쓰기로 마음을 먹게 되었다.

　논문을 다행스럽게도 빠른 시간 내에 마칠 수 있었지만, 세상일은 참으로 공평한 것이어서, 성급했던 탓에 논문에 허술한 부분이 많다. 총명하지 못한 사람이 급히 쓴 논문이라 부족한 점이 많기에 대폭 수정이 필요함을 알면서도, 학위를 받은 지 2년이 지난 지금 주변의 격려를 핑계 삼아 설익은 학위논문을 약간의 수정만을 가한 채 출판을 하게 되었다.

원고를 완성하기까지 필자를 위해 많은 분들이 조언과 격려를 해 주셨다. 의욕만 앞서는 필자에게 학문이 무엇인지 가르쳐 주시고, 세상에 대한 편협한 시각을 가져서는 안 된다고 꾸짖어 주시는 박창원 선생님, 부족한 논문의 의의를 찾아 주신 인연으로 항상 지켜봐 주시는 허용 선생님, 늘 가까이에서 힘을 주시는, 그 향기를 닮고 싶은 전혜영 선생님, 학문적으로 인간적으로 많은 가르침을 주시는 구본관 선생님, 취약점인 한국어 문법론에 대한 기초를 다질 기회를 주신 임동훈 선생님, 기본이 없는 필자도 이해할 수 있도록 친절하게 국어사를 지도해 주신 이선웅 선생님, 허술한 논문을 세밀히 읽고 조언해 주신 최형용 선생님, 음운론의 제 이론과 음향음성학의 원리를 가르쳐 주신 오은진 선생님께 감사드린다. 또, 한국학 및 한국어교육학의 체계적인 지식을 습득하게 해 주신 최준식, 이해영, 김영규 선생님께도 감사의 마음을 전한다.

그리고 다듬어지지 않은 초보 교사였던 필자에게 한국어 교사로서의 자부심과 열정을 키워 주신 현윤호 선생님, 일과 공부를 병행하는 필자가 논문을 쓸 수 있도록 직장상사로서 세심하게 배려해 주신 이미혜 선생님과 김현진 선생님께도 머리 숙여 감사드린다. 주저앉고 싶어질 때마다 다양한 표현으로 격려를 해 준 이화여대 언어교육원의 동료들과 국문과 선후배님들께도 고마움을 전한다. 그리고 학위 논문을 출판하는 데 힘쓸 수 있는 여유를 갖게 해 주신 목정수 선생님께도 진심으로 감사한 마음을 전하고 싶다.

공부한다는 핑계로 도리를 다하지 못하는 못난 자식에게 오히려 공부 이외에 아무것도 생각하지 말라고 무한히 격려해 주시는 부모님(권경도·이채홍)과 바쁜 와중에도 처제의 일이라면 급행으로 처리해 주시는 형부 존 프랭클 선생님, 같은 과, 같은 직장 선배로서 사랑하는 동생을 위해 질책을 아끼지 않는 언니(권성임), 그리고 은근한 지지자 남동생 내외(권현성 · 김다영)에게도 고마운 마음을 전한다.

이 책은 2007년 8월에 이화여자대학교 대학원에 제출한 박사학위논문을 수정하고 보완한 것이다. 필자의 부족한 연구를 출판되게 해 주신 박이정의 박찬익 사장님과 김경수 과장님, 편집을 맡아 주신 분들께도 감사의 말씀을 전하고 싶다. 마지막으로, 포기의 유혹을 느낄 때마다 힘의 원천이 되어 주시는 필자의 최고의 후원자이신 하나님께 감사드린다.

2009년 9월

차 례

1. 서론 ·· 11

　1.1 연구의 목적 ··· 11

　1.2 선행 연구 검토 및 연구의 필요성 ······························ 13

　1.3 연구 문제와 연구 방법 ·· 19

2. 이론적 배경 ··· 25

　2.1 제2언어 음성 습득에 영향을 미치는 변인에 대한 연구 ·········· 25

　　2.1.1 비언어적 변인에 대한 연구 ································· 28

　　　1) 나이 ··· 28

　　　2) L2 경험 기간, L1 사용량 ···································· 32

　　2.1.2 언어적 변인(L1)에 대한 연구 ····························· 35

　　　1) 대조 분석 가설(CAH)과 전이 ······························ 35

　　　2) 음성 습득 모형(SLM)과 유사성 차이 정도 가설(SDRH) ····· 41

　　　3) 언어 간 유사성의 정도 설정에 대한 연구 ············· 49

　2.2. 모음의 실험음성학적 연구 ·· 53

　　2.2.1 모음의 음성적 특징 ·· 53

　　　1) 모음의 음성적 연구 ·· 53

　　　2) 모음의 조음·음향적 특징 ······································· 55

　　2.2.2 모음의 실험음성학적 연구 방법론 ························· 59

　　　1) 선행 연구들의 방법 ·· 59

　　　2) 모음의 실험음성학적 연구 방법의 문제점과 대안 ········· 66

3. 한국어와 일본어 단모음의 유사성 분석을 실험연구 ········ 75

3.1. 한국어와 일본어 단모음의 음성 산출 실험 ····················· 75

3.1.1 예비 실험 ··· 75

1) 실험 방법 ·· 76

2) 실험 결과 ·· 81

3) 결론 ··· 93

3.1.2 본실험 ··· 93

1) 실험 방법 ·· 94

2) 실험 결과 ·· 96

3.2 유사성 정도의 설정 ·· 122

4. 한국어 단모음 음성 습득에 대한 실험 연구 ····················· 129

4.1 일본인이 발화한 한국어 단모음의 음성 산출 실험 ············· 130

4.1.1 실험 방법 ··· 130

1) 피험자 ·· 130

2) 실험 도구 ·· 132

3) 실험 절차 ·· 132

4.1.2 실험 결과 ··· 133

1) 일본어 모음과 동일한 모음 ·· 135

2) 유사성이 높은 모음 ··· 150

　　　3) 유사성의 정도가 보통인 모음 ···················· 178
　　　4) 유사성이 낮은 모음 ···························· 188
4.2 일본인이 발화한 한국어 단모음에 대한 한국인의 청취 실험 ···· 206
　4.2.1 실험 방법 ································· 207
　　　1) 피험자 ································· 207
　　　2) 실험 도구 ······························ 208
　　　3) 실험 절차 ······························ 211
　4.2.2 실험 결과 ······························· 211
　4.3 L2로서 한국어 단모음의 음성 습득 양상 ············· 217

5. 결론 및 논의점 ····························· 229

▶ 참고문헌 ································· 239
▶ 부록 ··································· 251
▶ 찾아보기 ································ 273

1. 서론

1.1 연구의 목적

본 연구는 실험음성학적 차원에서의 대조 분석을 통해 한국어와 일본어 단모음 간의 음성적 유사성에 대해 분석하고, 한국어를 배우는 일본인 학습자를 대상으로 L1인 일본어와 L2인 한국어 간의 음성적 유사성이 L2 음성 습득에 어떠한 영향을 미치는지에 대해 살펴보는 것을 연구의 목적으로 삼았다. 또한, 음성적 유사성의 정도에 따라 경험 기간이 습득에 어떠한 변수로 작용하는지 알아보고, 그 결과를 통해 L1을 완전히 습득한(master) 후에 L2를 배우기 시작한 성인 학습자들도 음성 습득 측면에서 지속적으로 발달을 할 수 있다는 Flege(1995, 1999)의 음성 습득 모형(Speech Learning Model, SLM)의 타당성을 검증해 보고자 한다. 이러한 연구의 목적을 달성하기 위해 본 연구에서 다루고자 하는 내용은 다음과 같다.

첫째, 음성 산출 실험(speech production test)을 통해 한국어 화자가 발음한 한국어 단모음과 일본어 화자가 발음한 일본어 단모음의 조음·음향학적 특징을 분석함으로써, 한국어와 일본어 단모음을 대조분석할 것이다. 그리고 그 분석 결과를 바탕으로 한국어와 일본어의 단모음 목록 간의 음성적 유사성의 정도를 설정하고자 한다.

둘째, 한국어 단모음 중 일본어의 단모음과 유사성이 높거나 낮음에 따라 어떤 유형이 일본어 화사에게 습득하기가 쉽고 어려운지를 살펴볼 것이다. 다시 말해, 어떤 유형에 있어서 습득의 속도가 빠르고 늦은지, 또 어떤 유형에서'/) 궁극적으로 정확한 발음 습득이 가능한지를 조사할 것이다. 이를 위해 한국어를 학습한 기간이 다른 한국어를 L2로 사용하는 일본어 화자 두 집단[1]을 대상으로 한국어 단모음에 대한 음성 산출 실험을 실행할 것이다.

그리고 학습 기간이 짧고 긴 일본어 화자 두 집단의 음성 자료에 대한 음향학적 분석 결과, 유사성이 높고 낮은 모음 중 어느 쪽이 한국인의 발음에 근접했는지, 그리고 어느 쪽에서 학습 기간이 길어짐에 따라 현저하게 향상이 되는지를 관찰함으로써 유사성의 정도가 한국어 단모음 습득에 어떠한 영향을 미치는지 그 양상을 조사할 것이다.

마지막으로, Flege의 음성 습득 모형(SLM)에서 주장하듯이 결정적 시기를 지나 L2를 배우기 시작한 학습자들도 지속적인 습득 발달을 통해 모국어 화자와 같은 발음을 습득할 수 있는 가능성이 있는지, 또 그러한 가능성이 있다면 유사성이 높은 단음(phones)과 낮은 단음 중 어느 쪽에서 그 가능성이 더 높은지에 대해 살펴볼 것이다. 이를 밝히기 위해 초·고급 학습자의 발음과 정식으로 한국어를 배운 후 일상생활에서 한국어를 사용하면서 한국에서 거주한 기간이 5년 이상이 된, 한국어에 대해 '부가적인 경험 기간이 긴 학습자들'의 발음을 비교할 것이다.

---

1) 3장에서 구체적으로 제시가 되겠지만 앞서 간략히 논하자면, 한국어 학습 경험이 6개월 미만인 초급 학습자(Beginning Japanese learners of Korean, BJs), 한국어 학습 기간이 1년 반에서 2년인 고급 학습자 집단(Advanced Japanese learners of Korea, AJs)을 이르는 것이다. 본고에서는 편의상 '초·고급'이라는 명칭을 사용하였지만, 유창성을 기준으로 집단을 나눈 것은 아니다. 사실상 본고의 '초급 학습자 집단(BJs)'을 '경험 기간이 짧은 집단'으로, '고급 학습자 집단(AJs)'을 '경험 기간이 보통인 집단'으로, '부가적인 경험 기간이 긴 집단(EJs)'을 '경험 기간이 긴 집단'으로 보아도 무방할 것이다 ※참고: 134쪽.

1.2 선행 연구 검토 및 연구의 필요성

결정적 시기 가설(Critical Period Hypothesis, CPH)에 따르자면 일정 시기를 지난 사람이 외국어를 배울 경우, 원어민과 같은 수준으로 그 언어를 구사하기 힘들며, 특히 발음에 있어서 모국어 화자 수준처럼 정확히 발음하는 것은 거의 불가능한 것으로 알려져 있다(Oyama 1976, Seliger 1978, Scovel 1969).

Oyama(1976), Long(1990), Patkowski(1990) 등에 의하면, 목표어에 처음 노출된 때의 나이(Age of Arrival, AOA)가 어릴수록 발음 습득에 성공적이다. 그들의 이민자들을 대상으로 한 발음 습득 연구에 따르면, 어린이 때 L2를 배우기 시작한 화자(early learners)의 경우 성인이 되어 L2를 배우기 시작한 화자(late learners)에 비해 L2의 모국어 화자와 같은 발음 능력을 획득할 가능성이 높은 것으로 나타났다. 그 때문에 이들 연구에서는 목표어를 사용하는 나라에서 산 기간(Length of Residence, LOR)보다는 언제 처음 도착했는지 즉, 이주한 나라에 도착했을 때의 나이(Age of Arrival, AOA)가 이민자의 L2 발음 습득에 큰 영향을 미치는 것으로 간주하였다.

결정적 시기 가설을 지지하는 이러한 연구들과 달리, 그에 대한 반증을 제시하는 이들도 있었다. Neufeld(1978), Bongaert, Summeren, Planken, and Schils(1997), Hurfold(1991) 등은 집중적인 훈련을 받거나 부단한 학습이 행해질 경우, 성인 학습자도 모국어 화자와 같은 발음 능력을 습득할 수 있다는 연구 결과를 통해 결정적 시기 가설을 공격을 한 바 있다. 또한 Flege는 Flege(1984, 1987, 1995, 1999), Guion, Flege, Liu, and Yeni-Komshian(2000), Tsukada, Birdsong, Bialystok, Mack, Sung, and Flege(2005) 등의 80년대부터 최근까지의 연구를 통해 L2 습득 시 일어나는 L1−L2 간 상호 작용에 대한 모형으로 음성 습득 모형(Speech

Learning Model, SLM)을 제시하였다. 그는 음성 습득 모형(SLM)을 통해 새로운 음성 범주(new phonetic category)를 형성하는 능력을 포함한, L2 발음을 성공적으로 습득하게 만드는 과정과 기제는 평생에 걸쳐 손상되지 않고 열려 있다(accessible)고 주장함으로써 역시 결정적 시기 가설에 반론을 제기하고 있다.[2]

하지만 Lenneberg(1967)가 제시한 결정적 시기 가설은 습득 속도가 아닌 '궁극적으로 L1으로부터의 간섭을 극복하고 목표어 화자처럼 발음할 수 있는 능력'을 습득하는 것이 불가능함에 대해 논한 것으로, 말하자면, 궁극적인 발음 능력(ultimate attainment, ultimate competence)의 획득 여부만이 결정적 시기의 존재 유무를 판단해 줄 수 있는 것으로 보았다. 따라서 Patkowski(1990)에서 지적한 것과 같이, Flege(1984, 1987) 등에서 결정적 시기 가설에 대한 반증으로 제시한 학습 초기에 나타나는 성인 학습자의 빠른 습득 속도나 습득이 계속해서 진행되는 점 등은 결과적으로 결정적 시기 가설을 반박할 수 있는 적절한 반증으로 간주하기 어려울 것 같다.

이처럼 수많은 논란 이후에도 여전히 L2 학습자가 모국어 화자와 같은 발음 능력을 획득할 수 없는 가장 큰 요인으로 생물학적 요인으로서 나이가 거론되기는 하지만, 나이 요인과 함께 모국어 체계와 L2 체계의 차이 같은 언어적 요인이나 모국어 사용량, L2에 대한 경험의 정도, L2에 대한 적성 등과 같은 비언어적 요인도 함께 언급되어 왔다. 나이 이외에 발음 습득에 영향을 미치는 비언어적 요인에 대해 밝히려 한 시도로는 다음과 같은 연구들이 있었다.

먼저 Flege, Birdsong, Bialystock, Mack, Sung, and Tsukada(2006)는 L2 음성 습득 과정에서 성인과 어린이 간에 차이가 나는 것이 생물학적 요인

---

2) Flege, Munro, and Mackay(1995), Yeni-Komshian, Flege, and Liu(1997, 2000) 등의 연구에서는 결정적 시기 이전은 물론 결정적 시기 이후의 AOA와 L2 발음 습득과의 단선적 관계(linear relationship)를 분석함으로써 L1과 L2의 상호 작용의 효과를 밝히려고 하였다.

때문만은 아니라는 논지를 펼쳤다. Flege et al.(2006)의 연구에 따르면, 이민자들 가운데 성인에 비해 어린이들의 경우 외국인 같은 발음(foreign accent)이 덜 나타나는데, 그 이유가(적어도 부분적으로) 어린이들이 더 많은 L2 입력(input)을 받기 때문일 수 있다고 보았다.

Flege(1987), Flege, Bohn, and Jang(1997)에서는 L2에 대한 경험 기간과 발음 습득과의 관련성에 대해 연구하였는데, 그에 따르면 L2로 생활한 경험이 많은 화자(experienced L2 speakers)의 발음이 경험이 많지 않은 화자(inexperienced L2 speakers)보다 청취 실험이나 음향음성학적 분석 결과, 모국어 화자에 더 가깝게 나타났다.

경험 기간뿐만 아니라, L1 사용량 역시 변인으로 작용할 수 있다는 주장도 있었다. Flege, Frieda, and Nozawa(1997)의 연구에 따르면 어린이 때 L2를 배우기 시작했음에도 불구하고 평상시 L1을 많이 사용하는 화자의 경우에 모국어 화자와 같은 발음을 습득하는 것이 불가능한 것으로 나타나, L1 사용량 역시 간과할 수 없는 중요한 변인으로 여겨졌다.[3] 또, Flege, Frieda, and Nozawa(1997)에서는 처음 L2 환경에 노출된 나이는 학습자의 모국어 화자 집단에 대한 애착이나 L2 집단에 동화하려는 자발성(willingness)과도 관련이 있으므로, 이러한 L2에 대한 적성(aptitude) 역시 L2에 대한 경험 기간이나 L1 사용량과 함께 발음 습득의 성공 여부를 결정하는 변인 중의 하나로 보았다.

발음 습득에 있어서 언어적 요인인, L1과 L2 간의 유사성 혹은 비유사성이 난이도에 미치는 영향을 다룬 연구로는 Baker and Trofimovich(2005), Aoyama, Flege, Guion, Akahane-Yamada, and Yamada(2004), Best, McRoberts, and Goodell(2001), Flege(1987), Flege et al.(1995) 등이 있는데, 이들은 L1과 L2 간에 유사한 음성보다 새로운 음성 즉, 유사하지 않은

---

3) Piske, Mackay, and Flege(2001)에서도 AOL을 비롯해 L1 사용량, L1의 능력 등이 외국인 같은 발음이 나타나는 정도에 영향을 미치는 요인이 될 수 있음을 밝힌 바 있다.

음성을 더 쉽게 습득한다는 결론을 제시한 바 있다. 물론 유사성의 유무가 L2 습득 시 난점으로 나타나게 되는 원인으로는 지각(perception)을 그 주원인으로 밝힌 연구들이 주를 이룬다.

Flege는 L1과 L2 단음(phones) 간의 언어 간 동일시 현상(interlingual identification)에 대해 연구하였는데, 언어 간 동일시 현상이란 L2 단음이 L1 단음과 동일시되는 현상(쉽게 말하자면 L1의 습관대로 L2를 인식 및 발음하는 현상)이다. 이러한 언어 간 동일시 현상에 따르면, L2를 학습할 때 성인 학습자의 음성적 영역(phonetic space)에 재구조화가 이루어지기 때문에 L1과 L2 간의 단음의 유사성 혹은 비유사성이 학습자의 L2 습득에 영향을 미칠 수 있다. 이와 관련해 Flege(1987)에서는 L2 단음을 지각할 때 L1에 있는 단음들 중 유사한 것으로 동일시해 지각하는 동등분류(equivalence classification) 현상은 L2에 대한 경험 기간이 긴 학습자(experienced L2 learners)가 유사한 L2 단음을 정확히 발음하는 것을 방해하지만 새로운 단음을 발음하는 데에는 그다지 영향을 미치지 않는다고 밝힌 바 있다.

이렇게 앞서 논한 연구들이 주장하는 것과 같이 L1과 L2 간의 유사성, 나이, L2에 대한 경험의 정도, L2 사용량, L2에 대한 적성 등이 L2 학습자들이 모국어 화자와 같은 발음 능력을 획득할 수 있는지 그 가능 여부에 영향을 미치는 것으로 추측된다. L2 음성 습득의 변인에 대한 연구들이 이같은 공통된 해석을 이끌어 냈다고는 하나 선행 연구들에서는 다음과 같은 몇 가지 아쉬운 점이 발견된다.

첫째, L1과 L2의 유사성과 음성 습득의 관련성을 조사한 연구들에서 유사한 단음이 그렇지 않은 단음에 비해 습득하기 쉽다는 결론을 끌어냈다는 점에서 대체로 일관되기는 하나, 그 결과를 L2로서 한국어를 배우는 학습자에게도 나타나는 상황으로 일반화시키기 위해서는 부가적인 연구가 필요하다.

유사성이 L2 음성 습득에 미치는 영향에 대해 다룬 연구들의 대다수가 영어를 L2로 배우게 된 화자들을 대상으로 하였는데,[4] 이들은 보통 중고교에서 원어민 화자(학습자의 L1 화자) 혹은 영어 화자에 의해 학습자의 모국어로 진행되는 수업 환경에서 영어를 배우기 시작해서 영어로 의사소통을 하는 환경에 처한 지 얼마 되지 않은 사람들이 초급 화자로 분류되는 반면, 한국에서의 한국어 초급 화자들은 한국인 교사에 의해 진행되는 수업 환경에서 한글을 배우는 것부터 한국어를 시작하는 진정한 의미의 초급자(true beginners)가 상당수를 차지한다. 또한 한국계 학습자들(heritage learners)을 제외하면, 대부분의 한국어 학습자들은 정식으로 한국어를 배우기 전에 한국어를 사용하는 상황에 노출된 적이 거의 없는 사람들이라는 점까지 고려하면, L2로서의 영어(English as a Second Language, ESL)와 같이 세계적으로 널리 쓰이는 언어를 배우는 경우와는 습득 과정에 나타나는 양상의 차이가 클 수밖에 없다.

이와 같이 선행 연구들과 한국어 학습자를 대상으로 하는 연구는 학습 환경이나 초급자에 대한 기준도 다르지만, 학습 혹은 경험 기간이라는 변인에 있어서 '초기'라고 할 때 '초기'라는 기준도 연구마다 달라 L1과 L2 간의 유사성과 음성 습득상 난이도를 논할 때 자칫 혼동이 빚어질 수도 있다. 따라서 선행 연구들에서 말하는 학습 초기, 혹은 후기 등의 조건을 한국어 습득 과정을 연구하는 데에 그대로 적용시킬 수는 없을 것이다. 하지만, 한국어 습득 과정에서 학습이 진행되는 동안 어떠한 음성 습득 양상을 보이는지에 대해 제시한 논문은 찾아보기 힘들며, 특히 학습의 아

---

4) Piske et al.(2001)에 의하면 L2 습득 시 외국인 같은 발음(foreign accent)이 나타나는 원인에 대해 조사한 대부분의 연구들이 영어가 L2인 경우를 다루었으며, 영어 이외의 언어를 다룬 연구들로는 독일어(Olson and Samuels 1973, Missaglia 1999, Moyer 1999), 헤브라이어(Seliger, Krashen and Ladefoged 1975), 네덜란드어(Snow and Hoefnagel-Hohle 1977), 불어(Neufeld 1979, 1980), 스페인어(Elliott 1995, Guion, Flege and Loftin 1999, 2000), 타이어(Wayland 1997) 등에 대한 연구들이 있다.

주 초기 단계에서의 습득 양상을 보여 주는 연구는 거의 전무하다. 이에 한국어 학습 초기를 포함해 한국어 기간이나 경험 기간에 따른 음성 습득 양상을 조사하는 연구가 행해질 필요가 있겠다.

둘째, L1과 L2 간의 단음의 유사성에 대해 논함에 있어서 유사성의 유무를 판단하기보다는 유사성의 정도성을 설정할 필요가 있겠다. 유사성 혹은 비유사성과 발음의 습득 과정을 조사한 연구들을 보면, IPA(International Phonetic Alphabet)를 공유하는가를 L1과 L2 간의 유사성 유무를 판단하는 기준으로 삼거나, 특별히 그 판단 기준을 밝히지 않은 연구들도 있다. IPA 공유 여부를 기준으로 유사성 유무를 판단한 연구들의 경우는 L2의 단음 가운데 L1에 그에 해당하는 단음이 있는 경우를 유사한 단음(Similar Phones, SP)으로, L1에 IPA를 기준으로 그에 해당하는 단음이 없는 경우를 새로운 단음(New Phones, NP)으로 분류하는 이분법적인 방식을 따랐다(Flege 1987, Flege and Hillenbrand 1984).

그러나 유사성에 대해 이분법적으로 분류할 경우에 IPA를 기준으로 L1에 그에 해당하는 단음이 존재하기는 하지만 실질적인 음가에 있어서 비교적 큰 차이가 나는 경우나 IPA를 공유하지 않지만 실질적인 음가에 있어서 어느 정도 유사성을 가지는 경우에 유사한 단음 혹은 새로운 단음 어느 한 쪽으로 분류하기 힘들다. 따라서 유사한 단음과 새로운 단음, 즉 유사하지 않은 단음으로 나누는 이분법적인 구분은 무리가 있으며, 비교하고자 하는 단음들을 유사성의 정도에 따라 전혀 다른 것에서 동일한 것까지의 연속선상에 있다고 가정하고 그 정도성을 논하는 연구가 행해질 필요가 있겠다.

셋째, 결정적 시기 가설은 정설(theory)이 아닌 가설(hypothesis)로 여전히 논란의 대상이 되고 있어 결정적 시기를 지나 L2를 배우기 시작한 학습자도 장기간에 걸쳐 느리게 진행이 될지라도 모국어 화자와 같은 발음 능력을 습득할 수 있는 가능성이 있는지 연구해 볼 필요가 있다.

넷째, 일본어 화자의 한국어 발음에서 쉽게 나타날 수 있는 오류들로 /ʌ/와 /o/의 혼동, /ɨ/와 /u/의 혼동과 같은 일본어에 존재하지 않는 모음 습득 시 발생하는 오류, 받침 'ㄴ', 'ㅁ', 'ㅇ'의 혼동, 경음과 격음의 혼동, 받침 음절 덧붙임 오류, 유·무성음 간의 혼동 등이 주로 언급되어 왔다(우인혜 1998a, 1998b, 이정희 2003).[5] 이같이 평음, 경음, 격음이나 받침 'ㄴ', 'ㅁ', 'ㅇ' 등과 같은 자음 관련 연구들이 어느 정도 행해진 데 반해, 모음에 대한 연구는 상대적으로 많이 행해지지 않은 편이다.[6]

일본어 화자의 한국어 모음 발음에 대해 실험음성학적 연구 방법을 도입해 실증적으로 접근한 연구로는 이재강(1998a, 1998b), 조성문(2004), Kwon(2006, 2007) 등의 소수의 연구가 있으나, Kwon(2006, 2007)을 제외하면 이들 연구의 경우도 학습 단계가 다른 화자들을 연구 대상으로 삼지 않아서, 한국어 모음 습득 과정을 보여 주는 실증적 연구가 더 이루어질 필요가 있다.

1.3 연구 문제와 연구 방법

본 연구에서는 유사성의 정도에 따른 L2 음성 습득 양상을 연구하기 위해 다음과 같은 연구 문제(research questions)를 제기하고자 한다.

---

5) 허용(2003)에서도 모국어에 없는 목표어의 발음은 L2 학습자가 인식하기가 힘들며, 인식한다 하더라도 그것을 모국어 화자처럼 발음하기 어려운 것으로 보았다. 허용(2003)에서는 영어나 일본어에 [ɨ] 발음이 없어, 학습자들이 자신의 모국어에 이와 같은 발음이 없다는 것을 인식하게 되면, 학습자는 자신의 모국어에 가장 가까운 발음을 하다가 점차 자기 나름대로의 수정을 가하게 된다고 논한 바 있다.

6) 일본인의 한국어 평음, 경음, 격음에 대한 연구로는 정미지(2000), 이경희·정명숙(1999) 등이 있고, 모음에 대한 연구로는 이윤희(2003), 권성미(2004) 등이 있다. 이들은 일본인 회지기 한국이 발음과 철자를 습득할 때 L1의 긴섭으로 나타나기 쉬운 오류를 다루거나 습득 시 난점을 예측하고 그에 따른 교수 방안을 제시하였는데, 이들 연구들은 공통적으로 음운 체계 대조를 통해 발음 차원에서 L1의 간섭을 예측하는 선험적 연구 방식을 따랐다고 할 수 있겠다.

첫째, 한국어와 일본어 단모음은 조음·음향학적 측면에서 어떠한 유사한 특징과 차이점을 가지고 있는가?

둘째, 일본어 화자들이 발음한 한국어 모음은 유사성이 높은 쪽과 낮은 쪽 중 어느 쪽에 있어서 한국인이 발음한 한국어 모음과 유사하게 발음이 되는가? 즉, L1과 L2의 유사성의 정도와 L2 학습자의 발음의 난이도는 어떠한 관계에 있는가?

셋째, 외국어로서 한국어를 학습하는 이들이 한국어 모음을 습득할 때 유사성이 높은 쪽과 낮은 쪽 중 어느 쪽이 학습으로 향상되기 쉬운가? 즉, L1과 L2의 유사성은 L2의 발음 습득의 발달 과정에 어떠한 영향을 미치는가?

넷째, 결정적 시기를 지나 L2를 배우기 시작한 L2 화자에게 모국어 화자와 같은 발음 능력을 습득할 수 있는 통로가 계속 열려 있을 가능성이 있는가? 그러한 가능성이 있다면, 즉 습득이 계속해서 진행이 된다면 유사성의 정도에 따라 그 습득 양상에 차이를 보이는가?

본 연구에서는 세 번의 실험을 통해, 이상의 연구 문제의 답을 구할 것이다. 먼저 첫 번째 실험에서는 한국어의 단모음과 일본어의 단모음 간의 유사성의 정도를 설정하기 위해, 음성 산출 실험을 통해 한국인이 발음한 한국어 단모음 /i/, /e/, /a/, /ɨ/, /u/, /o/, /ʌ/[7]와 일본인이 발음한 일본어 단모음 /i/, /e/, /a/, /ɯ/, /o/ 의 조음·음향학적 특징을 대조분석할 것이다.

---

7) 모음을 국제 음성 문자(IPA)로 표기할 때는 원칙적으로 가장 가까운 음가를 가진 기본 모음의 기호를 사용하는데, 한국어 모음 'ㅓ'는 2차 기본모음의 후설 저모음(open-mid back) /ʌ/에 가장 가깝다. (정확히 말하면, 한국어 'ㅓ'는 후설 저모음(open back) /ɑ/와 /ʌ/ 사이에서 조음된다. 따라서 2차 기본모음 /ʌ/ 보다는 더 저설로 발음이 된다.) 긴 /ㅓ:/의 경우, 중설 고모음 /ə:/에 가깝다. 하지만, 대부분의 젊은 세대의 서울 토박이들은 긴 /ㅓ:/와 짧은 /ㅓ/를 구별하지 못하고 모든 /ㅓ/를 후설 저모음 /ʌ/로 발음하는 경향이 있다(이호영 1996:113). 따라서 본 연구에서는 한국어 모음 'ㅓ'를 /ʌ/로 표기하기로 하였다.

한국어의 단모음 체계에 대한 학자들의 견해는 7모음체계로 보는 견해에서부터 10모음체계로 보는 견해까지 다양한 편이다. 허웅(1965), 이호영(1996) 등에서는 'ㅣ, ㅔ, ㅐ, ㅟ, ㅚ, ㅡ, ㅓ, ㅏ, ㅜ, ㅗ'의 10모음체계로 설정하였고, 오정란(1993)에서는 'ㅣ, ㅔ, ㅐ, ㅚ, ㅡ, ㅓ, ㅏ, ㅜ, ㅗ'의 9모음체계, 배주채(1996)에서는 'ㅣ, ㅔ, ㅐ, ㅡ, ㅓ, ㅏ, ㅜ, ㅗ'의 8모음체계로 설정한 바 있으며, 이병근·박경래(1988), 신지영(2000), 배주채(2003) 등에서는 'ㅣ, ㅔ, ㅡ, ㅓ, ㅏ, ㅜ, ㅗ'의 7모음체계가 제시되었다.[8]

최근 연구들에서 7모음체계를 내세우고 있는 것은 신지영(2000)에서 음성 자료 분석 결과를 통해 제시한 것과 같이, 서울 방언 화자의 경우, 거의 성별이나 연령에 무관하게 'ㅟ'와 'ㅚ'를 /wi/, /wɛ/와 같은 이중모음으로 실현시키고, 'ㅔ'와 'ㅐ'가 하나의 음소로 통합되어 둘 간에 음성적 차이가 나타나지 않기 때문이다. 본 연구의 피험자들은 모두 서울 출신의 20~30대 여성이므로, 따라서 7모음체계를 따르고 있다고 판단하여, 7개 단모음을 연구 대상으로 삼았다.

두 번째 실험에서는 음성 산출 실험을 통해 일본인 초급 학습자(Beginning Japanese learners of Korean, BJs), 일본인 고급 학습자(Advanced Japanese learners of Korean, AJs)가 발음한 한국어 단모음과 한국인이 발음한 한국어 단모음을 조음·음향학적 측면에서 대비할 것이다. 실험 결과를 통해 학습 수준의 높고 낮음 혹은 경험 기간의 길고 짧음에 관계없이 일본인 화자들이 발음한 한국어 단모음이 유사성이 높고 낮은 쪽 중, 어느 쪽이 더 한국인이

---

8) 박창원(1986)에서는 20세기 후반부터 일부 방언에서 /ɨ/와 /ʌ/가 음운론적 대립을 상실하고 있는 점 등을 들어 한국어의 모음체계가 6모음체계로 이행하고 있는 중간 단계에 있다는 가설을 제시한 바 있다. 이와 유사하게, 곽충구(2003)에서는 현재의 한국어의 7모음체계에서 변화 가능성이 가장 높은 모음은 /ɨ/와 /ʌ/이며, 남한 방언의 개구도를 줄이려는 경향과 일반적으로 유표적인 모음이 제거되는 일반적인 원리 등을 들어 /ʌ/가 변화할 가능성이 높다는 견해를 제시하였으며, 모음체계는 균형을 유지하려는 경향이 있다는 점을 고려해, 7모음체계는 /ɨ/와 /ʌ/의 합류가 이루어진 6모음체계로 변화할 것으로 예측하였다.

발음한 것에 근접한 양상을 보이는지 관찰함으로써, 유사성에 따른 L2 단음의 습득 난이도를 살펴볼 것이다.

또한 유사성이 높고 낮은 쪽 중 어느 쪽에서 고급 학습자가 초급 학습자에 비해 한국인의 음성 자료에 더 근접했는지를 분석함으로써, L1인 일본어와 L2인 한국어의 유사성의 정도가 학습의 효과에 어떠한 영향을 미치는지를 조사할 것이다.

그리고 의사소통 수단으로 한국어를 사용한 지 오래된, 즉 한국어에 대한 경험 기간이 긴 일본인 화자(Experienced Japanese learners of Korean, EJs)[9]가 발음한 한국어 단모음 역시 초급 학습자와 고급 학습자 및 한국어 화자의 음성 자료와 비교할 것인데, 이를 통해 네 번째 연구 문제의 답을 구하고자 한다. 만일 경험 기간이 긴 일본인 화자의 음성 자료가 초·고급 학습자의 것에 비해 조음음성학적 측면에서 한국인 화자의 음성 자료에 더 근접한 양상을 보인다면 정규 학습이 끝난 후에도 습득이 계속해서 진행되고 있다는 것이므로 결정적 시기를 지나 한국어를 배우기 시작한 일본인 화자에게도 한국인과 같은 발음 능력을 습득할 수 있는 통로가 계속 열려 있을 가능성이 있다고 볼 수 있을 것이다. 또한 동일한 실험 자료를 통해 그러한 가능성의 여부가 유사성의 정도와 어떠한 관련성이 있는지에 대해서도 살펴볼 것이다.

세 번째 실험에서는 일본인 초급 학습자와 고급 학습자, 그리고 경험 기간이 긴 일본어 화자가 발음한 한국어 모음을 한국인에게 들려 주고 그에 해당하는 단음(phone)을 찾게 하는 청취 실험(perception test)이 행해질 것이다. 음성 산출 실험에서 분석되는 제1포먼트 주파수와 제2포먼트 주파수가 모음 인지에 큰 영향을 준다고 하더라도 특정한 포먼트 주파수의 결합이 항상 한 모음으로 인지됨을 의미하는 것은 아닌 만큼, 넓은

---

9) 3장에서 실험 방법을 논할 때 자세히 언급이 되겠지만, 경험자(EJs)는 정규 학습을 마친 후 일상생활에서 한국어를 사용한 지 5년 이상이 된 일본인들을 이르는 것이다.

범위에 걸쳐 변하는 포먼트 주파수의 결합이 동일한 모음으로 인지될 수 있다. 다시 말해 어떤 한 모음에 적절한 포먼트 주파수 범위는 다른 모음의 인지에 적절한 범위와 상당 부분 겹칠 수 있다(Denes and Pinson 1993: 166). 따라서 학습자들의 발음 능력의 정확도를 판단하기 위해서는 음성 산출 실험을 통한 조음·음향학적 특징뿐만 아니라 한국인들을 대상으로 한 청취 실험을 할 필요가 있겠다.

그뿐 아니라, 음성 산출 실험을 통한 분석은 일본인이 발음한 한국어 모음 발음이 음성적 차원에서 얼마나 정확한지 관찰하는 데에 용이하지만, 음운 차원에서의 정확성을 판단하는 데에는 적합하지 못하다. 즉, 음성 산출 실험은 일본인이 발음한 한국어 모음이 얼마나 한국인의 발음과 유사한지를 판단하는 데에 유용한 자료를 제공할 수 있겠지만, 일본인의 모음 발음이 L1 화자인 한국인에게 어떠한 모음(음운)으로 받아들여질지를 예측할 수 있는 자료를 제공하지 못하므로, 일본인의 한국어 모음 발음의 정확성에 대해 논하기 위해서는 음성 산출 실험뿐만 아니라 한국인을 청취자로 하는 음성 청취(인식) 실험이 필수적이라 할 수 있겠다.

본 연구에서는 한국인을 대상으로 한 음성 청취 실험은 수행하되, L2 음(즉, 한국인의 한국어 모음)에 대한 L2 화자(일본인)의 음성 인식에 대한 것은 다루지 않을 것이다. 본 연구는 L2 화자들이 모국어 화자처럼 발음을 정확하게 구사하지 못하는 것의 원인을 밝히는 것이 목적이 아니라 음성의 습득 과정에서 L1과 L2의 유사성이 어떠한 영향을 미치는지, 또 유사성의 정도가 L2에 대한 경험 정도와 같은 다른 변인과 어떠한 작용을 하게 되는지 관찰하는 것을 목적으로 삼고 있으므로, 인식과 산출의 관련성에 대해서는 새로이 탐구되지 않을 것이다.

Strange, Yamada, Kubo, Trent, Nishi, and Jenkins(1998)에서 지적한 것처럼 지각 동화 모형(Perceptual Assimilation Model, PAM)[10]이나 음성 습

---

10) Best(1994), Best and Strange(1992) 등에서 주장한 것으로, L2를 발음할 때 L2 음을

득 모형(Speech Learning Model, SLM)과 같이 인식적 측면에서 접근을 할 경우에 음운적 변별 차원에 국한된 대조 분석이 이루어지게 된다. 다시 말해, 인식(perception)을 주로 다룰 경우에 L2 화자가 L2 음을 음운 차원에서 어떻게 인식하는지를 조사하는 데에는 용이하겠지만, L2 음운의 전형적인 발음(authentic pronunciation)에서 얼마나 벗어나 인식하는지를 분석하기에는 어려움이 있을 것으로 추측된다. 이에 본 연구에서는 L2 화자의 발음이 음성적 차원에서 전형적인 발음 즉, 모국어 화자와 같은 발음에 얼마나 접근했는지를 파악하기 위해 일본인의 발음에 대한 음성 산출 실험과 일본인의 발음에 대한 한국인의 음성 인식 실험만을 실시한 것이며, 한국인의 한국어 발음에 대한 일본인의 음성 인식 실험은 행하지 않았음을 밝혀 둔다.

L1 음의 음성 범주로 동화시켜 인식하게 된다는 가설이다.

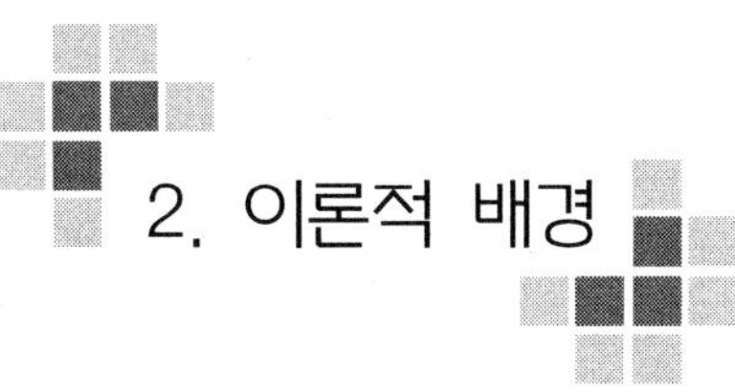

2. 이론적 배경

2장에서는 제2언어 음성 습득에 영향을 미치는 변인들에 대해 살펴보고, 모음을 실험음성학적으로 연구하는 데 필요한 이론적 배경을 기술함으로써 3장과 4장에서 전개될 실험 연구를 위한 실험 방법의 토대와 실험 결과를 분석하는 기준을 마련하고자 한다.

2.1 제2언어 음성 습득에 영향을 미치는 변인에 대한 연구

외국어를 배울 때 학습자들 간에 성공 여부 혹은 성공 정도에 있어서 차이가 발생하는 요인에 대한 것은 제2언어 습득(Second Language Acquisition, SLA) 연구가 해결하고자 하는 주된 과제라고 해도 과언이 아니다. L2 습득에 영향을 미치는 변인들은 수없이 많지만 연구자들이 제시한 것을 보면 공통되는 부분을 어렵지 않게 발견할 수 있다. 다음의 〈표 2.1〉은 제2언어 습득 연구에서 몇몇 연구자들이 제시한, 학습자 간에 차이를 발생시키는 요인들에 대해 정리한 것으로, Ellis(1994)에서 제시한 것을 바탕으로 재구성한 것이다.

Altman(1980)	Skehan(1989)	Larsen-Freeman and Long(1991)	Ellis(1994)
·나이	·언어 적성	·나이	·언어학습에 대한
·성별	·동기	·사회·심리적 요소	믿음
·언어학습의 사전	·언어 학습 전략	동기, 태도	·정의적 상태
경험	·인지적 효율적	·성격	불안
·모국어의 유창성	요인	자신감, 외향성, 불안,	·일반적 요인
·성격	외향성/내향성	위험부담, 감정이입,	나이
·언어 적성	위험부담	불확실성에 대한 참을성	언어 적성
·태도와 동기	지능	·인지양식	학습 방식
·지능지수	장독립성	장독립성/장의존성	장독립성
·감정 양식	불안	분석적/총체적	동기
·사회적 선호		·반구 편재화	
·인지 양식		·학습전략	
·학습자 전략		·기타 (기억력, 성별)	

표 2.1 L2 습득 시 학습자 간 차이를 발생시키는 요인

Ellis(1994)에서는 복잡한 L2 습득 과정을 〈그림 2.1〉과 같이 도식화하여 제시한 바 있다. Ellis(1994)는 왜 사람마다 언어 습득에 차이가 나게 되는지에 대한 답을 구하기 위해서는 외부 환경, '블랙박스(black box)'[11], 학습자의 개인적 요인과 같은 L2 습득의 세 측면을 고려해야 할 필요가 있다고 보았다. Ellis(1994)가 제시한 도식을 보면, L2 습득 과정의 골자를 이루는 주된 구성 요소들은 크게 세 가지 유형으로 나눌 수 있다. 세 가지 유형은 사회적 요인 혹은 환경, 언어 처리 기제, 학습자의 개인적 요인으로, Ellis(1994)는 이 세 구성 요소가 다양한 방식으로 서로 상호 작용을 하며, 개인의 L2 습득에 영향을 미치는 것으로 보았다.

습득에 영향을 미치는 변인들에 대한 Ellis(1994)의 이러한 분류는 결국, L2 습득에 영향을 미치는 요인들을 사회적 요인 혹은 환경이나 개인적 요인 같은 외부 요인(external factors)과 학습자의 L1이나 L2 지식과 같은

---

11) 학습자가 기존에 가지고 있는 지식과 L2 습득을 지배하는 내적 기제를 말한다.

내부 요인(internal factors)으로 분류한 것으로 해석할 수 있다.[12] 하지만,
개인적 요인에 해당하는 변인들을 보면, 학습자의 정의적 상태나 학습 전
략처럼 외부적 요인이 아닌 내부적 요인이 작용하는 경우가 있으므로, L2
습득에 영향을 미치는 변인들을 외부적 혹은 내부적인 것들로 분류하기
에는 무리가 있는 듯하다.

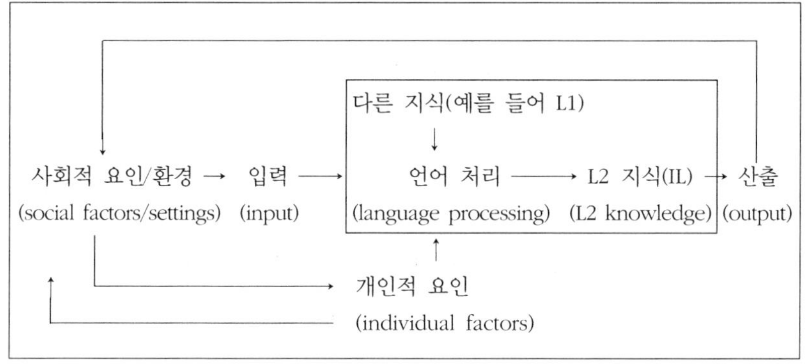

그림 2.1   L2 습득을 설명하는 틀[13]

Larsen-Freeman and Long(1991)에서는 〈표 2.1〉에서 제시된 것과 같이
개인 간에 차이가 나게 하는 요인들로 나이, 적성(aptitude), 동기나 태도
같은 사회·심리학적 요소, 인성(personality), 인지 양식(cognitive style),
학습 전략(learning strategies) 등을 다루고, 학습자의 L1이나 L1과 L2 간의
유사성은 중간언어(interlanguage, IL)에 영향을 미치는 요인으로 학습자
요인들과는 별개로 취급하였다.

엄격히 말하자면 L2를 습득하는 과정에서 집단과 집단의 차이를 발생

---

12) Ellis(1994)는 '사회적 요인(나이, 성별, 사회계층, 인종), 환경(자연적 환경, 교육적 환
   경), 입력과 상호 작용'을 외부적 요인으로, '언어 전이, 언어 보편성과 SLA'를 내부적
   요인으로, '언어 학습에 대한 믿음, 정의적 상태(불안), 일반적 요인(나이, 언어 적성,
   학습 방식, 장독립성, 동기)'를 개인적 요인으로 제시했다.
13) Ellis(1994:194)에서 인용함.

시키는 변인들이 있을 것이고, 개별 학습자 간에 차이가 나게 만드는 변인들이 있을 것이다. 하지만 변인들을 학습자가 속한 집단과 관련한 사회적 요인과 개인적 요인으로, 혹은 내·외부적 요인으로 선을 긋듯이 분류하는 것은 힘든 일이다. 이에 따라 본 연구에서는 사회적 측면과 개인적 측면을 구분하지 않고, 언어적 요인과 비언어적 요인으로 분류해서 제2언어 음성 습득에 영향을 미치는 요인들을 살펴보고자 한다.

2.1.1 비언어적 변인에 대한 연구

비언어적 변인이라 함은 말 그대로 L2 습득에 영향을 미치는 언어가 아닌 변인으로, 나이, L2에 대한 경험 기간, L1의 사용량, L2에 대한 적성 등과 같은 요인들이 그에 해당된다.

1) 나이

제2언어 습득 연구에서 다루고 있는 다른 많은 문제들과 마찬가지로, 나이가 L2 습득에 미치는 영향에 대해 널리 알려진 가설인 결정적 시기 가설(Critical Period Hypothesis) 역시 아직은 정설(theory)이 아닌 가설(hypothesis)로 남아 있다. 결정적 시기 가설은 생리학자인 Lenneberg(1967)에 의해 처음 제기되었는데, 뇌의 편재화 현상(lateralization)으로 인해 언어를 습득하는 데에는 결정적 시기가 있어서 그 시기를 놓치고 나면 모국어 화자와 같이 언어를 구사하게 되기는 어렵다고 보는 가설이다.

제2언어 습득론에 있어서 이러한 결정적 시기 가설은 형태·통사적 요소의 습득 측면에서는 결정적 시기가 '존재한다'는 주장과 '그렇지 않다'는 주장이 논란거리가 되고 있다. Ervin-Tripp(1974), Snow and Hoefnagel-Hohle(1978) 등의 연구에 따르면 형태·통사적 요소들을 비롯한 규칙의 지배를 받는 요소들의 습득이나 내용을 배우는 것에 있어서는 성인 학습자가 어린 학습자에 비해 더 우수한 것으로 나타나 결정적 시기의 존재 여부나 구체적인 시기에 대한 것이 여전히 논란의 여지가 될 수 있음을 알 수 있다.

형태·통사적 요소들의 습득 양상에 비해 발음 습득의 경우는 다수의 연구들에서 결정적 시기의 존재 여부에 대해 유사한 결론을 도출한 경향이 있다. 미국 이민자들을 대상으로 연구한 Patkowski(1990), Johnson and Newport(1989) 등의 연구 결과, 청소년기 이전에 영어를 배우기 시작한 집단은 원어민과 유사한 능숙도를 보였지만, 그 이후에 영어를 배우기 시작한 집단은 개인차가 심한 것으로 나타나는 등, 발음 습득 측면에 있어서는 다수의 연구에서 나이가 L2 습득에 상당한 영향을 미치는 것으로 나타났다.

발음 습득에 있어서는, 결정적 시기가 있다고 주장하는 Oyama(1976), Flege et al.(1995)[14]의 연구에서는 물론이고, 심지어 제2언어 습득에 있어서 결정적 시기는 존재하지 않는다고 주장하는 Fathman(1975) 등의 연구에서도 발음에 있어서는 학습자의 나이가 어릴수록 더 유리하다는 점을 인정하고 있다.[15] 어린이 때 처음 L2를 접하게 된 학습자 즉, 빨리 시작한 학습자(early learners)가 성인이 되어 L2를 접하게 된 학습자 즉, 늦게 시작한 학습자(late learners)보다 모국어 화자와 같은 발음을 구사할 가능성이 높다는 견해는 자음과 모음 같은 단음 차원의 발음 습득이나 전체 발음(overall degree of foreign accent)에 대한 실험을 통해 증거가 제시되어 왔다.

Flege et al.(1995), Yamada(1995), Mackay, Meador, and Flege(2001) 등에서는 L2 자음의 산출(production)이나 인식(perception)에 대한 연구가

---

14) Oyama(1976)과 Flege et al.(1995)의 이민자를 대상으로 한 발음 습득 연구에 따르면, 목표어를 사용하는 나라에서 산 기간(LOR)보다는 도착했을 때의 나이(AOA)가 이민자의 L2 발음에 큰 영향을 미치는 것으로 나타났다.

15) 그 시기에 있어서는 Oyama(1976)에서는 12세 전후, Payne(1980)에서는 6세 전후로 보는 등 연구마다 다른 결과를 보인다.

이루어졌고, Munro, Flege, and Mackay (1996), Flege, Yeni-Komshian, and Liu (1999), Piske, Flege, MacKay, and Meador (2002), Flege, Schirru, and MacKay (2003)에서는 L2 모음의 산출과 인식에 대한 연구가 행해졌으며, Oyama(1976), Yeni-Komshian, Flege, and Lui(2000)에서는 전체 발음에 있어서 시작한 시기가 다른 두 집단의 차이(early-late differences)가 발견되었다.

이처럼 모국어 화자와 같은 발음을 습득하는 데에 있어서 결정적 시기 이전에 배우는 것이 더 '유리하다'는 점은 다수의 연구들을 통해 인정받고 있기는 하지만, 과연 그 결정적 시기 이후에 L2를 배우기 시작한 학습자가 L2를 모국어 화자처럼 발음할 수 있게 되는 통로(access)가 '완전히' 닫히게 되는가 하는 것은 여전히 연구할 가치가 있는 질문으로 남아 있다.

Neufeld(1978)의 연구에 따르면 18시간의 집중적인 훈련을 받은 20명의 영어 화자들에게 L2인 중국어와 일본어를 발음하게 하고 그들의 발음을 중국어와 일본어 화자들에게 들려 주는 실험을 한 결과, 20명 중 3명은 모국어 화자로 간주되었다고 한다. 또 Bongaerts et al.(1997)에서도 (영국) 영어 화자에게 영국인이 발화한 것과, 12세 이후에 영어를 배우기 시작한 네덜란드인 초급 학습자와 고급 학습자가 발화한 것을 들려주었더니 고급 학습자들의 경우 영어 화자만큼 높은 점수가 나왔다. 이러한 연구 결과로 미루어, Bongaerts et al.(1997)에서는 L2 학습자들이 결정적 시기 이후에 학습을 시작하였을 경우도 모국어 화자 같은 발음 능력을 가질 수 있다고 보았다.

물론 이러한 연구들이 실험 방법적인 면에서의 한계점을 가지고 있으나, 그러한 점을 고려하더라도 결정적 시기 이후에 제2언어 혹은 외국어를 배우게 된 학습자들도 비록 습득 속도가 늦을지라도 부단한 노력 혹은 장기간의 학습 혹은 경험으로 언젠가 모국어 화자와 같은 발음을 습득할 수 있는 가능성이 있다는 점을 완전히 배제할 수는 없을 듯하다.[16]

이와 관련된 연구로는 Bever(1981)와 Hurfold(1991)가 있는데, 이들의 연습 가설(exercise hypothesis)에 따르자면 L2 화자가 음성을 부단히 학습하기만 한다면, 음성을 인식하고 발화하는 것을 배우는 능력(ability to learn to perceive and produce)은 일생 동안 사라지지 않는다는 것이다.[17] 이러한 연습 가설이 아직 검증을 거치지는 못하였으나 평생에 걸쳐 부단한 학습이 이루어질 때 L2 화자가 언젠가는 모국 어 화자처럼 발음할 수 있게 될 가능성에 대한 것은 Flege의 음성 습득 모형 관련 연구들을 통해 지지를 받고 있다.

Flege는 유사한 단음은 L2를 사용하는 경험 기간이 길어져도 큰 변화를 보이지 않는 반면에 새로운 단음은 경험 기간이 길어질수록 발전의 여지를 보이며, 궁극적으로 모국어 화자와 같은 발음 능력을 획득 가능하다고 주장하고 있다. 결국 Flege는 성인이 된 후 제2언어를 배우게 되는 경우 모국어 화자처럼 발음하게 될 가능성이 전혀 없는 것이 아니라, 다만 결정적 시기 이전에 배우기 시작한 학습자들에 비해 속도가 느릴 뿐이며, 정확한 발음 능력을 획득하는 데 장기간(혹은 일생)이 걸릴지라도 좁게나마 그 통로가 계속 열려 있어 습득이 계속해서 진행된다고 주장함으로써 결정적 시기 가설에 대한 반론을 제기하고 있다.

하지만 이러한 음성 습득 모형을 통한 Flege의 주장은 결정적 시기 가설을 무력화시키기에는 몇 가지 한계점을 가지고 있으며,[18] 앞서 언급되

---

16) 그 예로 Neufeld(1978)의 연구는 실험 대상으로 삼은 피실험자군이 소수의 엘리트들이라는 점이나 실험에서 사용된 음성 자료(speech sample)가 단편적인 문장이나 짧은 단어로만 이루어진 점, 그리고 실험자가 만족할 때까지 여러 번 읽혀서 녹음한 자료라는 점 등 실험 방법 면에 있어서 큰 한계를 가지고 있다 (Larsen-Freeman and Long 1991, Patkowski 1990).

17) 가설을 검증하기 위해서는 각기 다른 시기에 처음 특정 언어를 접하기 시작해서 동일한 환경에서 그 언어를 사용했고, 현재 연령이 같은 특정 피험자 그룹이 확보돼야 하기에, Flege, Frieda, and Nozawa(1997)에서는 현실적인 면에서 그러한 피험자군을 구하기 힘들다는 점을 들어 검증 불가능한 가설로 판단을 내린 바 있다.

18) Flege의 음성 습득 모형(SLM)의 한계점에 대해서는 2장 2절의 언어적 변인(L1)에 대한

었듯 60년대에 결정적 시기 가설이 제기된 이후 지금까지, 나이가 성인 학습자가 L2 발음을 습득하는 데 실패하게 만드는 주요 요인으로 작용하고 있는지에 대한 부분은 논란의 여지로 남아 있다고 볼 수 있다.

2) L2 경험 기간, L1 사용량

L2 음성 습득에 있어서 나이 이외에 또 다른 중요한 비언어적 요인은 바로 L2에 대한 경험 기간이다. Flege, Bohn, and Jang(1997)에서는 L2인 영어로 생활을 한 지 평균 7년쯤 되는, 경험이 많은 화자(experienced L2 speakers)의 발음이 경험이 많지 않은 화자(inexperienced L2 speakers)보다 청취 실험이나 음향 분석 측면에서 모국어 화자인 영어 화자에 가까운 수치를 나타냈다.[19]

한편, 대체로 새로운 소리, 즉 모국어에 없는 소리를 인식하고 발음하는 능력은 L2 사용국가에 거주하는 기간이 길수록 좋아진다는 연구 결과를 보인다(Flege and Hillenbrand 1984, Bohn and Flege 1992). Flege and Hillenbrand(1984)에서는 L1인 미국 영어에 없는 새로운 소리인 불어의 /y/, 미국 영어와 유사한 불어의 /u/의 경우를 비교했을 때, /y/는 경험 기간에 따른 영향을 많이 받으며 /u/는 그렇지 않은 것으로 나타났다.[20] Bohn and Flege(1992)에서는 미국에서 거주한 기간이 길수록 L1인 독일어에는 없는 모음의 발음은 향상되었지만 L1과 유사한 소리의 발음의 정확도는 거주한 기간과 관계없는 것으로 나타났다. 이에 Flege, Bohn, and Jang(1997)은 제2언어 환경에 도착했을 때의 나이(Age Of Arrival, AOA)로 다른 집단들을 서로 비교하는 실험을 고안할 때는 반드시 목표어 환경에서의 거주 기간의 길이와 연대기적 나이를 함께 고려해야 한다고 하였다.

연구에서 자세히 다루어질 것이다.

[19] 경험이 많지 않은 화자에 비해 정확한 발음 능력을 획득했다고 해도 경험이 많은 화자들의 발음 역시 모국어 화자의 것과는 큰 차이를 보였다.

[20] 평균 10년 이상 불어로 생활한 즉, 불어 사용 경험이 많은 화자의 경우를 다룬 것이다.

Flege, Bohn, and Jang(1997)에서는 독일어 화자, 스페인어 화자, 중국어 화자, 한국어 화자를 대상으로 영어 모음의 산출과 인식에 있어서 L2인 영어에 대한 경험 기간이 어떠한 영향을 미치는지 조사하였는데, 그 결과 미국에서 거주한 기간이 긴 화자들이 그렇지 않은 화자에 비해 모음의 발음이 더 정확한 것으로 나타났으며, 영어의 모음을 발음하거나 인식하는 데에는 L1 모음 목록과 영어 모음 목록과의 관계에 따라 정확도가 다르게 나타났다.

이렇게 경험 기간 (혹은 거주 기간)을 변인으로 L2 발음 습득에 대해 조사한 연구들을 다룰 때 주의해야 할 부분은 그 기간의 길이에 대한 부분일 것이다. 다음의 〈표 2.2〉는 경험 기간 혹은 거주 기간이 길고 짧음이 L2 발음 습득에 미치는 영향을 조사한 연구들로, 각 연구에서 경험이 길고 짧은 기준으로 삼은 경험 기간 및 거주 기간의 길이가 다양하다. 이들 연구들은 공통적으로 L2 환경에 거주한 기간을 경험 기간으로 보고 있지만, Flege and Hillenbrand(1984)를 제외한 대부분의 연구들이 L2 환경에 노출되기 전의 L2 학습 경험이나 거주 기간 중의 학습 경험에 대한 것은 고려하고 있지 않아 순수하게 경험 기간의 길이가 습득의 변인으로 작용하는 양상을 분석했다고 보기에는 무리가 있을 것 같다. 경험 기간의 차이에 따른 습득 양상을 분석하기 위해서는 동일한 학습 경험을 가진 피험자 (혹은 적어도 학습 기간이 유사한 피험자)를 대상으로 삼아야 할 것으로 생각된다.

	피험자	L2	경험 기간 / LOR	결과
Flege and Hillenbrand (1984)	미국인(14)	불어 (모음, 자음)	무경험자 1년 미만 유경험자 10년 (피험자 모두 중·고등 때 수업 받은 경험 있음)	NP: 경험 유무 영향 큼 SP: 경험 유무 영향 크지 않음.
Flege, Bohn, and Jang(1997)	German(20) Spanish(20) Mandarin(20) Korean(20)	영어 (모음)	무경험자 0.7년 유경험자 7.3년 (AOA: 평균25세)	경험자가 무경험자보다 더 정확히 발음.
Tsukada et al.(2005)	한국인 (어린이36, 성인36)	영어 (모음)	3년 5년	어린이의 경우에 LOR이 미치는 영향이 더 큼.
Baker and Trofimovich (2005)	한국인 (어린이10, 성인10) 미국인 (어린이10, 성인10)	영어 한국어 (모음)	0.6년 (AOA: 11.1세, 31.3세)	유사성의 정도와 L2에 노출된 기간이 습득에 영향을 미치는 변수로 작용.

표 2.2 경험 기간 혹은 거주 기간(LOR)에 따른 L2 음성 습득 연구

경험 기간뿐만 아니라, L1 사용량이나 L1에 대한 애착이 변인으로 작용해 L2 발음의 정확도에 영향을 미친다는 주장도 있다. Flege, Frieda, and Nozawa(1997)는 L2를 발음하는 데 궁극적인 성공의 여부가 오로지 처음 L2에 노출되었을 때의 뇌 발달 단계에 달린 것이라는 견해에 이의를 제기하고, L1의 활성화 정도나 L1의 표상(representation)의 강도 역시 L2 발음의 정확성에 영향을 미치는 것으로 보았다.

Flege, Frieda, and Nozawa(1997)의 연구에 따르면, 평상시 모국어인 이탈리아어를 비교적 자주 사용한 사람들이 이탈리아어를 자주 사용하지

않는 사람들보다 외국인 같은 발음(foreign accents)이 들리게 발음하는 것으로 나타났다. 흥미롭게도 평상시 L1인 이탈리아어를 많이 사용하는 사람들의 경우는 결정적 시기 이전인 어린이 시기에 L2인 영어를 배우기 시작했음에도 불구하고, 여전히 외국인 같은 발음(foreign accents)이 감지되었다. 또한 Flege, Frieda, and Nozawa(1997)에 따르면 L2 화자가 L2로만 의사소통을 해야 하는 환경에 처음 접하게 된 나이는 그들이 L1을 사용했던 집단(community)에 대한 애착(emotional attachment)의 강도나 L2를 사용하는 문화권(집단)의 일원처럼 발음하겠다는 자발성(willingness)과도 관련이 있다.

2.1.2 언어적 변인(L1)에 대한 연구

본 절에서는 언어적 요인으로 L1이 L2 음성 습득에 미치는 영향에 대해서 조사하기 위해 L2 습득에서 L1의 역할에 대해 논한 가설들을 살펴볼 것이다. 이에 L1과 L2 간의 차이를 L2 음성 습득의 난점으로 보는 대조 분석 가설(Contrastive Analysis Hypothesis, CAH)과 L1과 L2 간의 유사성을 L1 화자와 같은 정확한 발음을 습득하는 데에 성공하지 못하게 만드는 요인으로 보는 음성 습득 모형(SLM), 그리고 음성 습득 모형과 유표성 차이 가설(Markedness Differential Hypothesis, MDH)의 개념을 절충한 유사성 차이 정도 가설(Similarity Differential Rate Hypothesis)에 대해서도 살펴볼 것이다. 그리고 L2 음성 습득의 성공 여부에 주요 요인으로 다루어지고 있는 L1과 L2 간의 유사성의 정도를 설정하는 문제에 대해서도 논하고자 한다.

1) 대조 분석 가설(CAH)과 전이

1950년대와 60년대의 언어 습득 연구의 토대를 이룬 것은 '습관으로서의 언어'라는 개념이었다. 이때 제2언어 학습은 새로운 일련의 습관의 발달로 여겨졌다. 어린 시절에 확립된 습관은 다른 일련의 습관의 확립을 간섭하는 것으로, L1이 언어를 배우는 데에 있어서 성공하지 못하게 만드는 주요 원인으로 간주되면서 모국어의 역할이 큰 의미를 지녔다. 이에 두 언어의 체계를 비교하는 데 필요한 타당한 기술을 위해 등장한 것이 대조 분석(Contrastive Analysis, CA)이며, 이러한 비교를 통해 제2언어 학습 상황에서 '차이(difference)=어려움(difficulty)'이라는 등식을 적용하려는 시도가 바로 대조 분석 가설(Contrastive Analysis Hypothesis, CAH)이라고 할 수 있겠다(Gass and Selinker 1994, Ellis 1994).

초기의 대조 분석 가설은 L1과 L2 간의 언어적 상이점이 바로 학습상의 난점이고 오류의 원인이 된다는 강한 견해(strong view)가 중심을 이루었다. 강한 입장을 지지하는 자들의 주장에 의하면 학습자가 학습상 어려움을 느끼게 되면 모국어의 요소를 전이시킬 가능성이 많은데, 여기서 전이된 요소에 의해 생기는 부정확한 요소가 오류가 되며, 대조 분석을 활용하면 이러한 학습자의 오류를 예측 가능하다는 것이었다. 허나 실제적으로 대조 분석에 의해 발견되는 상이점들이 학습자의 오류로 나타날 확률이 높기는 하지만 상이점이 모두 오류로 나타나는 것은 아니었다. 이에 대조 분석이 오류에 대한 원인 해석에 용이하다는 점을 강조하는 약화된 견해(weak view)의 대조 분석 가설이 널리 퍼지기도 하였다.

대조 분석이 꽃을 피웠던 1960년대에 SLA 연구자들은 난이도(difficulty)의 정도가 언어 간 차이(difference)의 종류와 관련이 있음을 인지하였다고 볼 수 있다. 다음의 〈표 2.3〉은 Stockwell, Bowen, and Martin(1976)에서 제안된 것을 바탕으로 한 간략화한 난이도의 계층도이다. 이에 따르면 L1에 있는 요소가 L2에서 두 가지로 나타날 수 있는 '분열(split)'의 경우에 가장 어려움의 정도가 가장 크며, L1의 두 가지 요소가 L2에서 하나로 합쳐져 사용되는 '융합(coalesced)'의 경우 어려움의 정도가 낮게 나타날 것으로 예측하였다. 그리고 두 언어에 완전히 서로 그에 해당하는 요소가 있을 때에는 어려움(difficulty)이 전혀 발생하지 않을 것으로 예상하였다.

어려움의 유형	L1: 영어, L2: 스페인어	예
1 분열(Split)	x — x / y	for — por / para
2 새로운 것(New)	∅ ———— x	grammatical gender
3 부재 범주(Absent)	x ———— ∅	'do' as a tense carrier
4 융합(Coalesced)	x / y — x	'his/her' is realized as a single form su
5 대응(Correspondence)	x ———— x	-ing, -ndo as complement with verbs of perception

표 2.3 **난이도의 계층도**(Hierarchy of Difficulty)[21]

이러한 체계는 차이가 작을수록 습득하기 쉽고 차이가 클수록 습득하기 어렵다는 CAH의 주장과 달리, 두 언어 사이의 차이가 극대화되는 '새롭거나 존재하지 않는 부분(new and missing categories)'에서 난이도가 가장 높을 것이라고 예측하지 않는다는 점이 흥미롭다. 이와 관련해 〈표 2.3〉에서 말하는 '새로운 것(new)', 즉 L1에는 없는 범주가 L2에는 있는 '영 대조(zero contrast)' 요소를 습득할 경우에 습득 발달 단계상에 나타나는 양상에 대해 조사한 SLA 연구들로는 Keller-Cohen(1979), Huang(1970) 등이 있다.

---

21) Ellis(1994)와 Larsen-Freeman and Long(1991)을 바탕으로 정리한 것.

먼저 Keller-Cohen(1979)에서 주장한 바에 따르면 L1에 없는 '새로운 것(new)'을 습득하는 것은 L1에 존재하는 요소를 습득할 때와 동일한 발달 단계(path)를 거치지만 그 습득 속도는 아주 많이 느려지는 양상을 보일 수 있다고 한다.[22] 또 이러한 '영 대조'를 이루는 요소를 습득할 때는 습득 순서(acquisition sequence)상에 부가적인 '예비단계(a preliminary step)'가 나타날 수 있다는 주장도 있다. 그 예로 Huang(1970)의 연구에 따르면, L1에 관사가 존재하지 않는 중국인 어린이가 영어를 배울 때, 관사 사용이 가능해지기 전에 지시 형용사(demonstrative adjectives)같은 지칭 한정사(deictic determiners)를 사용하는 부가적인 단계를 거치는 것으로 나타났다. 이와 같이 L1은 제2언어 발달 과정에서 발달 순서를 바꾸지는 않지만 발달 과정의 추이를 변화시킬 수 있다고 볼 수 있다.

출현 당시부터 반박을 받은 강한 견해의 CAH에 비해, 좀더 지속적인 관심과 지지를 받기는 하였으나, 약화된 견해의 대조 분석 역시, 외국어 습득 과정에서 나타나는 오류들이 모국어의 간섭 때문에 생긴다기보다는 목표어 자체의 간섭 현상으로 인한 것이라는 주장이 펼쳐지면서 점차 무력화되었다. 그리고 그보다는 학습 전이, 학습 책략, 과일반화 등의 오류의 원인을 밝히는 데 관심이 집중이 되었다. 하지만, 실제 학습자에게 어느 정도 곤란한지에 대해 조사한 실험 연구들에 따르면, 대조 분석을 통해 예측되는 학습상 난점은 학습 시간이 경과함에 따라 어느 정도 향상되기는 하지만 정확도가 높지 않으며, 학습자들이 습득에 뚜렷한 어려움을 겪는 것으로 나타나는 연구 결과들(조남성 2001 등)로 미루어[23], 습득 과정에서 학습자들의 난점을 예측하는 데 있어 대조 분석의 효용은 여전히 간과할 수 없다.

---

22) Keller-Cohen(1979)에서는 영어를 배우는 일본인, 독일인, 핀란드인이 연구 대상이 되었다.

23) 조남성(2001)은 한·일어 대조 분석상의 상이점이 일본어를 학습하는 한국인에게 학습에 있어서 난점으로 나타남을 연구하였다.

특히 음성·음운 차원에 있어서 모국어의 간섭 현상이 L2 학습상 난점이나 오류를 예측하는 데에 상당한 효용성을 지닌다는 점은 인정해야 할 듯하다. 조음이란 정신·운동적 기능을 하는 것으로, 성공적은 조음 여부는 근육 운동을 조절하는 것에도 달려 있기 때문에 L1에서 비롯된 간섭은 음성·음운적인 면, 즉 발음 면에서 대조 분석에 따른 예측이 가능할 것이다.[24] 그뿐 아니라, 음성·음운적인 차원에서는 다루게 되는 항목들이 뚜렷하고 비교적 제한되어 있어서 여러모로 대조 분석을 활용하기에 유리할 것이다(서정목 2002, 최용재 1984).[25]

서정목(2002)에 따르면 이러한 음성·음운적 간섭 현상의 원인으로는 일반적으로 발화와 관련된 조음 전이, 청취 전이, 그리고 문자와 관련된 자소 전이를 들 수 있다.[26] 먼저 조음 전이는 개별 언어적 음운 요소들이

---

24) 이에 비해 어휘·통사·의미적 간섭은 그 예측력이 떨어지는데 그 이유는 사고, 처리, 저장, 회상과 같은 인지적 조정(cognitive coordination)은 근육 운동의 조정보다 복잡한 요인이기 때문이다(서정목 2001:76).

25) 전이 현상을 다룬 대부분의 연구들은 Gass and Selinker의 전통적인 입장을 따라 전이 현상이 L1에서 L2로, 즉 한 방향으로만 일어나는(unidirectional) 현상에 초점을 맞추어 왔다. 이들은 화자의 L1 체계가 완전히 발달하면(matured) 그 능력(competence)에 더 이상 변화가 생기지 않는다는 견해를 따르는 입장이다. 반면에 최근에 이르러 몇몇 SLA 연구들은 L1이 L2에 영향을 미칠 뿐만 아니라 L2가 L1에 영향을 미칠 수 있으며, 따라서 전이 현상을 L1−L2 간에 양방향으로 발생하는(bidirectional) 현상으로 보고 있는데, 발음 습득 과정에서 나타나는 전이 현상의 양방향성(bidirectionality)의 증거를 제시한 연구들로는 Yeni-Komshian et al.(2000), Flege and Eefting (1987) 등이 있다. 한편, Flege et al.(1997)에 따르면 이러한 양방향 전이 현상이 어느 정도 나타나는가는 L2를 처음 접하게 된 나이나 L1 혹은 L2의 사용량 등이 영향을 미칠 수 있다. Yeni-Komshian et al.(2000)에서는 영어를 사용하는 한국인 이중 언어 화자(bilinguals)를 대상으로 그들이 영어(L2) 혹은 한국어(L1)를 발음할 때 외국인 같은 발음(foreign accent)이 나타나는 데에 AOA(Age Of Arrival)가 어떻게 변수로 작용하는지를 조사하였다. 조사 결과, AOA가 낮은 화자의 경우에 L1인 한국어에서 외국인 같은 발음이 많이 감지되었고, L2인 영어에서 외국인 같은 발음이 아주 약하게 감지되었다. 반대로 AOA가 높은 화자일수록 L1인 한국어에서 외국인 같은 발음이 아주 약하게 감지되었고, L2인 영어에서 외국인 같은 발음이 많이 감지되었다. Baker and Trofimovich(2005)의 연구에서도 어린이때부터 L2로서 영어를 사용하게 된 한국인 이중 언어 화자(early bilinguals)의 경우가 성인이 되어 영어를 사용하게 된 이중 언어 화자(late bilinguals)의 경우보다 양방향적 전이가 발생하는 정도가 더 심한 것으로 나타났다.

고착화된 모국어의 조음 습관으로 인하여 목표어의 조음에 끊임없이 영향을 끼쳐 부정적으로 전이되어 오류를 발생시키게 되는 것을 말한다.[27]

둘째, 청취 전이는 목표어의 음운 체계를 습득하는 데 모국어의 음운 체계를 적용하여 그 체계를 중심으로 청취를 하게 되는 것을 말한다. L2를 배우는 사람은 L2 발화를 들을 때 그의 모국어의 습관을 제거할 수 없고 따라서 학습자는 발화와 청취에 있어서 L1의 음운 체계를 L2의 음운 체계로 전이시킨다는 것이다. 이러한 음성의 지각적 측면에서의 연구는 최근까지 관련된 연구가 활발히 행해지고 있는데 Best(Best 1994, Best and Strange 1992)의 지각 동화 모형(Perceptual Assimilation Model, PAM)과 Flege(1995, 1999)의 음성 습득 모형(Speech Learning Model, SLM)의 경우를 대표적인 연구로 볼 수 있다.[28]

음성·음운적 간섭 현상의 세 번째 원인으로 제시된 자소적 전이는 L1과 L2의 정서법 혹은 자소 체계 차이로 인해 음운 체계의 부정적 전이가 이루어지는 것으로 동일한 표기가 두 언어에서 서로 다른 음가를 지니는 경우에 발생하는 전이를 말한다.

이러한 L1 전이 현상은 앞서 살펴본 것과 같이 나이, 경험 기간, L1 사용

---

26) 발음 전이에 대한 연구들로는 Hyman(1975)과 Weinreich(1968) 이후로 외국인 말투에 대한 연구, 단음(phone) 차원에서의 전이에 대한 연구가 주를 이뤄왔다. Hyman (1975:21)에서는 음성적 간섭 현상을 외국인 말투(foreign accent)라고 하여 화자는 발화하고자 하는 외국어 발음에 대하여 자신의 모국어의 발음으로 대체하게 되고 그 결과가 바로 전형적인 외국어 말투이며, 흔히 이러한 말투는 직접적으로 모국어의 음운적 자질에 영향을 미친다고 하였다. 또한 Weinreich(1968:14)에서는 음성적 간섭 (phonic interference)이란 화자가 L2의 발음을 인식하고 재생산하는 방식과 관련되며, 학습자가 목표어의 음소를 모국어의 음소와 동일시하여 그것을 다시 발음할 때 모국어의 음성학적 규칙을 따르게 되어 발생하는 것이라고 하였다.

27) 이와 관련해 Bosch, Costa, and Sebastian-Galles(2000)에서는 어린이 학습자와 달리 성인 학습자는 모국어 화자와 다른 '물리적 속성(physical properties)'을 갖게 된다고 하였다.

28) Strange et al.(1998)는 PAM과 SLM은 공통적으로 L2 분절음(segments)을 지각할 때 L1과 L2 간의 지각된 음성적 유사성(perceived phonetic similarities)이 중대한 영향을 미친다고 보고 있으며, 둘 다 음소 혹은 변별적 자질 차원에서의 L1과 L2 분절음의 대조·분석이 이루어져 L1과 L2 간의 중요한 관계를 파악하기에는 너무 추상적이라고 지적하였다.

량 등이 변수로 작용함을 알 수 있는데, 언어적인 면에서는 L1과 L2 간의 음성적 유사성(phonetic similarity) 혹은 비유사성(dissimilarity)의 정도와도 관련이 있어, 두 언어 간의 유사성의 정도와 학습상 예측되는 난점에 대해 논하지 않을 수 없다.

2) 음성 습득 모형(SLM)과 유사성 차이 정도 가설(SDRH)

L1과 L2 간의 차이점을 L2 습득의 난점으로 본 대조 분석 가설과 달리, 유사성을 기준으로 습득의 난이도에 대해 논한 연구로는 Flege의 음성 습득 모형(Speech Learning Model, SLM)과 Major and Kim(1999)의 유사성 차이 정도 가설(Similarity Differential Rate Hypothesis, SDRH)이 있다.

① 음성 습득 모형(Speech Learning Model, SLM)

음성 습득 모형(SLM)은 L1이 완전히 습득된(mastered) 후에도 음성 습득은 끝나지 않고 계속 진행된다는 것을 기본으로 한 가설이다. SLM에 따르면 인간은 이전에 사용해 온 것과 체계적으로 다른 음성 체계를 통해 의사소통해야 할 때 계속해서 음성적 습득을 하게 되므로, 성인이 된 후 L2를 배우기 시작한 학습자들도 계속해서 발전을 할 수 있다(Flege 1996).

이러한 음성 습득 모형(SLM)은 L1과 L2 간의 유사성에 따라 음성 습득의 성공과 실패에 대한 추측을 가능케 하였다. SLM에 따르면 L1과 L2의 음성적 하부 체계를 구성하는 음성적 요소는 '음운론적 공동 영역(common phonological space)'에 존재하기 때문에 L1과 L2는 서로 상호적으로 영향을 주고받는다. 음성 습득 모형에 의하면 L1과 L2 음성(speech sounds)은 별개의 두 기제를 통해 상호 작용을 하게 된다.

두 기제 중 하나가 '음성 범주 동화(phonetic category assimilation)'이고 또 하나가 '음성 범주 이화(phonetic category dissimilation)'이다. 음성 범주 동화는 그것과 가장 근접한 L1 음성 간에 인지할 수 있는 차이가 존재함에도 불구하고 새로운 음성 범주를 형성하는 데 실패했을 때 작동하게 되는 기제이다. 음성 범주 동화 기제가 작동을 하게 되면, L2 음성 범주가 L1 범주의 한 예로 간주돼 새로운 범주를 형성하는 데 방해를 가하게 된다. 따라서 그런 경우에 시간이 지나면서 합쳐진 범주(merged category), 즉 인식적으로 L1과 L2 음성이 연결된 음성 영역이 형성된다.

음성 범주 이화는 L2 음성을 위한 새로운 범주가 수립될 때 작동이 되는 기제이다. 음성 범주 이화는 새로이 L2 범주가 수립되게 하고, 그것과 근접한 L1 음성 범주는 음성 영역에서 서로 거리를 두게 만든다. 이러한 음성 범주 이화는 단일 언어 화자(monolinguals)가 자신들의 L1 음성 영역을 구성하는 요소들 간에 음성적 대조를 유지하려는 것과 마찬가지로 이중 언어 화자들(bilinguals)이 'L1+L2'의 음성 영역에서도 L1과 L2의 모든 요소들 간에 대조를 유지하게 하려고 하기 때문에 발생하는 현상이다.[29]

Flege의 SLM은 다수의 실험 연구들을 통해 입증이 된 바 있다. Flege(1984), Flege and Hillenbrand(1984), Flege(1987), Flege(1995), Best et al.(2001), Aoyama et al.(2004) 등의 연구들은 L2 발음(sounds)이 인식적 측면에서(perceptually) 더 유사할수록 L2 화자들이 L2 음성을 인식하고 발음하는 것에 L1이 더 큰 영향을 미쳐 학습에 방해가 된다는 결론을 제시하였다.

Aoyama et al.(2004) 역시 위 연구들과 유사한 결론을 도출하였는데, 그의 일본어 화자를 대상으로 영어의 /l/([ll])과 /r/([ɹ])의 습득 양상을 조사한 결과에 따르면, 경험 기간이 짧을 때에는 상대적으로 일본어 /r/([ɾ])과 더 차이가 있는 /r/([ɹ])보다 유사한 /l/([ll])을 더 빨리 습득하지만 경험 기간이 길어질수록 /r/([ɹ]) 발음이 향상이 되어 두 음이 결과적으로 동일한 정도의 정확도를 보이는 것으로 나타났다.[30]

---

29) 본 연구의 음성 범주 동화와 음성 범주 이화에 대한 설명은 Flege et al.(2003:468~470)을 따른 것이다.

SLM에서 유사한 것으로 지각될수록 모국어 화자와 같은 완전한 발음 능력을 획득하기 힘들다고 주장하는 것과 유사하게, L2 화자의 음성 산출 실험 결과를 통해 두 언어의 모음체계 간의 유사성의 정도를 밝히고 그 유사성이 L2 음성 습득에 미치는 영향을 밝힌 연구도 있다. Baker and Trofimovich(2005)에서는 음성 산출 실험을 통해 한국어와 영어의 단모음의 유사성에 대해 조사하고, L2로서 영어를 사용하는 한국어 화자들의 영어 발음을 분석하였다. 실험 결과, L2인 영어를 처음 학습하게 된 시기에 관계없이, bark 좌표에서 서로 완전히 겹쳐지게 나타난(즉, 유사성이 높은) ‘영어 /i/와 한국어 /i/’, ‘영어 /ɪ/와 한국어 /e/, /ɛ/’의 경우가 그렇지 않은 경우에 비해 L1과 L2가 서로의 발음에 더 영향을 미치는 것으로 나타났다. 즉, Baker and Trofimovich(2005)는 L1과 L2 간의 음성적 거리가 가까울수록 더 습득하기 어렵다는 결론을 내렸다.

이러한 일련의 연구들을 통해 볼 때, L1 단음(phone)과 L2 단음(phone)이 유사할 때 즉, 차이점이 잘 인식되지 않을 때 L2 화자가 새로운 음성 범주(a new category)를 형성하기 힘들어, L2 음성 습득에 방해가 되는 것으로 해석할 수 있다. L1과 L2의 음소가 서로 아주 달라 L2 단음을 L1 범주와 연관시켜 생각하지 않을 때, 익숙한 음소(familiar phoneme)와 새로운 단음(new phone)이 분명히 대조를 이룸으로써 학습자에게 특정 정보를 제공하게 되어 L2 학습자가 새로운 음성 범주(a new phonetic category)를 형성하는 데 어려움을 덜 겪게 되는 것이다.

비록 SLM이 이처럼 수많은 연구들을 통해 지지를 받고 있기는 하지만, SLM에는 몇 가지 문제점이 있음을 지적할 필요가 있다. 첫째, 습득의 속도와 관계없이 궁극적으로 정확한(authentic) 발음이 가능한 것은 유사성

---

30) Aoyama et al.(2004)에 따르면, 영어의 /l/([l])과 영어의 /r/([ɹ])은 일본어 화자에게 일본어의 /r/([ɾ])과 유사하게 인식이 되는 경향이 있는데, 둘 가운데 [ɹ]은 [l]보다 더 차이가 있는 것으로 인식이 된다. 다시 말해, 일본어 화자에게 일본어의 [ɾ]은 영어의 [ɹ]보다 영어의 [l]과 음성적으로 더 유사한 것으로 인식이 된다.

이 낮은 쪽이라는 SLM의 주장에 대해 이의를 제기할 수 있다. Munro(1993)의 영어를 배우는 아랍인을 대상으로 한 연구에서 아랍인의 영어 모음 발음을 영어 화자에게 들려 준 결과, 유사성이 낮은 모음에 있어서 소수의 아랍어 화자만이 모국인 발음 판정을 받았지만 대부분이 외국인(non-native) 발음 판정을 받았다. 이러한 실험 결과는 유사한 모음보다 새로운 모음을 더 성공적으로 습득할 수 있다는 SLM의 예측과 반대되는 해석을 제시한다고 할 수 있겠다.

Munro(1993)와 유사하게 Kwon(2007)의 한국어를 학습하는 일본어 화자를 대상으로 한 연구에서도, 학습을 통해 습득이 활발히 진행된 것은 일본어 화자에게 새로운 단음(New Phone, NP)인 한국어 모음 /ɨ, ʌ/였지만 궁극적으로 한국인 화자에 더 가깝게 발음 가능한 것은 새로운 단음이 아니라 유사한 단음(Similar Phone, SP)인 /a, o/인 것으로 나타났다. 유사성이 높거나 심지어 조음 위치에 있어서 차이가 거의 없는 동일한 음성의 경우에 L1으로부터의 긍정적 전이만으로도 모국어 화자와 같은 발음이 가능할 것이라는 점에서 Munro(1993)나 Kwon(2007)의 연구 결과는 타당성이 있다.

둘째, SLM은 유사성의 정도에 따라 유사성이 높은 쪽이 혹은 낮은 쪽이 더 습득하기 쉽다고 논하기 전에 유사성의 정도를 설정하고, 그에 따라 습득의 난이도에 대해 '유사성이 높은 것은 어렵다 혹은 쉽다'는 식의 단편적인 결론을 이끌어내는 논리적 전개 방식 자체에 문제점을 내포하고 있다. Flege(1996)에서는 SLM을 제안한 Flege 자신도 이러한 문제를 발견하고, SLM에 대해 부분적으로 이의를 제기한 바 있다.

Flege(1996)에서는 L2로서 영국 영어를 사용하는 네덜란드어 화자들을 대상으로 유사성이 높고 낮음에 따라 영어 모음에 대해 어떠한 습득 양상을 보이는지를 조사하였다. 실험 결과에 따르면, 영어 모음 /æ/는 새로운 단음(NP)으로 새로운 음성 범주(phonetic new category)를 형성해서 /æ/

를 성공적으로 습득할 것으로 예측되었지만 분석 결과, 성공적으로 습득이 되지 못했다.

Flege(1996)는 이러한 SLM의 예측과 반대되는 결과가 발생한 이유를 /æ/가 외래어에 사용되는 경우가 있어 사실은 새로운 것(new vowel)이 아니기 때문일 것으로 추측했다. Flege 자신도 얼마나 달라야 새로운 것(new)이라고 할 수 있는가는 해결하지 못한 문제로 남긴다고 하였는데,[31] Flege가 '새로운 것' 혹은 '유사한 것'과 같은 분류 자체를 문제시한 것은 '유사성이 낮을 때 습득하기 쉽다'는 SLM식 예측과 일관된 결론을 이끌어 내기 위한 것일 뿐이다. 결국 Flege는 자신은 90년대 중반부터는 IPA 기호 공유 여부에 따라 유사성의 유무를 판단하는 이분법적 분류 방식을 넘어서 L1과 L2 간 유사성을 연속체로 본다고 하였지만(Flege 2005), 사실은 80년대의 이분법적 접근 방식을 버리지 못한 것으로 판단된다. 유사성을 정도성을 가진 것으로 본다면 '/æ/가 새로운 것이므로 습득하기 쉽다'는 식의 논의보다는 /æ/는 /ʌ/보다는 유사성이 낮으므로 /ʌ/보다 습득하기 쉽다는 식의 상대성을 도입한 논의가 필요할 것이다.

② 유사성 차이 정도 가설(SDRH)

L1과 L2 간 음성적 유사성에 따른 음성 습득 양상에 대한 가설을 제시한 음성 습득 모형은 상황에 따라 유표성 차이 가설(Marked Differential Hypothesis, MDH)과 충돌할 수 있다. Eckman(1977)에 의해 제기된 유표성 차이 가설(MDH)은 덜 유표적인 것이 먼저 습득되고 유표적인 것이 늦게 습득된다는 가설로,[32] MDH는 Major and Faudree(1996) 등의 실험

---

31) 'How much must an L2 vowel differ from vowels in the L1 to be regarded as new?'(Flege 1996:42)

32) 유표성(markedness)에 대한 개념은 프라그학파의 Trubetzkoy에 의해 제기된 개념이다. Trubetzkoy를 중심으로 한 프라그학파에서는 대립을 이루는 구성원들 가운데 중화가 일어나는 자리에 나타나는 것을 무표(unmarked)의 구성원으로, 그렇지 못한 것을 유표(marked)의 구성원으로 보았다.

연구를 통해 입증이 된 바 있다.[33] MDH는 기존의 L1과 L2 간의 차이가 있는 곳에 난점이 있다는, '습득 시 난점'에 대한 CAH 식의 평면적 예측 방식에서 한 발 더 나아가 어려움이 발생할 곳과 방향성, 어려움의 정도까지 예측할 수 있는 것을 강점으로 내세우고 있다.[34]

이러한 유표성 차이 가설(SDRH)은 L1과 L2 간의 유사성에 대한 부분을 고려하지 않았기에 상황에 따라서 '유사성과 유표성', 이 두 요소가 경쟁하는 딜레마에 처할 수 있다(Major and Kim 1999).[35] 예를 들어, 아랍어를

그에 비해 생성음운론에서 논하는 유무표의 개념은 그러한 프라그학파에서 말하는 개념과 차이가 있다. 생성음운론에서는 다음과 같은 몇 가지 특징을 가지고 있는 것들을 유표적인 것으로 보고 있다. 첫째, 유표는 /a/에 하나의 자질이 더해진 /ã/의 관계처럼 어떤 것이 더해졌다는 개념을 나타내는 것이다. 둘째, 무표음은 유표음에 비해 자연 언어들에서 언어 보편적으로 더 빈번히 나타나는 음이다. 셋째, 모국어 습득 과정에서 무표적인 음이 유표적인 음에 비해 배우기 쉽다. 넷째, 유표음과 무표음은 내포 관계(implicational relation)을 이룬다. 예를 들어 어떤 언어에 유표음 [ã]이 있다는 것은 무표음 [a]의 존재를 내포하고 있으며 그 반대는 사실이 아니다(전상범 2004:219−224).

이처럼 생성음운론의 유표성에 대한 개념 자체는 자질을 표시하는 것과 같이 '유−무'의 이분법적인 것이므로, 제2언어 습득론에서 유표성의 개념을 도입해 '더 유표적 혹은 덜 유표적(more marked-less marked)'인 것이 먼저 혹은 늦게 습득된다고 논하는 것은 생성음운론에서 제시한 유표성의 기본 개념에 모순되는 것이다. 따라서 유표의 정도를 따지는 MDH의 접근 방식은 문제가 있는 것으로 생각될 수 있다.

하지만, Eckman(1977)이 제시한 것과 같이 언어 유형에 따라 내포 관계를 형성하는 계층도(hierarchy)가 형성될 때는 유표의 정도에 대해 논하는 것이 가능한 것으로 판단된다. 즉, A가 B를 내포하고 B가 C를 내포하는 관계에서 'A유표−B무표, B유표−C무표'의 관계라면 'A−B−C' 순으로 더 유표적이라고 하는 것에 무리가 없을 것으로 여겨진다.

33) Major and Faudree(1996)에서는 한국어 화자들을 대상으로 영어 폐쇄음의 유무성 대립에 대한 습득 양상을 조사하였다. 한국어에는 유성 폐쇄음만이 존재하므로 유무성 대립을 가지지 않는다. 조사 결과, 한국어 화자들이 상대적으로 덜 유표적인 단어 초(word-initial position)와 어중(word-medial position)에 나타나는 유무성 대립에 있어서는 거의 100%에 가까운 정확성을 보였지만 어말(word-final position)에서는 50% 정도의 정확성을 보였다. 이에, 한국어 화자들은 상대적으로 덜 유표적인 단어 초 대립과 어중 대립을 먼저 습득한 후 어말 대립을 습득하는 것으로 추측이 되었다.

34) Eckman(1977)은 MDH를 CAH의 '대안(alternative)'으로 제안하였지만, 실제적으로 MDH는 많은 부분에서 CAH의 기본 개념을 바탕으로 하고 있는 것이 사실이다. 따라서 MDH는 CAH의 '대안'이라기보다는 부가적인 것 혹은 CAH를 강화시키는 가설 정도로 보는 것이 좋을 듯하다.

배우는 영어 화자에게 아랍어의 /x/와 /ʕ/ 중 어느 쪽이 더 습득하기 어려울지를 두 가설을 근거로 예측하자면, 충돌이 일어남을 발견할 수 있다. 먼저 SLM에 따르자면, 무성 연구개음(voiceless velar)인 영어 /k/는 유성 인두음(voiced pharyngeal)인 /ʕ/보다는 역시 무성 연구개음인 /x/에 유사하므로 /x/가 /ʕ/보다 습득하기 어려울 것으로 예측이 된다. 하지만 MDH에 따르면, /x/보다 더 유표적인 /ʕ/가 /x/보다 습득하기 어려울 것으로 예상이 된다.[36)]

이에 Major and Kim(1999)은 L2 음성 습득에 있어서 작용할 수 있는 변수로 유사성과 유표성을 동시에 고려한 유사성 차이 정도 가설(Similarity Differential Rate Hypothesis, SDRH)을 제시하였다. SLM이나 MDH와 같은 기존의 연구들이 궁극적인 능력(competence) 혹은 습득 속도(rate of acquisition) 중 하나를 변수로 L2 습득 시 난이도를 논한 것과 달리, SDRH는 습득 속도, 능력 두 가지를 모두 고려해야 한다고 주장한다.[37)] 다시 말해, SDRH는 유사하지 않은 경우가 유사한 경우보다 더 빠르게 습득이 되지만 유표성이 중재하는 요인이 되어, 일정 수준의 유사성을 가졌을 때 더 유표적일 때 습득 속도가 감소된다는 가설이다. 또한 SDRH는 L2 습득 시 L1과 다른 음(즉, 유사하지 않은 음)의 경우, 유사한 음에 비해 더 빨리 습득하게 된다고 보지만, SLM이나 MDH와 달리 궁극적인 결과에 대해 어떠한 예상을 하지는 않는다.

SDRH에 대한 실증적인 검증은 아직 거의 이루어진 바가 없는데, Major

---

35) Carlisle(1991)은 더 유표적일수록 늦게 습득이 되는 이러한 양상은 L1과 L2 사이에서 나타날 뿐만 아니라 L2 내에서도 일어난다는 언어 내 유표성 가설(Intralingual Markedness Hypothesis, IMH)을 주장하기도 하였다.
36) 연구를 통해 입증된 바는 아니지만 현장의 교사들에 의하면 이 경우에는 /ʕ/의 유표성이 지배적이어서 학습자들은 대체로 /x/보다 /ʕ/를 어려워하는 것으로 밝혀졌다(Major and Kim 1999).
37) SLM은 유사하지 않은 소리가 유사한 소리에 비해 정확한 발음 능력(competence)을 습득하기 쉬운 것으로 보았으며, MDH는 덜 유표적인 음이 더 유표적인 음에 비해 빨리(먼저) 습득된다고 보았다.

and Kim(1999)에서 언급하였듯, SDRH를 검증하기 위해서는 동일한 정도의 유표성을 가진 유사한 것과 유사하지 않은 것을 대상으로 유사성의 효과를 조사해야 할 것이다. 마찬가지로 유표성의 효과를 관찰하기 위해서는 동일한 유사성의 정도를 가진 유표성의 정도에서 차이가 나는 경우를 비교해야 할 것이다. 이러한 특정 조건의 상황에서 음성 습득 양상을 관찰하기는 쉽지 않은 일이겠지만, 구체적인 연구를 통해 언제 습득 속도가 앞서고 언제 능력이 앞서는지 따라잡는지에 대해서는 후속 연구들을 통해 밝혀져야 할 부분이라고 할 수 있다.

이렇게 80년대 이후부터 최근까지 L2 음성 습득에 L1이 미치는 영향을 논함에 있어서 L1과 L2간의 유사성의 유무와 습득 난이도가 주요 화두가 되어 왔으며, 그러한 유사성과 난이도의 관계를 밝힘에 있어서 Flege의 음성 습득 모형(SLM)이 널리 받아들여져 왔지만 가설의 타당성에 대해서는 여전히 검증할 필요가 있다. 앞서 언급하였듯 음성 습득 모형에 대한 몇몇 반증들(Munro 1993, Flege 1996, Kwon 2007)이 존재하는 것으로 볼 때, L2를 습득할 때 궁극적으로 유사한 단음이 아니라 새로운 단음의 경우에 모국어 화자와 같은 정확한(authentic) 발음이 가능한지 확인할 필요가 있다.

또한, 만일 음성 습득 모형에서 주장하는 것처럼 새로운 단음에서 지속적인 습득이 진행되고 유사한 단음에서는 그렇지 않다고(즉, 처음부터 습득이 진행되지 않거나 초기에 습득이 진행되다가 중단된다고) 가정할 때, L1이 L2 음성 습득에 미치는 영향에 대해 조사하기 위해서는 유사성과 유표성에 따른 구체적인 상황에서 L2 음이 학습 단계나 경험 기간 측면에서 어떤 단계에서 새로운 음(NP)의 정확도가 유사한 음(SP)의 정확도를 따라잡게 되는지에 대한 구체적인 논의가 가능한 연구가 행해져야 할 것으로 보인다.

3) 언어 간 유사성의 정도 설정에 대한 연구

앞 절에서 논하였듯 최근까지 상당수의 실험 논문들에서 L1과 L2 단음의 유사성이 발음 습득에 어떠한 영향을 미치는지에 대한 것이 다루어 왔다. 그런데 이러한 연구들은 대체로 유사성을 설정하는 기준으로 IPA 기호의 공유 여부, 혹은 L2 단음이 L1 단음 목록에 존재 유무 여부를 그 기준으로 삼고 있다(Flege and Hillenbrand 1984, Flege 1987, Yang 1996).

Flege(1987)에서는 영어의 /t/와 불어의 /t/는 동일한 IPA 기호를 공유하고, 그 두 음 간의 음성적 유사성(phonetic similarity)으로 인해 영어 화자가 불어를 배울 때나 불어 화자가 영어를 배울 때, L1의 한 범주가 실현되는 것으로 취급하게 된다고 하며, 불어 /t/를 유사한 단음(Similar Phone, SP)으로 분류하였다. 그리고 불어의 전설 원순모음 /y/나 남반투의 언어들(Southern Bantu languages)의 'clicks'과 같은 경우는 영어 화자의 L1에 그와 닮은 단음을 찾을 수 없어, L1의 범주에는 존재하지 않는 단음인, 새로운 단음(New Phone, NP)으로 간주한 바 있는데, 이러한 Flege의 분류 방식은 이분법적이라고 할 수 있겠다.[38]

한국어와 일본어의 단모음 간의 유사성의 정도를 설정하고자 한 시도로는 Kwon(2006, 2007)이 있다. Kwon(2006, 2007)은 역시 Flege and Hillenbrand(1984)와 Flege(1987)에서 제시한 대로 동일한 IPA가 사용되는지에 따라 한국어를 배우는 일본인의 입장에서 한국어와 일본어에 모두 존재하는 /a/, /o/를 유사한 단음으로, 한국어에는 존재하지만 일본어에는 존재하지 않는 /ɨ/, /ʌ/를 새로운 단음으로 설정한 바 있다.

L1-L2 간 유사성이 L2 음성 습득에 미치는 영향에 대해 조사한 많은 연구들이 유사한 단음과 새로운 단음(즉, 유사하지 않은 단음)으로 나누

---

38) 아프리카의 언어들에서 사용되는 'click'은 우리가 불만을 나타낼 때 쓰는 '혀차는 소리'와 닮은 'post-alveolar clicks'을 포함해 입을 오므리고 부드럽게 키스할 때 나는 소리 같은 'bilabial clicks'도 있다(Ladefoged 2001b:154~157).

는 이러한 이분법적인 구분은 무리가 있으며, 유사성의 정도에 따라 전혀 다른 것에서 동일한 것까지의 연속선상에 있는 것으로 보는 것이 더 바람직할 것이다.

이분법적으로 분류할 경우 IPA를 기준으로 L1에 그에 해당하는 단음이 존재하기는 하지만, 실질적인 음가에 있어서 비교적 큰 차이가 나는 경우에 유사한 단음이나 새로운 단음 어느 한 쪽으로 분류하기 힘들다. 그 예로 한국어의 모음 /u/와 일본어의 모음 /ɯ/는, Flege가 제시한 대로 IPA 기호 공유 여부만을 따지자면, 두 음이 서로 다른 기호를 사용하고 있으므로 유사하지 않은 모음으로 간주되어야 할 것이다. 하지만 한국어 모음 /u/와 일본어 모음 /ɯ/를 비교해 보면, 한국어의 /u/가 원순성을 가지고 있는 반면에 일본어의 /ɯ/는 원순성을 가지지 않는다는 차이가 있기는 하지만 둘 다 공통적으로 후설 고모음으로 어느 정도의 유사한 부분을 가지고 있어, 단순히 두 모음을 '유사하지 않은 것'으로 분류하는 것에는 문제가 있다.

SPE식으로 세 모음, 한국어의 /u/와 /ɨ/, 일본어의 /ɯ/의 자질을 표시해 보면 다음의 〈표 2.4〉와 같다. 〈표 2.4〉에서 보듯이 두 모음을 SPE에서 제시한 자질들로 표시를 해 보아도 일본어의 /ɯ/와 한국어의 /u/는 3개의 자질을 공유하고 있음을 알 수 있다. 일본어의 /ɯ/는 심지어 IPA를 공유하지 않는 한국어의 /ɨ/와 4개의 공통된 자질을 공유하고 있음을 발견할 수 있다.

한국어 /u/: [+high], [−low], [+back], [+round]

한국어 /ɨ/: [+high], [−low], [+back], [−round]

일본어 /ɯ/: [+high], [−low], [+back], [−round]

표 2.4 한국어 /u/, /ɨ/와 일본어 /ɯ/의 SPE식 자질 표시[39]

이렇게 80년대부터 90년대 중반까지 이분법적으로 유사성의 유무를 설정했던 Flege도 90년대 중반부터는 L1−L2 간의 음성적 거리를 연속체(continuum)로 간주해야 하며, 유사성에 대한 판단은 반드시 경험적으로 측정이 되어야 하며 선험적으로 판단되어서는 안 된다고 주장하였다(Flege 2005). 이러한 맥락에서 Flege(1996)에서는 이전의 IPA 공유 여부로 판단하는 이분법적 구분 방식을 보완해, IPA를 바탕으로 하되 음향적 분석 결과와 청취 실험 분석 결과를 고려한 방식을 제안하였다.

Flege(1996)는 먼저 L1 음과 동일한 IPA 기호를 사용하고 음향적 분석 결과 L1 화자와 유의미한 차이가 없고 청취 실험에서 청자(L2가 모국어인 화자)가 L1과 L2의 차이를 인식할 수 없는 음을 '동일한' L2 음으로 보았다. 또한 동일한 IPA 기호를 사용하지만 음향학적 수치에 있어서 통계적으로 유의미한 차이를 보이며, 청취로 감지할 수 있을 정도의 차이가 있는 L2 음을 '유사한 것'으로 간주하고, 서로 다른 IPA 기호를 사용하고 음향적으로, 인식적으로 차이가 있는 음을 '새로운 것'으로 보았다.

이러한 분류 방식은 이전에 모음 간에 대조 분석 과정을 거치지 않고 IPA를 기준으로 선험적으로 유사성의 유무를 판단한 이분법적 분류 방식에 비해 음향·청각적인 분석 과정을 거친 실증적인 연구라는 점에서 큰 의의를 가진다고 할 수 있다. 하지만 Flege(1996)의 분류 방식 역시 이전의 연구와 마찬가지로 IPA 공유 여부가 유사성의 정도를 판단하는 데 주요 기준이 되고 있어 궁극적으로는 유사성의 정도를 연속체로 간주했다기보다는 두 가지로 분류하던 이분법적 분류 방식에 한 범주를 더 추가해 삼분법적으로 분류한 것에 지나지 않는다는 한계점을 지닌다. IPA는 소리를 표시하기 위한 약속된 표기일 뿐이므로 두 단음 간의 유사성의 판정 시 참고를 할 수는 있겠지만 IPA 공유 여부가 전적으로 유사성의 판단 기준이 되어서는 안 될 것이다.

---

39) Gussenhoven and Jacobs(1998)에서 제시한 SPE식 표시 방식을 따름.

Baker and Trofimovich(2005)에서는 L1과 L2의 유사성의 정도와 L2에 대한 경험 기간(LOR), L2에 노출 당시의 나이(AOA), 현재 나이 등에 따른 모음의 습득 정도를 조사하는 과정에서 각 모음을 음향학적으로 분석하여 영어 모음과 한국어 모음의 유사성의 정도를 밝히려 하였다. Baker and Trofimovich(2005)는 한국인이 발음한 한국어 단모음 /i, u, e, ɛ, ɨ/와 미국인이 발음한 영어 단모음 /i, u, æ, ɛ, ʊ, ɪ/의 포먼트 주파수(Hz)를 청각적 척도인 Bark 척도로 변환하여 두 언어의 모음의 유사성을 분석하였다. 분석 결과, '영어의 /i/와 한국어의 /i/', '영어의 /ɪ/와 한국어의 /e/, /ɛ/'는 Bark 좌표에서 서로 완전히 겹쳐지게 나타났고, '영어의 /æ/, /ɛ/'는 다른 모음과 겹쳐지지 않았으며, '영어의 /u,/ /ʊ/와 한국어의 /u/, /ɨ/'는 부분적으로 겹쳐지는 복잡한 관계를 나타냈다.[40] 영어의 /ʊ/는 한국어의 /u/나 /ɨ/와 모음의 높이에 있어서는 겹쳐지지 않았지만 모음의 전방성에 있어서는 겹쳐짐을 보였다. 그에 비해 영어의 /u/는 비교적 한국어의 모음들과 가까운 곳에 나타났다.

결과적으로 Baker and Trofimovich(2005)는 한국어 모음과 영어의 모음의 유사성의 정도를 F1과 F2 분포도상에서 (음향학적으로) 겹쳐지는 정도에 따라 '아주 유사한 부류', '전혀 다른 부류', '유사성을 부분적으로 가지고 있는 부류'의 세 부류로 분류했다고 할 수 있다.

이상과 같이 유사성을 판단하려는 일련의 시도들에 대해 살펴보았는데, 본 연구에서는 기존의 연구들의 방식을 복합적으로 취해, IPA 기호 공유 여부를 기준으로 모음들을 대조하되, 이분법적으로 분류했을 때 생길 수 있는 문제들을 보완하고자 음향학적 특징까지 함께 논하여 L1과 L2 간의 음성적 유사성의 정도성을 설정하고자 한다.

---

40) 물론 Baker and Trofimovich(2005)에서 한국어 모음체계에서 이미 합류된 모음으로 여겨지는 한국어의 /e/와 /ɛ/는 음향학적 수치를 나타낸 그래프에서 완전히 겹쳐지게 나타났다.

2.2 모음의 실험음성학적 연구

본 절에서는 모음의 음성적 특성을 살펴봄으로써 모음을 연구하는 데에 있어서 모음의 분석 기준을 확보하고자 한다. 또한 실험음성학적 연구 방법을 도입한 모음에 대한 선행 연구들의 연구 방법에 대한 검토를 통해 모음의 특성을 분석하는 데에 적합한 연구 방법을 마련하고자 한다.

2.2.1 모음의 음성적 특징

1) 모음의 음성적 영역

인간이 발음한 한 단음(phone)이 가지는 음성적 영역(phonetic space)은 음향적 영역(acoustical space), 인식적 영역(perceptual space), 조음적 영역(articulatory space), 세 가지 측면에서 분석될 수 있다.

모음의 경우, 음향적 영역은 모음의 F1과 F2 수치를 좌표로 나타낸 것이다(Johnson 2003:118). 먼저 제1형성소 주파수(the first formant frequency)인 F1은 혀의 고저 위치와 반비례 관계에 있다. 따라서 고모음일수록 F1의 수치는 낮게 나타나며, 저모음일수록 F1의 수치는 높게 나타나게 된다. 제2형성소 주파수(the second formant frequency)인 F2는 모음의 전방성과 비례 관계에 있다. 즉, 전설 모음일수록 F2의 수치는 낮게 나타나고 후설 모음일수록 F2의 수치는 낮게 나타나게 된다(Johnson 2003, Ladefoged 2001a).

모음의 조음적 영역은 혀의 최고점의 전후·고저 위치와 입술의 모양으로 표시할 수 있는 것을 말하는 것으로, 음향학적 영역을 좌표로 나타낸 것과 거의 흡사하게 나타날 수 있다.[41]

---

[41] 턱의 움직임도 모음의 음가에 영향을 미치나 혀의 위치와 입술의 모양만큼 중요하게 기능하지는 않는다(이호영 1996:54).

모음의 인식적 영역은 각 단음 간의 유사성과 비유사성에 대한 청자의 판단으로 형성되는 것이다. Terbeek(1977)은 언어 간 모음 인식에 대해 연구를 한 바 있다. Terbeek(1977)은 [bəb_]에 여러 단모음을 넣어 읽은 후 청자에게 들려주고 어떤 모음들이 서로 더 유사한지, 또 어떤 모음들이 가장 서로 다른지 찾게 하였다. 'bəbi', 'bəby', 'bəbu'와 같은 소리를 들려 주고 'i-y', 'i-u', 'i-y' 중 어느 것의 차이가 가장 유사하고, 어느 것의 차이가 가장 큰지를 조사하고 그것을 자신이 개발한 비유사성 매트릭스(dissimilarity matrix)를 사용해 모음삼각도로 나타냈다. Terbeek(1977)은 이런 식으로 영어, 독일어, 태국어, 터키어 화자의 모음의 음성 영역을 도면화한 결과, 몇 가지 흥미로운 사실을 발견했다[42].

첫째, 모음의 인식 영역(perceptual vowel space)은 음향적 영역(acoustic vowel space)과 유사한 것으로 나타났다. 음향적 영역은 단순히 F1과 F2를 좌표상에 표시한 것이고, 인식적 영역은 청자의 유사성과 비유사성에 대한 판단을 나타낸 것이지만 두 영역이 유사하게 나타나는 것을 통해, 포먼트 주파수는 모음의 인식에 중요한 것임을 알 수 있다.

둘째, 각 언어의 변별적인 음 목록이 인식에 영향을 미친다는 것을 알 수 있다. 어떤 음이 변별적으로 사용되지 않을 때는 다른 근처에 있는 모음에 합쳐지게 된다. 하지만, 어떤 음이 변별적으로 사용될 때 그 음이 해당 언어에서 변별적 요소로 사용되지 않을 때에 비해 청자들은 그것을 근처에 있는 다른 음과 아주 다른 것으로 듣게 된다.

셋째, 언어에 따라 인식 영역(혹은 인식 영역을 나타내는 도형의 모양)이 달라진다. 동일한 음향 신호를 들려주어도 언어 배경이 다른 사람들에게는 다르게 인식이 된다는 것을 나타낸다. 예를 들어 전설 고모음 [y]는 영어 화자에게는 [i]보다 [u]와 유사한 것으로 인식되지만 독일어와 터키어 화자에게는 [i]에 가까운 것으로 표시된다. 이를 통해 영어 화자의 [u]가

---

42) Terbeek(1977)의 연구에 대한 것은 Johnson(2003:117~9)을 요약한 것임.

중설의 [ㅂ]나 심지어 [ㅔ]에 가깝게 발음되기 때문이라는 것을 추측할 수 있다.

이같은 Terbeek(1977)의 주장은 앞서 논한 언어 간 동일시 현상 (interlingual identification) 혹은 동등 분류 현상(equivalence classification) 을 통해 알 수 있듯이, NNSs(Nonnative speakers)의 발음(production)의 정확도는 인식(perception)과 밀접한 관계가 있다는, Flege et al.(1997)의 주장과 같은 맥락에서 이해가능하다. 마찬가지로 외국어로 말하는 화자들은 외국어의 음성(non-native phones)을 모국어의 음성 범주로 동화시켜 인식하게 된다는 Best(Best 1994, Best and Strange 1992)의 지각 동화 모형 (Perceptual Assimilation Model, PAM), 한 언어의 습득 과정에서 화자들에게 원형(prototype)이 형성되면 음향적으로 동일한 차이(acoustic distance) 가 있는 음을 듣게 되어도 원형과 그 음들 간의 인식적 거리가 좁아지는(즉, 인식적 영역이 왜곡되는) 인식적 자기 효과(perceptual magnet effect)가 나타난다는 Kuhl(Kuhl 1991, 1993)의 자기 효과(Magnet Effect) 등은 인식이 습득에 미친다는 것을 입증한 연구들이다.

이와 같이 모음은 소리를 다루는 관점에 따라 음향적, 조음적, 인식적 영역으로 나타낼 수 있는데, 결과적으로 세 영역은 도식화하였을 때 그 모양이 유사하게 나타나며 서로 밀접한 관계에 놓여 있다.

2) 모음의 조음·음향적 특징

인간의 말소리는 음원이 여과기 구실을 하는 성도를 지나 다시 공기 중에 전파되는 과정을 거쳐 산출된다. 모음이 발성되는 과정을 생각해 보면 모음의 원천은 성대의 진동이며, 이 성대 진동음은 음향 여과기 (acoustic filter) 역할을 하는 성도를 거쳐 모음으로 산출되는 것이다.[43]

---

43) 말소리가 만들어 내는 데 원료가 되는 것을 음향음성학적인 용어로 음원(sound source) 라고 한다(신지영 2000:169).

이러한 과정이 바로 Fant(1960)와 Flanagan(1965)에 의해 제안된 음성 산출의 원료와 여과기 이론(source-filter theory)의 음향학적 설명이다.[44] 원료와 여과기 이론에 따르면 똑같은 성대의 진동음이 원료가 되더라도 성도의 모양과 크기를 달리하면 다양한 여과기가 형성되어 다른 모음을 만들어 낸다는 것이다. 그리고 모음을 만들어 낼 때 성대를 빨리 진동하면 음향적으로 기본주파수가 높아져서 상대적으로 높은 소리가 나고, 성대를 천천히 진동하게 하면, 음향적으로 기본주파수가 낮아져서 상대적으로 낮은 소리가 난다.[45]

이와 같이 성대의 진동수와 발성 유형이 동일한 성대의 진동음이라도 성도 여과기, 즉 여과기 역할을 하는 성도의 모양이나 크기에 따라서 서로 다른 공명주파수(resonance frequency)를 갖게 되고, 그 결과 서로 다른 모음이 만들어지는데, 이는 원료가 되는 성대의 진동음이 성도를 통과하는 과정에서 공명주파수에 의해 특정 주파수가 증폭되는 등의 변형을 겪기 때문이다. 모음을 산출할 때 성도는 혀나 입술의 움직임으로 일부가 좁혀지는 등의 변형을 겪게 되고, 성도의 어느 지점에서 협착(관이 좁아지는 것)이 일어나는가에 따라 공명주파수가 달라진다. 이론적으로 공명주파수는 F1에서 Fn까지 무한하지만 일반적으로 제1포먼트(First Formant, F1), 제2포먼트(Second Formant, F2), 제3포먼트(Third Formant, F3)로 영어의 단모음 11개를 구분해서 인지하는 것이 가능하며, F1과 F2만으로도 최소한의 인지가 가능하다(Denes and Pinson 1993).[46]

---

44) Johnson(2003:79)에서 인용한 것이며, 'source-filter theory'를 '원료와 여과기 이론'으로 번역한 것은 신지영(2000)을 따른 것이다.

45) 기본주파수(fundamental frequency, F0)는 성대의 초당 진동수를 말하는데 기본주파수(F0)는 청자에게는 음의 높이(pitch)로 들리게 된다(Borden et.al. 1994:95).

46) 물론 F1, F2, F3이 모음 인지에 큰 영향을 준다고 하더라도 특정한 주파수의 조합이 항상 한 모음으로 인지된다는 뜻은 아니다. 넓은 범위에 걸쳐 있는 형성소 주파수의 조합도 동일한 모음으로 인지될 수 있으며, 어떤 한 모음에 적절한 형성소 주파수 범위는 다른 모음의 인지에 적절한 범위와 상당 부분 겹친다(Denes and Pinson 1993:160－161).

모음의 음가를 결정하는 가장 중요한 요인은 혀의 위치와 입술의 모양이다. 턱의 움직임도 모음의 음가에 영향을 미치나, 혀의 위치와 입술의 모양만큼 중요하게 기능하지는 않는다. 전통적으로 음성학에서는 혀의 최고점(the highest point of the tongue)이란 용어를 사용해서 혀의 상대적인 위치를 기술하고 모음을 분류해 왔다. 혀의 최고점은 모음을 발음할 때 형성되는 혀의 곡선에서 입천장에 가장 접근한 점을 말한다(이호영 1996:54).

혀는 체적이 거의 일정하기 때문에 풍선을 한 쪽에서 밀면 타원형으로 찌그러지면서 밀려가듯이 혀의 전반부를 올리게 되면 후반부에 머물러 있던 부분이 당겨오게 된다. 이러한 원리에 의해 한 쪽만 조정하면 다른 쪽은 자동적으로 변형되어 여러 가지 모음이 생성된다. 다시 말해 혀를 구강이나 인강의 어느 한 쪽으로 쏠리게 하는가에 따라 다른 모양의 공간을 확보함으로써 각각의 다른 모음을 만든다(양병곤 1997). 이렇게 모음을 조음할 때 구강이나 인두강에서 가장 많이 좁혀지는 부분을 좁힘점 혹은 협착이라 하는데, 혀의 좁힘점의 위치 역시 모음의 음가를 결정하는 데 중요하게 작용한다. 모음을 조음할 때의 좁힘점은 전설과 경구개 사이에 형성되기도 하고, 후설과 연구개 사이에 형성되기도 하며, 혀뿌리와 인두벽 사이에 형성되기도 한다.[47]

모음의 조음음성학적인 기술과 형성소 주파수들의 관계를 살펴보면 다음과 같다. 제1형성소 주파수인 F1은 혀의 고저와 반비례 관계에 있다. 고모음일수록 F1의 수치는 낮게 나타나며, 저모음일수록 F1의 수치는 높게 나타나게 된다(Ladefoged 2001a, Kent, Dembowski, and Lass 1996, 신

---

47) 이호영(1996)에 따르면 전설모음의 경우 혀의 최고점과 협착이 서로 가까운 위치에 형성되지만 후설모음의 경우에는 혀의 최고점과 좁힘점이 다소 떨어진 위치에 형성된다. 하지만 본 연구의 혀의 최고점의 상대적인 위치, 혹은 인두강의 상대적인 크기 등을 고려할 것이므로 최고점과 좁힘점의 위치가 차이가 나는 것은 크게 문제가 되지 않는다.

지영 2000). 이는 혀가 높은 위치에서 낮은 위치로 움직일 때 인두강의
면적은 감소하게 되기 때문이다. 인두강의 면적이 감소하는 기본적인 이
유는 혀가 내려가면 설근이 인두강 쪽으로 후퇴하기 때문이다. 반대로
설체가 들어 올려지면 설근이 인두강으로부터 멀어지게 된다. 이것은 고
모음일수록 인강이 넓어져 낮은 주파수대에서 공명하게 됨을 의미한다.
또한 전설모음일수록 인두강이 좁아져 높은 주파수대에 공명하게 된다
(Borden, Harris, and Raphael 1994, 전상범 2004).

제2형성소 주파수인 F2는 모음의 전방성과 비례 관계에 있다. 전설모음
일수록 F2의 수치는 높게 나타고 후설모음일수록 F2의 수치는 낮게 나타
나게 된다. 하지만 F2와 전방성의 관계는 F1과 모음의 고저 정도와의 관
계만큼 분명하지는 않으며 원순성과도 관계가 있다.[48] 또한, 모음의 전방
성은 F2값뿐만 아니라 F1, F2의 상호 간격으로 잘 표현된다. 전설모음일
수록 그 상호 간격이 벌어지고, 후설모음일수록 그 간격이 좁아진다
(Ladefoged 2001a). 한편, 원순모음의 경우는 F2가 낮아진다. 이는 원순모
음을 조음할 때 입술을 둥글게 함으로써 입술이 조금 앞으로 돌출하게
되고, 그리고 그만큼 혀의 위치가 후퇴되기 때문이다. 즉, 입술의 전진과
후퇴는 이른바 힘의 반작용이라고 볼 수 있다.[49]

---

48) 앞서 언급했듯 보통의 모음은 F1, F2로 특징지어지는데, F3가 해석에 필요한 경우도
  있다. 전설 고모음(high front vowel)이나 r-colored vowel 같은 경우에는 F3 수치를
  참고하여 해석할 필요가 있다(Ladefoged 2003:105). r-colored vowel의 경우 F3가 낮게
  나타난다. 예를 들어 영어의 중설모음인 /ʌ/와 /ɚ/(shwar)의 포먼트 주파수를 비교하
  면 F1과 F2는 유사하지만, r-colored vowel인 /ɚ/는 /ʌ/보다 F3가 현저하게 낮게 나타난
  다(Kent et al. 1996)
49) 따라서 일본어의 비원순 /ɯ/는 기본모음이나 영어의 원순 /u/보다 혀의 위치가 조금
  앞으로 이동한 것으로 본다(小泉保 1993:46).

2.2.2 모음의 실험음성학적 연구 방법론

1) 선행 연구들의 연구 방법

한국어 단모음을 실험음성학적으로 분석한 선행 연구들에서 살펴보면 〈표 2.5〉와 같이 모음 자료를 분석하는 방법에 있어서 연구들마다 차이를 보인다. 본 절에서는 실험음성학적 측면에서 한국어 단모음을 분석한 선행 연구들의 실험 방법의 특징들을 살펴보고 그 장단점을 분석함으로써 본 연구의 연구를 위한 타당성 있는 실험 방법의 토대를 마련하고자 한다.

먼저 이재강(1998a)에서는 한국어 단모음 8개와 일본어 단모음 5개의 음향적 특징을 대조분석하였는데, 관찰 대상인 모음들을 각각 두 가지 음성적 환경에 넣어서 녹음하였다. 첫 번째 환경은 각 모음을 앞 뒤 환경 없이 단독으로 녹음하였고, 두 번째 환경은 모음을 '이것은 ___라고 합니다'라는 읽기용 문장(carrier sentence) 속에 넣어 녹음하였다. 이재강 (1998a)은 각 음소의 물리적 성질을 거의 알지 못하는 상황에서 가장 단순한 조건에서 각 음소의 성질을 파악하는 것이 우선적으로 고려되어야 할 사항이므로 고립된 환경에서 모음을 조사할 필요가 있다고 보았으며, 소리연속체에서 다양한 음성적 환경에 따른 모음 포먼트값의 변화를 최소화하는 방법 중의 하나는 각 모음을 고정된 틀에 넣어 관찰하는 것이므로 읽기용 문장이 필요하다고 밝힌 바 있다.

실험 결과, 고립된 환경의 모음과 문장 내 모음의 차이, 즉 환경의 차이가 포먼트값에 별다른 영향을 미치지 못하는 것으로 나타났는데, 이는 이재강(1998a)에서 고립된 모음과 문장 안에서의 모음을 관찰하였다고는 하나, 실제적으로 문장(carrier sentence) 안에 넣은 모음도 '이것은 '아'라고 합니다.'와 같이 관찰 대상인 '아'가 C1_C2 같은 환경이나 C1_, _C2 같은 환경에 배치시킨 것이 아니며, 문장 구조나 문장 부호 때문에 피험자들이 문장을 읽을 때 휴지를 두어 읽게 되어 마치 문장 내에서 전후에 자음이 없는 고립된 모음을 읽게 하는 것과 마찬가지의 결과를 초래했을 가능성이 있다. 이재강(1998a)에서 사용된 읽기용 문장의 경우는 고립된 모음을 읽게 했을 경우에 비해, 읽는 속도의 차이로 모음의 장단(길이) 측면에서 차이가 날 수 있다는 점을 제외하면 고립된 모음을 읽게 한 것과 방법 면에서 큰 차이가 없다.

이재강(1998a)에서는 분석 도구로 CSL4300B를 사용했으며, 자료를 분석함에 있어서는 파형의 전체 길이를 잰 뒤 중간 지점을 선택하여 그 지점에 가장 근접한 파형의 안정 구간 값을 구하는 방식을 취하였다. 이는 앞서 언급하였듯 이재강(1998a)에서 두 환경에 배치된 모음들이 모두 자음의 영향을 받지 않는 고립된 모음과 유사한 특징을 가지게 되므로, 포먼트값의 측정 지점을 모음의 전체 구간 중 중간 지점으로 삼은 것으로 판단된다.

Yang(1996)[50]에서는 한국인이 발음한 한국어 모음 /a, ɛ, e, i, o, ∅, u, ʌ, ɨ/와 미국인이 발음한 영어 모음 /æ, a, ɔ, e, ɛ, i, ɚ, ɪ, ɑ, o, u, ʌ, ʊ/의 포먼트가 분석되었다. 포먼트를 측정함에 있어서, 먼저 모음의 시작 지점(onset)과 종료 지점(offset)을 결정해 모음의 전체 구간의 길이를 측정하고, 그 구간의 삼분의 일 지점, 즉 모음의 시작 지점에서부터 전체 구간의 삼분의 일만큼 진행된 곳에서 포먼트값을 측정하였다. 이때 시작 지점과 종료 지점은 스펙트로그램과 진폭(amplitude tracing)을 참고해 판단하였는데, 강도가 급증하는 지점을 시작 지점으로, 진폭이 떨어지는 지점을 종료 지점으로 간주하였다.[51]

전체 구간의 삼분의 일 지점을 측정 지점으로 설정한 것은 Yang(1996)의 실험에서 모음의 환경이, 모음을 선행하는 자음이 후두음 /h/이고 후행

---

50) Yang(1996)에서는 한국인 남성과 여성이 발음한 영어 단모음의 음향학적 수치를 비교하였다.

51) 스펙트로그램상에서 강도는 진하기로 표시될 것이고, 파형(waveform)에서는 진폭의 크기로 표시될 것이다.

하는 자음이 치조폐쇄음 /d/인 h_d 환경이기 때문이다. 모음의 포먼트는 관찰하려는 모음을 선·후행하는 자음의 조음(gestures)의 영향을 최소한으로 받는 지점에서 측정되어야 하는데, '후두음(h)−모음−치조폐쇄음(alveolar closure)'의 환경에서 모음을 관찰할 경우 모음에 선행하는 자음인 후두음은 어떠한 구강의 협착 동작(oral constriction gesture)을 취하지 않으므로, 치조폐쇄음이 영향을 미치는 단어의 끝부분보다는 단어의 시작 부분 근처가 모음다운 특징을 잘 나타낼 것으로 보았다. 따라서 스펙트럼과 스펙트로그래프상에서 모음이 비교적 안정적인 구간(모음의 음향적 변화가 거의 없는 구간)을 찾고, 그 구간의 앞쪽 부근에서 포먼트를 측정할 것을 제안하였다.[52]

다음의 〈그림 2.2〉는 Yang(1996)에서 포먼트 측정을 위해 모음 구간과 포먼트 측정 지점을 어떻게 결정했는지를 보여 주는 것이다. 모음 구간은 그림에서 'Vowel onset'으로 표시된 곳에서부터 'Vowel offset'으로 표시된 곳까지이다. Yang(1996)은 진폭이 40db이 되는 지점부터 모음이 시작되는 것으로 보고, 40db 이하로 떨어지는 지점을 모음 구간이 끝나는 지점으로 보았다.

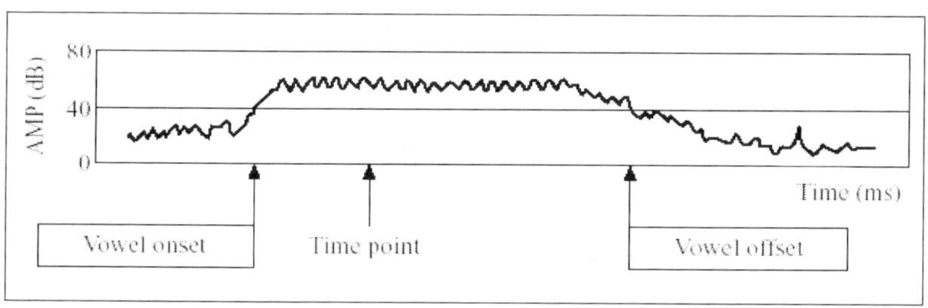

그림 2.2 모음 구간의 1/3 지점을 보여 주는 파형(waveform)[53]

---

52) Yang(1996)에서는 신뢰도를 높이기 위해 수집된 음성 자료(token)를 다른 한 명의 음성학 전문가에게 들려주었는데, 5% 미만의 불일치를 보였다.
53) Yang(1996:249)에서 가져옴.

Paradowska(2002)에서는 폴란드인을 대상으로 한국어 모음 중 어느 것이 학습하기 쉽고 어려운지를 연구하였다. Paradowska(2002)는 고립 모음에 대한 음향 분석이 실험 절차가 단순하므로 방법 면에서 용이하기는 하나, 폴란드인 피험자들에게는 고립 모음이 발음하기가 까다롭기 때문에 문맥 내에 배치된 모음을 조사했다.[54] 읽기용 단어 목록은 공통적으로 한국어와 폴란드어에서 발음이 가능하고 어색하게 들리지 않는 1음절의 무의미한 어절로 선정되었다. 그리고 관찰 대상인 모음에 선·후행하는 자음은 한국어나 폴란드어에 공통적으로 존재하는 자음을 택하였다. 선행 자음으로 한국어는 /ㅂ/를 폴란드어는 /p/를, 후행 자음으로는 한국어는 /ㅁ/를, 폴란드어는 /m/가 선택되었는데, 해당 자음 환경이 선택된 구체적인 이유는 언급이 되지 않았다.

Paradowska(2002)에서는 음성 자료를 분석함에 있어서는 SCICON R and D 사의 PitchWorks Version 5.9 프로그램을 사용하였다. 포먼트는 모음의 중간 지점인 안정 구간에서 LPC에 FFT를 보완한 방법으로 1차로 측정한 뒤, 스펙트로그램을 보면서 직접 육안으로 그 값을 확인하고, 수정하였다. 모음의 중간 지점은 파형의 모양, 유성 표시, 연구자의 청취 결과 등을 모두 고려하여 판단하였다.

송창헌(2005)에서는 한국어 모음 'ㅡ'의 조음 위치가 젊은이들 사이에서 상당히 앞으로 이동했음을 느끼고, 최근 수십 년 사이에 모음 'ㅡ'의 음가가 변했는지, 만일 'ㅡ'의 음가에 변화가 있었다면 어떠한 방향성을 갖는지를 실험음성학적으로 규명하고자 하였다. 송창헌(2005)에서는 모음 분석을 위한 음성 자료로 2003년 국립국어원에서 제작한 '서울말 낭독체 발화 말뭉치'의 음성 파일을 활용하였다. 따라서 고립된 모음이 아닌 빠른 발화에서의 모음을 관찰 대상으로 삼았다고 할 수 있다.

---

54) 고립으로 발음이 될 때는 폴란드인 피험자들이 한국어 모음과 폴란드어 모음을 구별하여 발음하기가 힘들다고 한다.

자료를 분석하는 데에는 Pratt가 사용되었다. 송창헌(2005)에서는 다수의 연구들이 모음 안정 구간에서 포먼트를 측정한 것과 달리, 모음의 시작과 끝부분을 제외한 모음 구간 전체의 포먼트값의 평균값을 측정하여 안정 구간이 없는 상황에서 잃기 쉬운 측정 기준의 일관성을 유지하고자 했다.

실험음성학적 연구들 가운데 포먼트 측정 방법에 대해 구체적으로 언급하지 않은 연구들도 보인다. 조성문(2003, 2004)에서는 포먼트 분석을 통해 한국어 단모음이 가지는 음향음성학적 특성과 일본인 학습자의 한국어 모음 발음에 대한 연구가 이루어졌다. 조성문(2003)은 7개의 한국어 단모음의 포먼트값을 분석함으로써 한국어 모음의 음향음성학적 특징을 조사하였는데, 연구의 목적이 개별 모음의 특성을 파악하는 것이므로 연속 발화에서의 발음과 관련된 점은 고려할 필요 없음을 밝히며, 고립된 모음만을 관찰 대상으로 삼았다. 자료를 분석하는 데에는 PitchWorks가 사용되었다.

조성문(2004)에서는 일본인 학습자의 한국어 모음 발음에 나타나는 음향적인 특징을 조사하였는데, 조성문(2003)에서와 마찬가지로 고립된 모음을 관찰 대상으로 삼았고, 포먼트 주파수의 측정 지점이나 측정 방법에 대해서는 구체적으로 언급한 바가 없다.

Kwon(2007)에서는 L2로서 한국어를 배우는 일본인 학습자를 대상으로 L1과 L2간 유사성이 L2 모음 습득에 미치는 영향을 조사하였다. Kwon(2007)은 일본인이 발음한 일본어 모음 /a, o/와 한국인이 발음한 한국어 모음 /a, o, ʌ, i/, 일본인이 발음한 한국어 모음 /a, o, ʌ, i/의 포먼트를 분석하였는데, 포먼트를 측정함에 있어서 모음이 인접한 자음과 겹쳐지는 부분이 측정 구간에 포함되는 것을 피하기 위해 모음의 정현곡선이 나타나는 구간의 0.1초 동안의 구간의 중간 지점에서 포먼트값을 측정했다.

　　Kwon(2007)의 방식은 두 언어의 모음을 음향음성학적 측면에서 대조 비교하고, 역시 L1 화자의 한국어 모음과 L2 화자의 한국어 모음을 대조비 교하는 Kwon(2007)의 연구의 목적에 부응할지는 모르겠지만, 모음에 따라 전체 길이가 다름에도 불구하고 모음에 관계없이 일괄적으로 같은 길이의 정현곡선을 잘라 내는 것은 각 모음의 고유한 특징을 변질시킬 가능성이 있어, 일반적인 일본어 모음의 특징이나 한국어 모음의 특징 등을 논하기 위한 연구 방법으로는 적합하지 못한 듯하다.

　　이렇듯 다수의 음향음성학적 연구들에서 음성 자료 수집을 위한 읽기 목록을 만드는 데 있어서나 포먼트 측정 방법 등에 있어서 서로 다른 방식을 취하고 있으나, 연구 방법에 대한 타당성 확보를 위해 객관적인 정보를 제공한 연구가 드물다. 이에 본 연구에서는 한국어와 일본어 단모음의 음향적 특징을 분석하기에 앞서 모음의 실험음성학적 연구 방법에 있어서 더 고민해야 할 문제점들을 제기하고 그에 대한 해결책을 찾아보고자 한다.

	분석 도구	관찰 모음	모음배치 환경	읽기 문장 사용여부	포먼트 측정 지점	피험자
이재강 (1998a)	CSL4300B	한국어 8모음 일본어 5모음	고립 모음	○	모음 구간의 중간 지점에 가장 근접한 파형의 안정 구간에서 측정.	한국인 6(여3, 남3) 일본인 6(여3, 남3)
Yang (1996)	–	한국어 10모음 영어 13모음	C_C (h_d)	×	모음 구간의 1/3 지점에서 측정.	한국인과 미국인 (남녀 40)
박진원 (2001)	SoundForge 4.5	한국어 8모음	C_C (다양한 환경)		모음의 안정 구간의 중심값.	한국인 4(여) 중국인 4(여)
Paradowska (2002)	PitchWorks 5.9	한국어 8모음	C_C (p_m, b_m)	○	모음 구간의 중간 지점에서 측정.	한국인 6(여) 폴란드인 7(여)
송창헌 (2005)	Pratt	한국어 /i/	C_C, C_, _C	자연문장	모음의 시작과 끝부분을 제외한 모음 구간 전체의 포먼트값의 평균값을 측정.	
조성문 (2003)	PitchWorks	한국어 10모음	고립 모음	×	–	한국인 20(여10, 남10)
조성문 (2004)	PitchWorks	한국어 7모음	고립 모음	×	–	한국인 20(여10, 남10) 일본인 20(여10, 남10)
Kwon (2007)	CSL4500	한국어 /a/, /o/, /ʌ/, /i/ 일본어 /a/, /o/	C_C (k_g)	○	정현곡선구간의 0.1초 동안의 구간의 중간 지점에서 측정.	한국인 12(여) 일본인 6(여)

표 2.5 한국어 단모음에 대한 실험음성학적 연구들의 실험 도구 및 실험 방법

2) 모음의 실험음성학적 연구 방법의 문제점과 대안

본 절에서는 모음의 음성 자료를 수집하고 분석하는 데 있어서 해결해야 할 두 가지 문제점을 제기하고 그에 대한 최선의 해결 방법을 제시하고자 한다. 연구 방법에 있어서 해결해야 할 두 가지 문제점은 바로 실험 도구로서 읽기 목록에 대한 것과 실험 방법 면에 있어서 포먼트 측정 지점에 대한 것이다.

첫 번째 문제는 음성 자료 수집을 위한 읽기 목록에 대한 것이다. 한국어와 일본어 모음의 음성학적 특징을 기술하기 위해서는 먼저 분석하고자 하는 두 언어, 즉 한국어와 일본어 모음이 최대한 동일한 환경에서 관찰되어야 한다는 원칙이 지켜져야 한다. 따라서 음성 자료 수집을 위한 읽기용 단어 혹은 읽기용 문장을 구성하기에 앞서 다음과 같은 몇 가지 점들이 고려되어야 한다. 첫째, 유의미한 음절 즉, 단어를 읽게 하는 것과 의미가 없는 가상의 음절을 읽게 하는 것에 어떠한 차이가 있을 수 있는가? 둘째, 고립된 모음(isolated vowel)을 관찰하는 것과 문장 내에 배치된 모음을 관찰할 때 어떠한 차이가 있는가? 셋째, 관찰하려는 모음에 선·후행하는 자음에 따라 모음이 다른 특징을 나타내는가?

첫 번째 고려해야 할 점에 대해 논하자면 다음과 같은 결론을 끌어낼 수 있겠다. 한국어의 경우, 강세의 유무에 의한 모음 음가의 차이가 그다지 뚜렷하지 않은 데 반해(이호영 1996:106), 일본어는 개개의 어(語)[55]에 있어서 항상 일정하게 정하여진 음의 고저변화인 고저강세를 가지는 언어이다.[56] 예를 들어 젓가락(箸)의 'hashi'는 ● ○, 다리(橋)의 'hashi'는 ○

---

[55] 강영부 외(1998)에서 말하는 '어(語)'는 단어를 지칭하는 것으로 여겨진다.
[56] 이현복(2006)에 따르면 한국어에서 강세가 음운론적 기능을 지니지 않는다고는 하나 소리말에서는 강세의 유무가 드러나며, 표준말을 구사하기 위해서는 강세를 지켜 발음할 필요가 있다. 하지만 이현복(2006)에서 지적하였듯 강세의 위치는 낱말의 기본 형태보다는 기본형에 조사나 어미를 더한 형태에서 분명히 드러나는 것이므로 단어의 강세를 논할 때 한국어의 경우는 강세가 중요하지 않다고 할 수 있을 듯하다.

●와 같은 강세를 가져, 개개의 어(語)에 있어서 음의 높고 낮음이 항상 일정하게 정해져 있음을 알 수 있다(강영부 외 1998:29). 물론 이러한 강세는 음절의 길이를 연장시킬 뿐만 아니라 음조(pitch)의 상승으로 나타날 수도 있으므로, 포먼트값에 변화를 일으킬 가능성이 높다.[57]

따라서 의미가 없는 가상의 2음절 이상의 일본어 음절을 읽게 했을 때 피험자들은 강세를 자의적으로 두게 될 것이므로, 강세가 고정적으로 주어지게 하기 위해서는 유의미한 단어(meaningful words)를 사용하는 것이 이상적일 것이다. 하지만 피험자 가운데 한국어 학습 경험이 몇 개월 되지 않는 초급 학습자들이 있을 경우, 읽기 목록에서 주어지는 단어들의 일부는 의미를 모를 가능성이 높고, 특정 자음이 선·후행하며 동일한 강세조건을 가지는 2음절 이상의 유의미한 단어들로만 읽기 목록을 구성하는 것은 현실적으로 거의 불가능한 일인 듯하다. 이에 한국어, 일어 두 언어의 모음을 가장 유사한 환경에서 관찰하기 위해 강세의 영향을 받지 않는 1음절(CV) 환경을 사용하는 것이 하나의 대안이 될 수 있을 것 같다.

두 번째 고려해야 할 점에 있어서는 포먼트 분석을 위해 음성 자료를 수집할 때 읽기 목록의 단어들을 읽기용 문장(carrier sentence)에 넣어서 녹음을 하는 게 좋은 것으로 판단된다. 사람들은 일반적으로 일련의 단어를 읽을 때 특유의 억양(intonation)을 만들어서 읽게 된다. 예를 들어 영어의 'heed, hid, head, had'를 읽으라고 하면 대부분의 사람들은 초반에는 낮은 음조(pitch)로 길게 발음하는 경향을 보이는데, 이러한 현상을 피하기 위해서는 단어 끝에 다른 단어를 붙여서, 다시 말해 문장 내에 넣어서 읽게 하는 것이 좋다(Ladefoged 2003:7). 관찰하려는 모음들을 문장 내에 넣어서 읽게 함으로써 단어 목록만을 읽게 했을 때 특유의 억양이 나타나

---

57) 강세(stress)는 화자가 발음 시 근육 에너지(muscular energy)를 확대시키는 현상으로, 길이의 연장, 세기에 있어서의 증가, 음조의 상승 등으로 나타난다(Ladefoged 2001a: 231~232).

68 ■ 한국어 발음 습득 연구

는 것을 피할 수 있을 것이다. 또한 소리의 연속선상에서 관찰하려는 모음이 연속된 소리와 경계가 뚜렷하게 나타날 수 있도록 자음과 자음사이에 두는 환경, 즉 C1_C2의 환경으로 읽기 목록을 구성하는 것이 좋을 듯하다.

마지막으로, 관찰 대상이 되는 모음에 선·후행하는 자음을 결정하기 위해 다음과 같은 사항들이 우선적으로 고려되어야 할 것이다. 첫째, 두 언어의 모음이 최대한 동일한 환경에서 관찰되어야 한다. 둘째, 모음의 기본 성질에서 가시적인 변화가 일어날 수 있는 환경은 피해야 한다. 셋째, 모음의 관찰이 용이하지 못한 환경, 즉 소리의 연속체(connected speech)를 보여 주는 스펙트로그램상에서 관찰 대상인 모음과의 경계가 비교적 불분명한 환경을 조성하는 자음 또한 제외시키는 것이 좋다.

그렇다면 한국어 모음과 일본어 모음을 대조하는 본 연구의 경우, 관찰하려는 모음에 선·후행하는 자음을 결정하기 위해서는 먼저 한국어와 일본어 모음을 최대한 동일한 환경에서 관찰하기 위해서 IPA 표기법을 기준으로 두 언어에 공통으로 존재하는 자음이 아닌 것은 제외시켜야 할 것이다. 다음의 〈표 2.6〉은 조강희(2002:30~52)를 바탕으로 구성한 한국어와 일본어의 자음 목록으로, 괄호 밖의 것은 두 언어의 음소 목록이고 괄호 안의 것은 변이음이며, 표에서 진하게 표시된 것들이 한국어와 일본어에 공통적으로 존재하는 소리이다.

한국어 자음 목록	일본어 자음 목록
k(**g**, **k**, k'), n(**n**, **ɲ**), t(**d**, **t**, t'), l(**r**, **l**), m(**m**), p(**b**, **p**, p'), s(**s**, ʃ), ts(**dz**, **ts**, t'), tsʰ(tsʰ, t'), kʰ(**kʰ**, k'), tʰ(**tʰ**, t'), pʰ(**pʰ**, p'), h(**h**), k'(**k'**, t'), t'(**t'**, t'), p'(**p'**, p'), s'(s', t'), ts'(ts', t'), ŋ (**ŋ**)	p(**p**, **p'**, **pʰ**), b(**b**), t(**t**, **t'**, **tʰ**), d(**d**), k(**k**, **k'**, **kʰ**), g(**g**), ɸ(ɸ, β), m(**m**), n(**n**), ts(ʧ, **ts**, tɕ,), dz(**dz**, ʤ, dz), s(**s**), h(**h**), r(**r**, ɾ, l), ŋ (**ŋ**), N, Q

표 2.6 한국어의 자음 목록과 일본어의 자음 목록

다음으로 두 번째 요건을 만족시키기 위해 관찰 모음이 일반적인 모음과
는 다른 특징을 발현시키는 환경은 배제되어야 할 것이다. 예를 들어, 모음
이 비음화되거나 무성음화될 수 있는 환경을 조성할 수 있는 자음은 피해야
할 것이다. 비음화된 모음(nasalized vowels)은 비음(nasal consonant)이
모음을 선행 혹은 후행할 때 나타나는 현상으로, 영어의 경우에 모든 지역의
영어(dialects)에서 나타나는 현상이다. 예를 들면 'man'의 경우, 비음 /m/과
/n/이 각각 선·후행하므로 모음 'a'는 비음화된다(Ladefoged 2001b:165).[58]

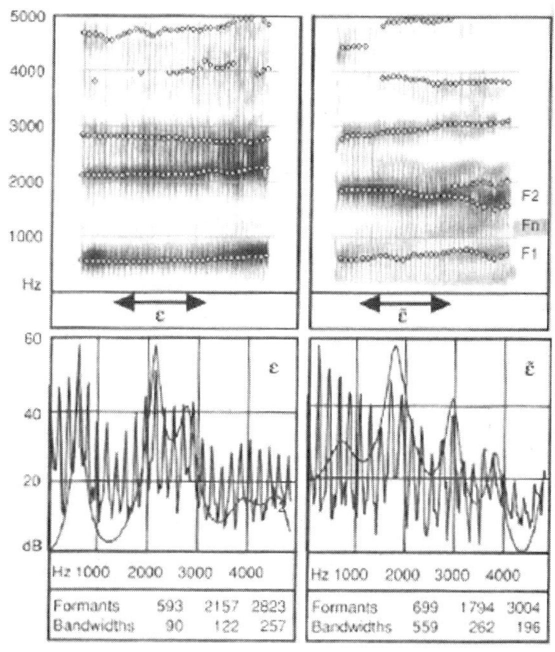

그림 2.3 구강모음(ɛ)와 비강모음(ɛ̃)의 스펙트로그램[59]

---

58) 조음적 측면에서 보자면 모음의 비음화현상은 코를 통해 기류를 내보내기 위해 연구개
    (soft palate)가 내려옴으로써 발생하는 현상이다(Ladefoged 2001a: 213).
59) Ladefoged(2003:136)의 Fig. 5.22.

〈그림 2.3〉의 스펙트로그램상에서 관찰해 보면 구강모음(oral vowels)의 경우, F1이 뚜렷이 드러나고 진폭(amplitude)이 비교적 크게 나타나는 것에 비해 즉, 스펙트로그램에서 진하게 나타나는 것에 비해, 비강모음(nasal vowels)은 F1이나 F2가 넓은 영역에 걸쳐 나타나는 경향을 띠기도 한다. 하지만 문제는 비음화가 모음에 영향을 미치는 양식이 일정하지는 않다는 것이다(Ladefoged 2001b:165). 스펙트로그램에서 가장 분명하게 나타나는 비음화된 모음의 특징은 F1이 사라지는 점으로, 비음화된 모음은 스펙트로그램에서 F1이 눈에 띄게 희미하게 나타나고, 모음의 끝부분에서 F1과 F2 사이에 부가적인 에너지(extra energy)가 발견된다.

그리고 구강모음의 경우에 비해 F2가 상당히 낮은 양상을 보인다. 더불어 비음화된 모음을 연구할 때 LPC 알고리듬이 유용한데 그 이유는 F1과 F2에서 상당히 더 넓은 대역폭을 갖게 되고, 구강 모음에 비해 피크가 덜 첨예하고 더 작은 진폭을 갖게 된다. 그러므로 LPC 스펙트럼에서 대역폭이 상승하는 것 역시 비음화의 표시로 볼 수 있다. (Ladefoged 2003:135~137). 고로 본 연구에서는 C1_C2환경에서 C1과 C2로 비음인 /n, m/은 배제될 것이다.

모음의 무성음화 현상은 모음에 선·후행하는 자음이 모두 무성음일 때 모음이 유성성을 어느 정도 잃게 되는 현상을 말한다. 한국어의 경우, C1VC2 환경에서 C1은 비음이나 유음을 제외한 모든 자음이 무성음으로 실현되는 자리이다. 따라서 C2를 무성음으로 배치할 경우 관찰 모음이 무성음과 무성음 사이의 환경에 배치되어, 배제되어야 할 환경 두 번째 항목에 걸린다. 그러한 까닭에 C2 자리에 /ts^h, k^h, t^h, p^h, s, h/는 배치할 수 없다. 특히 고모음에서 이러한 무성음화 현상(High Vowel Devoicing, HVD)이 쉽게 관찰된다.

다음의 〈그림 2.4〉는 한국어 음절 /si/에서 무성음화된 경우의 /i/와 무성음화되지 않은 /i/의 파형을 보여 주는 것이다. 파형에서 관찰되듯이,

무성음화되지 않은 /i/의 경우에는 주기파가 나타나는 데 반해, 무성음화된 고모음(devoiced high vowel) /i/는 '자음+/i/'의 음절 구간 내내 비주기적 소음이 나타난다(Kim 1994, Kim and Niimi 2003).

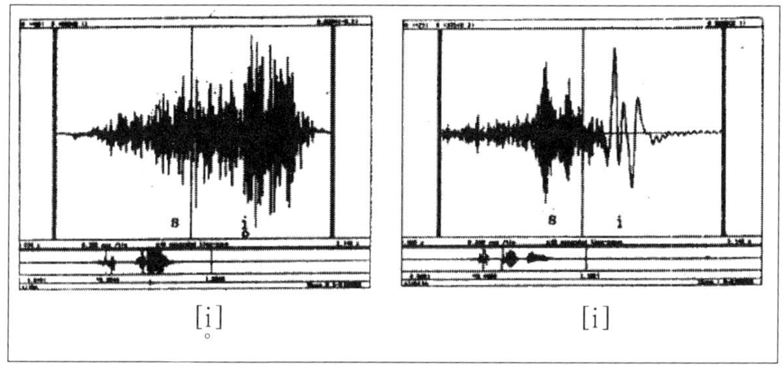

그림 2.4   무성음화된 /i/와 무성음화되지 않은 /i/의 파형[60]

무성음화된 /i/와 무성음화되지 않은 /i/를 LPC 분석한 것을 보면 다음의 〈그림 2.5〉와 같다.

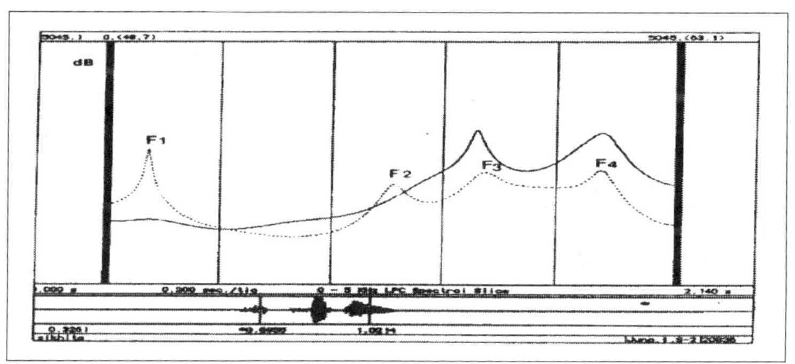

그림 2.5   무성음화된 /i/와 무성음화되지 않은 /i/의 LPC 스펙트럼[61]

---

60) Kim(1994:5)에서 인용함.

LPC 스펙트럼에서 실선으로 표시된 것이 무성음화된 /i/이고, 점선으로 나타낸 것이 무성음화되지 않은 /i/이다. LPC 스펙트럼에서 보듯이, 무성음화된 /i/는 무성음화되지 않은 /i/에 비해 F1과 F2가 낮게 나타나고, F3과 F4는 더 높게 나타나게 된다.[62]

이렇게 모음이 비음화되거나 무성음화되는 경우를 제외하면, 모음의 안정 구간까지 자음이 영향을 미치는 경우는 많지 않을 것으로 여겨진다. 그럼에도 불구하고 모음의 관찰이 용이하지 못한 환경, 즉 스펙트로그램 상에서 모음과 자음의 경계가 비교적 불분명한 환경을 조성하는 자음 또한 제외시키는 것이 좋을 것이다. 예를 들어, /l/ 같은 설측음(lateral)이나 /r/ 같은 접근음(approximant)은 연속된 발화에서 모음의 포먼트가 이 자음들에 후행하는 모음의 포먼트와 그리 다르지 않은 양상을 나타내므로 모음의 관찰에 적절하지 못한 환경을 조성한다고 볼 수 있다(Ladefoged 2001a:184).

이와 같이 배제되어야 할 환경인, 모음이 무성음화되거나 비음화되는 환경, 또 모음과의 경계가 불분명한 환경을 조성할 수 있는 자음들을 제외하고, 모음과 경계가 분명한 환경을 제공하는 /k/, /t/, /p/ 같은 폐쇄음(stops)이나 조음 시 조음 기관의 모습이 모음에 가까워 모음에 가장 적은 영향을 주는 자음인 구개음(glottal sound) /h/를 활용하여 다음의 〈표 2.7〉과 같은 '무성_유성'의 후보 환경의 목록이 만들어졌다. 일본어의 경우는 초성에 유성의 폐쇄음이 실현되지만, 한국어의 경우에 'g_, d_, b_'처럼 초성에서 유성 폐쇄음이 실현되지 않으므로 '유성_유성'의 환경은 후보 환경에서 제외시켰다.

---

61) Kim(1994:6)에서 인용함.
62) 일본어의 경우 역시 무성자음 사이의 [i], [ɯ]가 규칙적으로 무성음화된다(Varden and Sato 1996, 백윤정 2007).

C1_C2에서 C1이 무성이고 C2가 유성인 환경
k_g, t_g, p_g, s_g, h_g

표 2.7 모음 관찰을 위한 '무성_유성'의 후보 환경

본 연구에서는 연속된 발화의 모음을 수집하기 위해, 문장 내에 들어 있는 모음을 수집할 뿐 다양한 맥락에서의 발화에 포함된 모음을 수집하지는 않았다. 본 연구에서 다루고자 하는 것은 문체(style)가 변인이 되는 문체 변화(style shifting)를 관찰해 학습자가 특정 음에 가지고 있는 가치를 연구하는 사회언어학적 측면에서의 연구가 아니라, 언어 간 대조 혹은 학습자 간 대조를 그 목적으로 삼고 있다. 따라서 모음들을 최소대립쌍 읽기, 단어 읽기, 텍스트 읽기, 격식 발화(formal speech), 자연스러운 발화(unconscious speech) 등의 다양한 문체(style)의 텍스트에 배치시켜 문체별 차이를 비교하지 않았다.

다음으로 논할 것은 포먼트의 측정 지점에 대한 것이다. 모음을 기술하는 가장 좋은 방법은 음향적 측면에서 논하는 것이고, 모음의 가장 중요한 음향적 특징을 나타내는 것이 바로 포먼트 주파수라고 할 수 있다. 단모음의 포먼트를 측정할 때는 모음의 가운데 근처의 구간에서 측정을 하고 이중모음의 포먼트를 측정할 때는 자음에서 충분히 거리를 두고 모음의 전반부 한 곳과 끝부분 한 곳, 두 군데를 측정을 하는 것이 일반적이다 (Ladefoged 2003:104).[63] 실제로는 어떤 모음이 어떤 환경에 놓이느냐에 따라 측정 위치를 달리해야 할 필요성이 있을 것이지만, 모음이 배치된

---

[63] 이중모음의 포먼트 주파수를 구하기 위해서는 두 지점 이상에서 측정이 이루어지기도 한다. 그 예로 양병곤(1993)에서는 이중모음의 포먼트를 분석함에 있어서 스펙트로그램에 나타난 모음의 시작과 끝부분 사이의 총 지속 시간을 측정하여 이를 네 등분한 각 시간점을 포착하여 각 지점에서의 포먼트값과 기본주파수를 수집했다.

환경의 선·후행하는 자음에 따라, 혹은 모음의 종류에 따라 적절한 포먼트 주파수 측정 부분을 판단한 선행 연구를 찾아보기가 힘들다.

　이에 본 연구에서는 본실험에 앞서 예비 실험을 통해 읽기 목록에 배치될 다섯 후보 환경 가운데 어느 환경에 모음을 배치시키는 것이 적합할지를 결정하고, 각 모음의 포먼트 주파수의 적절한 측정 지점을 찾고자 한다.

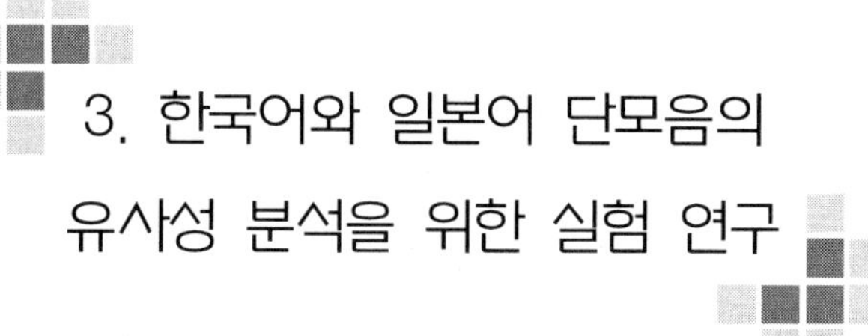

3. 한국어와 일본어 단모음의 유사성 분석을 위한 실험 연구

3장에서는 한국어의 단모음 /i/, /e/, /a/, /ɨ/, /u/, /o/, /ʌ/와 일본어의 단모음 /i/, /e/, /a/, /ɯ/, /o/의 조음적 특징 및 음향음성학적 특징을 대조 분석함으로써 한국어의 단모음과 일본어의 모음 간의 유사성의 정도를 분석하고자 한다. 먼저 한국어와 일본어 단모음의 음성 산출 실험을 실시한 후, 그 결과를 바탕으로 유사성의 정도에 대해 논할 것이다.

3.1 한국어와 일본어 단모음의 음성 산출 실험

본 절에서는 한국어와 일본어 단모음의 음성 산출 실험을 위한 실험 방법과 실험 결과가 제시될 것이다. 먼저 본실험의 실험 방법을 확정하기 위한 예비 실험이 이루어지고, 예비 실험 결과를 바탕으로 본실험이 행해질 것이다.

3.1.1 예비 실험

예비 실험의 시행 기간은 총 1개월로 2006년 10월 초부터 11월 초에 걸쳐 실시되었다. 예비 실험의 목적은 일본어 모음과 한국어 모음의 음향적 특징을 대조분석하기 위한 음성 산출 실험과 일본인의 한국어 음성 습득 양상을 조사하기 위한 음성 산출 실험에서 사용될 실험 방법의 문제점에 대한 대안을 찾기 위한 것이다.

앞서 2장에서 모음의 실험음성학적 연구 방법론에 대해 논하면서 방법론에 있어서 음성 자료 수집을 위한 읽기 목록에 대한 것과 포먼트 측정 지점에 대한 두 가지 문제점이 제기되었고, 그 해결책으로 모음이 배치될 다섯 후보 환경(k_g, t_g, p_g, s_g, h_g)이 제시되었었다. 예비 실험에서는 관찰 대상이 되는 모음들을 앞서 제시한 후보 환경들 가운데 어느 환경에 배치시켜 실험할 것인지를 결정하고, 각 모음의 포먼트 주파수의 적절한 측정 지점을 찾을 것이다.

따라서 예비 실험에서는 한국인이 발음한 한국어 모음과 일본인이 발음한 일본어 모음이 다섯 후보 환경에서 F1과 F2값에 있어서 환경별로 어떤 특성을 보이는지, 또 F1과 F2값을 측정함에 있어서 다른 세 측정 지점에서 측정한 값이 어떠한 차이를 보이는지 살펴볼 것이다. 이에 먼저 한국어와 일본어 모음의 음성 자료를 수집한 후, 그 포먼트값을 환경별로 비교하고, 또 측정 지점별로도 비교·분석할 것이다.

1) 실험 방법

① 피험자

예비 실험의 대상은 한국인 5명과 일본인 5명으로, 한국인 피험자는 국어국문학을 전공하고 있는 서울 출신의 20~30대 여자 대학원생들이며, 일본인 피험자는 한국에서 한국어를 배우고 있는 도쿄 출신의 20~30대 여성들이다. 일본인 피험자들의 평균 한국어 학습 기간은 10.5개월이다. 예비 실험의 목적이 학습자들의 습득 양상을 파악하기 위한 것이 아니므로, 예비 실험을 위한 피험자 집단을 구성함에 있어서 그들의 학습 기간이나 한국에서의 체류 기간이 통계적으로 고려되지는 않았다.

② 실험 도구

읽기 목록

읽기 목록은 다음과 같이 만들어졌다. 먼저 'k_' 혹은 't_'식의 CV 구성의 1음절어를 만들고, 한국어는 '여기에 _가 있습니다'라는 읽기용 문장에, 일본어는 'ここに _があります (kogoni _ga arimasu)'로 역시 한국어와 마찬가지로 '여기에 _가 있습니다'라는 의미의 읽기용 문장에 넣어서, 결과적으로 관찰 대상이 되는 모음이 각각 〈표 2.7〉에서 제시된 다섯 가지 환경에 놓이게 하였다. 예를 들어, 한국어 모음 /a/를 관찰하기 위해서 '가(ka), 다(ta), 바(pa), 사(sa), 하(ha)'와 같은 1 음절어를 읽기용 문장에 넣어 '여기에 가가 있습니다(yʌgie kaga it's'imnida)'와 같이 읽게 하였다. 일본어 모음 /a/를 관찰하기 위해서는 마찬가지로 'か(ka), た(ta), ぱ(pa), さ(sa), は(ha)'를 읽기 문장에 넣어 'ここに かが あります。(kogoni kaga arimasu)'식으로 읽게 하였다.

이런 식으로 관찰하려는 모음의 수대로 한국어 읽기 문장이 7개, 일본어 문장이 5개 준비되었다. 그리고 같은 문장을 3개씩 넣고, 전체 문장들을 무작위로 섞어 피험자가 같은 문장을 연이어 읽지 않도록 하였다. 한국어 모음의 음성 자료는 7 X 5 X 3 X 5 (모음 수 X 환경의 유형 X 반복 횟수 X 피험자 수) = 525개의 문장이 수집되었고, 일본어 모음의 음성 자료는 5 X 5 X 3 X 5 (모음 수 X 환경의 유형 X 반복 횟수 X 피험자 수)= 375개의 문장이 수집되었다.

녹음 및 분석 도구

음성 자료의 녹음과 분석에는 'CSL(Computerized Speech Laboratory) 4500'[64]이 사용되었으며, 마이크는 바로 앞을 제외한 주변의 잡음을 최대한 줄이도록 개발된 'SM 48' 마이크가 사용되었다.

---

64) Kay Elemetrics사의 제품.

③ 실험 절차

음성 자료의 녹음은 CSL4500이 설치되고 잡음이 최대한 배제된 실험실에서 진행되었다. 학습자의 배경(신상, 학습 기간, 한국어 거주 기간 등)에 대한 정보는 실험에 지원하는 과정에서 이미 조사가 되었지만, 한국에 온 지 얼마나 됐는지, 왜 한국어를 공부하는지 같은 가벼운 질문을 하면서 학습자를 심리적으로 안정시킨 다음에 녹음 방식에 대해 간략히 설명하고, 읽기 목록을 전달한 다음에 컴퓨터 앞에 앉힌 후 읽게 하였다. 녹음을 시작하기 전에 피험자에게 원하는 만큼 소리 내어 미리 연습 삼아 읽어 보는 것을 허용하였다.

다음에 피험자에게 읽기 목록에 있는 문장을 하나씩 읽게 하였다. 그리고 문장들을 하나하나의 파일 단위로 저장하였다. 읽기 목록의 문장을 읽는 과정에서 문장과 문장 사이에 실험자가 파일을 저장하는 사이에 자동으로 피험자에게 1~2초 가량의 짧은 휴식이 주어졌다. 대부분의 피험자들은 실험자가 컴퓨터를 조작하는 1~2초 동안 다음에 읽을 문장을 눈으로 읽고 있는 듯했다.

자료의 분석은 다음과 같은 과정을 거쳐 이루어졌다. 먼저, 문장 단위로 저장된 파일을 하나씩 열어 관찰 대상인 모음 구간이 포함된 음절을 잘라 냈다. 다음의 〈그림 3.1〉은 한국인이 발음한 한국어 문장 '여기에 가가 있습니다'의 파형이다. 〈그림 3.2〉는 〈그림 3.1〉과 같은 파형에서 관찰 대상 모음인 /a/가 속한 음절인 /ka/ 부분만을 잘라 낸 것이다.

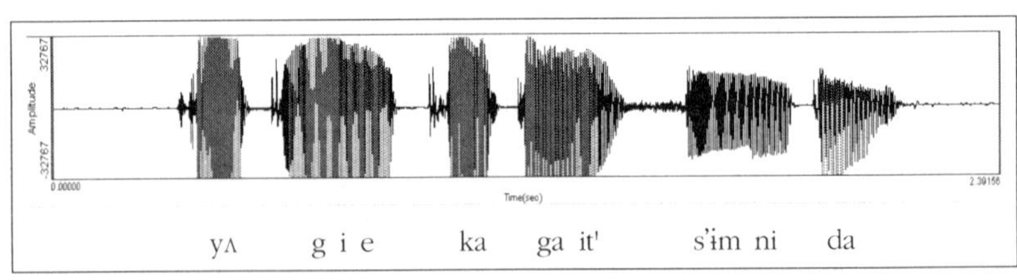

그림 3.1 한국인이 발음한 '/yʌgie kaga it's'imnida/(여기에 가가 있습니다)'의 파형

이후에 포먼트값은 모음 구간 내에서 측정될 것이므로, CV 음절을 잘라 낼 때는 엄격한 기준이 적용되지는 않았다. 먼저 파형에서 해당 음절로 추정되는 부분을 찾은 후 그 구간의 소리를 듣고 해당 음절로 확인이 되면, 그 부분을 잘라 내었다. 음절의 앞뒤에 진폭이 0에 가까운 구간이 형성돼 선·후행하는 음절들과 뚜렷이 구분이 되어 편집해 내기가 용이한 편이었다. 다음에는 잘라 낸 음절에서 모음 구간을 설정했다.

〈그림 3.2〉에서 편집된 음절 /ka/는 '무성자음+모음'의 구성이므로 정현곡선의 진폭이 커지는 것은 모음의 유성성이 나타나는 것으로 모음이 시작됨을 의미한다. 그러나 막상 청취를 해 보면 정현곡선이 시작되었음에도 불구하고 〈그림 3.2〉에서 원형으로 표시된 두 부분의 경우 선·후행하는 자음의 영향으로 자음성이 나타나는 부분임을 알 수 있다. 그 때문에 자음성이 거의 감지되지 않고, 파형에서도 강한 유성성을 가져 붉은 선으로 표시된 정현곡선이 나타나는 구간을 모음 구간으로 보았다.

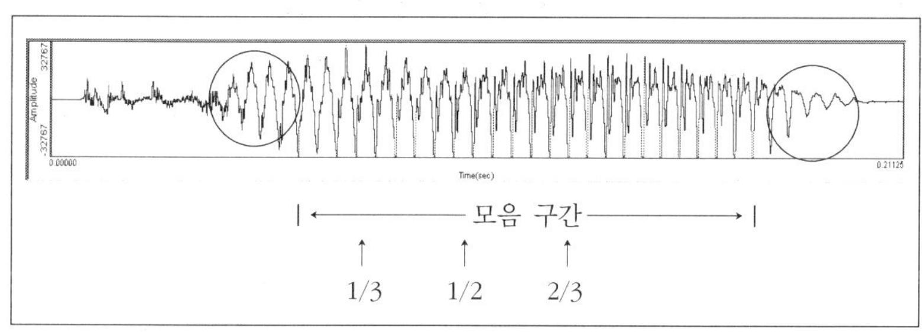

그림 3.2 편집된 '/ka/(가)'의 파형의 모음 구간과 포먼트 측정 지점

그리고 전체 모음 구간의 1/3, 1/2, 2/3 지점에서의 포먼트값을 측정했다. 포먼트값의 측정은 각 지점에서 LPC 분석(Linear Predictive Coding)을 실시하고, CSL4500의 숫자값 찾기(numerical value searching) 기능을 활용해 F1과 F2 수치를 구하였다. 다음의 〈그림 3.3〉은 〈그림 3.2〉의 /a/의

모음 구간의 1/2 지점에서 실시된 LPC 분석 결과이다.

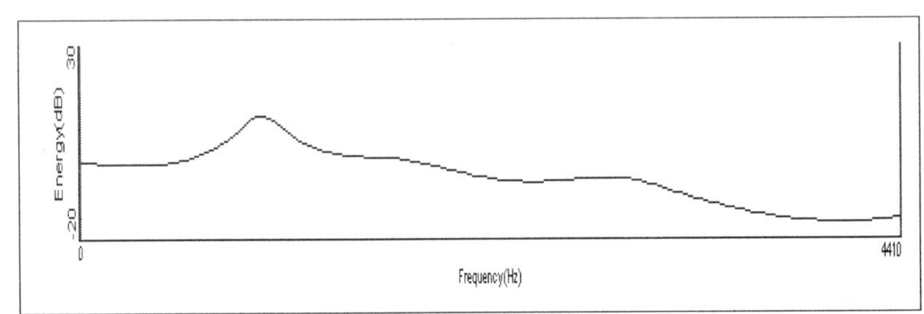

그림 3.3 /ka/의 /a/구간의 중간 지점의 LPC 스펙트럼

표본비는 11,200Hz였으며 상관계수는 12로 하였다.[65] CSL4500은 자동으로 포먼트값을 찾아 주는 기능을 갖고 있지만, 숫자값 찾기 기능을 통해 자동으로 찾은 값 가운데 의심스러운 포먼트(spurious formant)는 몇 가지 기준을 활용해 연구자가 직접 찾아내 제외시켰다. 1,000Hz마다 하나의 포먼트가 존재한다는 가정하에 포먼트값을 찾았고, 대역폭이 400~500Hz 보다 큰 포먼트는 의심스러운 경우로 간주했다.[66] 그리고 그 주변에 400~500Hz 보다 대역폭이 좁은 포먼트가 존재할 경우 그 값을 포먼트값으로 판단했다.[67]

---

[65] 남성의 경우 1,000Hz 마다 하나의 계수가 필요하고 높은 포먼트들을 위해 두 개의 상관계수가 더 필요하다. 여성의 경우 1,200Hz 마다 두 개의 상관계수가 필요하다 (Ladefoged 2003:125).

[66] 물론 전설 모음은 예외가 될 것이다.

[67] 대역폭은 표본비를 분석 창에서의 분석 지점의 수로 나눈 것으로, 대역폭의 수치가 작을수록, 즉 대역폭이 좁을수록 스펙트로그램에서 배음(harmonics)을 관찰하기 용이하고, 대역폭의 수치가 클수록, 즉 대역폭이 넓을수록 스펙트로그램에서 에너지가 집중된 포먼트가 넓은 주파수대에 걸쳐 희미하게 나타나게 된다. Ladefoged(2003)에서는 모음의 포먼트값을 분석할 때 남자의 음성은 200Hz, 여자는 300Hz, 그리고 어린이는 그보다 더 높은 수치의 대역폭을 설정하는 것이 적절하다고 보고, 가짜 포먼트 (spurious formant)를 제외시키는 방법으로 대역폭 400Hz를 기준으로 삼을 것을 제안하였지만, 본 연구의 경우에 피험자가 모두 여성으로 700Hz 이상의 대역폭에서도 참

2) 실험 결과

환경들 간의 차이가 유의미한지를 밝히기 위해 SPSS 12.0 window 통계 패키지를 이용한 반복측정자료의 일변량 분석이 실시되었다.[68] 다음은 각 환경에서 측정된 세 지점의 포먼트 평균값이다. 앞서 실험 방법을 설명하는 과정에서 논하였듯이 F1과 F2는 각각 모음 구간의 1/3(전), 1/2(중), 2/3(후)이 되는 세 지점에서 측정한 것이다. 표에서 1/3, 1/2, 2/3은 포먼트가 측정된 지점을 나타낸 것이다.

① 한국어

(가) 한국어 /i/

환경	F1			F2		
	1/3	1/2	2/3	1/3	1/2	2/3
k_g	289	300	287	2444	2461	2337
t_g	295	304	313	2496	2526	2396
p_g	292	309	308	2491	2433	2293
s_g	320	303	324	2472	2511	2421
h_g	310	311	344	2485	2469	2453

표 3.1 한국인의 한국어 /i/의 환경별 F1과 F2 평균값

〈표 3.1〉은 한국인의 한국어 /i/가 다섯 유형의 자음과 자음 사이인 환경에 배치되었을 때 측정된 F1과 F2의 평균값을 나타낸 것이다. 통계 분석 결과, F1값에 있어서 1/3, 1/2, 2/3 세 지점에서 측정된 평균값들이 모두 다섯 환경에서 통계적으로 유의미한 차이를 보이지 않았다. 또한 F2에 있어서도 세 지점에서 측정된 평균값들이 각 환경에서 유의미한 차이를 보이지 않았다.

포먼트값이 종종 관찰되었다.

[68] 모든 실험은 구형성 검정 결과(Mauchly 검정) 구형성 가정을 만족했으므로 일변량 분석을 실시했다.

(나) 한국어 /e/

환경	F1			F2		
	1/3	1/2	2/3	1/3	1/2	2/3
k_g	455	448	408	2266	2239	2293
t_g	427	443	418	2270	2225	2242
p_g	397	436	410	2272	2205	2246
s_g	447	448	429	2243	2238	2293
h_g	429	434	424	2270	2209	2267

표 3.2 한국인의 한국어 /e/의 환경별 F1과 F2 평균값

한국인의 한국어 /e/의 환경별 F1과 F2의 평균값을 통계 분석한 결과, /i/의 경우와 마찬가지로 F1에 있어서 1/3, 1/2, 2/3 세 지점에서 측정된 평균값들이 모두 다섯 환경에서 통계적으로 유의미한 차이를 보이지 않았다. 또한 F2에 있어서도 세 지점에서 측정된 평균값들이 각 환경에서 유의미한 차이를 보이지 않았다.

(다) 한국어 /a/

환경	F1			F2		
	1/3	1/2	2/3	1/3	1/2	2/3
k_g	881	909	866	1466	1584	1467
t_g	872	902	884	1674	1595	1585
p_g	788	876	838	1717	1514	1613
s_g	817	852	799	1662	1561	1512
h_g	903	901	858	1554	1551	1498

표 3.3 한국인의 한국어 /a/의 환경별 F1과 F2 평균값

한국인의 한국어 /a/의 환경별 F1과 F2의 평균값을 통계 처리한 결과, F1에 있어서 1/3, 1/2, 2/3 세 지점에서 측정된 평균값들은 모두 다섯 환

경에서 유의미한 차이를 보이지 않았다. 또한 F2에 있어서도 1/2 지점과 2/3 지점에서 측정된 평균값들은 각 환경에서 유의미한 차이를 보이지 않았다.

다음의 〈표 3.4〉와 같이 1/3 지점에서 측정된 F2값들은 환경별로 통계적으로 유의미한 차이를 보이는 경우가 있었다. 1/3 지점의 F2값의 경우, k_g가 다른 네 환경과 유의수준 0.05하에서 유의미한 차이를 보였고, h_g 환경도 k_g, t_g 환경과 각각 유의미한 차이를 보였다. k_g나 h_g 환경을 제외한 다른 세 환경 간에는 유의미한 차이가 나타나지 않았다.

	k_g	t_g	p_g	s_g	h_g
k_g					
t_g	26.11**				
p_g	7.9*				
s_g	8.2*				
h_g	10.6*	9.89*			

* $p < 0.05$, ** $p < 0.01$

표 3.4 한국인의 한국어 /a/의 1/3 지점의 F2값의 환경별 차이

k_g나 h_g의 경우 다른 환경에 비해 1/3 지점에서 측정된 F2값이 더 낮게 나타났다. F2값은 혀의 전후 위치와 관련이 있는 수치이다. k_g와 h_g의 F2값이 상대적으로 낮다는 것은 /k/나 /h/에 후행하는 /a/가 다른 자음에 후행하는 /a/에 비해 좀 더 뒤쪽에서 조음된다는 것을 의미하는데, 이는 구강에서 비교적 뒤쪽에서 조음되는 연구개자음인 /k/나 후두음 /h/의 영향으로 모음 /a/가 더 후진되어 발음될 수 있기 때문으로 추측된다.

(라) 한국어 /ɨ/

환경	F1			F2		
	1/3	1/2	2/3	1/3	1/2	2/3
k_g	385	391	384	1274	1317	1259
t_g	391	402	412	1418	1414	1360
p_g	364	383	413	1426	1381	1308
s_g	370	368	388	1402	1399	1328
h_g	386	373	380	1333	1350	1305

표 3.5　한국인의 한국어 /ɨ/의 환경별 F1과 F2 평균값

　　한국인의 한국어 /ɨ/의 환경별 F1과 F2의 평균값을 통계 처리한 결과,
F1에 있어서 1/2 지점과 2/3 지점에서 측정된 평균값들은 환경별로 유의
미한 차이를 보이지 않았지만, 1/3 지점에서 측정된 평균값의 경우, t_g와
p_g 두 환경이 유의수준 0.05하에서 다른 환경들과 유의미한 차이를 보였
다. F2에 있어서는 세 지점에서 측정된 평균값들은 각 환경에서 통계적으
로 유의미한 차이를 보이지 않았다.

	k_g	t_g	p_g	s_g	h_g
k_g					
t_g					
p_g		9.12*			
s_g					
h_g					

* p<0.05, ** p<0.01

표 3.6　한국인의 한국어 /ɨ/의 1/3 지점의 F1값의 환경별 차이

1/3 지점에서 t_g와 p_g의 F1값이 상대적으로 낮다는 것은 /k/나 /h/에 후행하는 /ɨ/가 다른 자음에 후행하는 /ɨ/에 비해 혀의 위치가 더 높다는 것을 의미한다. 즉, 개구도가 더 작다는 것을 뜻한다. 치조파열음 /t/와 양순 파열음 /p/는 윗니 뒤쪽에 폐쇄를 형성했다가 기류를 내보내거나 두 입술을 닫았다가 떼어 발음하는 자음들로, 조음 과정에서 개구도가 상당히 작아지는 과정을 거치게 되므로, 그의 영향을 받아 후행하는 후설 고모음 /ɨ/가 다른 자음에 후행하는 /ɨ/에 비해 혀의 위치가 높게 발음되는 경향이 있는 것으로 받아들일 수 있겠다.

(마) 한국어 /u/

환경	F1			F2		
	1/3	1/2	2/3	1/3	1/2	2/3
k_g	275	280	270	869	881	871
t_g	289	276	268	867	875	885
p_g	267	287	275	913	884	850
s_g	296	290	273	953	881	847
h_g	300	298	297	875	904	886

표 3.7 한국인의 한국어 /u/의 환경별 F1과 F2 평균값

한국인의 한국어 /u/의 환경별 F1과 F2의 평균값의 통계 분석 결과를 보면, F1에 있어서 1/2 지점과 2/3 지점에서 측정된 평균값들은 환경별로 유의미한 차이를 보이지 않았지만, 1/3 지점의 F1값은 환경에 따라 유의미한 차이를 보이는 경우가 나타났다. h_g 환경의 경우, 1/3 지점의 F1값에 있어서 다른 몇몇 환경들과 유의수준 0.05하에서 유의미한 차이를 보였다.

	k_g	t_g	p_g	s_g	h_g
k_g					
t_g					
p_g					
s_g					
h_g	10.87*			11.57*	

* $p<0.05$, ** $p<0.01$

표 3.8 한국인의 한국어 /u/의 1/3 지점의 F1값의 환경별 차이

F2값에 있어서도 역시 F1의 경우와 마찬가지로 1/2 지점과 2/3 지점에서 측정된 값은 환경별로 유의미한 차이를 보이지 않았으며, 1/3 지점에서 측정된 값에 있어서는 s_g 환경의 경우 다른 몇몇 환경들(k_g, h_g)과 유의수준 0.05하에서 유의미한 차이를 보였다. s_g 환경의 경우, 다른 환경들보다 F2의 수치가 높은 것으로 나타났다. F2 수치가 높다는 것은 혀의 위치가 더 앞쪽이라는 것을 나타낸다.

치조마찰음 /s/는 윗잇몸과 혓날 가운데 부분 사이의 좁은 틈으로 기류가 통과하면서 마찰소음이 생성되는 조음 과정을 거치는데(이호영 1996:85), 후설 모음 /u/가 /s/에 후행할 경우 혀의 위치가 앞으로 이동하면서 자음의 조음 위치가 성도의 뒤쪽인 연구개음(k)이나 성문음(h)에 비해 /u/가 가진 원순성이 완전히 발현되는 것이 현저히 늦어지는, 즉 1/2 지점에서 혀가 완전히 후퇴하는 것으로 해석된다.

	k_g	t_g	p_g	s_g	h_g
k_g					
t_g					
p_g					
s_g	14.89*				52.88**
h_g					

* p⟨0.05, ** p⟨0.01

표 3.9 한국인의 한국어 /u/의 1/3 지점의 F2값의 환경별 차이

(바) 한국어 /o/

환경	F1			F2		
	1/3	1/2	2/3	1/3	1/2	2/3
k_g	362	394	367	812	809	808
t_g	345	398	380	840	831	803
p_g	347	378	375	844	819	801
s_g	355	388	388	795	789	758
h_g	379	380	366	803	799	794

표 3.10 한국인의 한국어 /o/의 환경별 F1과 F2 평균값

⟨표 3.10⟩의 한국인의 한국어 /o/의 환경별 F1과 F2의 평균값을 통계 분석 결과를 보면, F1에 있어서 1/3, 1/2, 2/3 세 지점에서 측정된 평균값들은 모두 다섯 환경에서 유의미한 차이를 보이지 않았다. 또한 F2에 있어서도 세 지점에서 측정된 평균값들이 각 환경에서 통계적으로 유의미한 차이를 보이지 않았다.

(사) 한국어 /ʌ/

환경	F1			F2		
	1/3	1/2	2/3	1/3	1/2	2/3
k_g	737	756	713	1158	1160	1066
t_g	708	737	700	1240	1183	1091
p_g	699	720	710	1217	1164	1082
s_g	730	743	696	1220	1134	1097
h_g	709	722	680	1112	1092	1125

표 3.11 한국인의 한국어 /ʌ/의 환경별 F1과 F2 평균값

한국인의 한국어 /ʌ/의 환경별 F1과 F2의 평균값의 통계 분석 결과를 보면, F1에 있어서 1/3, 1/2, 2/3 세 지점에서 측정된 평균값들은 환경별로 유의미한 차이를 보이지 않았다. F2에 있어서도 세 지점에서 측정된 평균값들이 각 환경에서 유의미한 차이를 보이지 않았다.

② 일본어

(가) 일본어 /i/

환경	F1			F2		
	1/3	1/2	2/3	1/3	1/2	2/3
k_g	302	305	322	2424	2484	2386
t_g	322	318	321	2410	2510	2390
p_g	275	299	300	2429	2497	2343
s_g	328	289	304	2418	2444	2319
h_g	300	295	312	2482	2515	2418

표 3.12 일본인의 일본어 /i/의 환경별 F1과 F2 평균값

일본인의 일본어 /i/의 환경별 F1과 F2의 평균값을 통계 분석 결과를 보면, 한국인의 한국어 /i/와 마찬가지로 F1에 있어서 1/3, 1/2, 2/3 세 지점에서 측정된 평균값들이 모두 다섯 환경에서 통계적으로 유의미한 차이를 보이지 않았다. 또한 F2에 있어서도 세 지점에서 측정된 평균값들이 각 환경에서 유의미한 차이를 보이지 않았다.

(나) 일본어 /e/

환경	F1			F2		
	1/3	1/2	2/3	1/3	1/2	2/3
k_g	472	505	477	2300	2253	2282
t_g	496	516	497	2304	2310	2296
p_g	457	502	481	2157	2190	2097
s_g	466	497	485	2244	2204	2045
h_g	508	497	492	2203	2239	2081

표 3.13 일본인의 일본어 /e/의 환경별 F1과 F2 평균값

일본인의 일본어 /e/의 환경별 F1과 F2의 평균값을 통계 분석한 결과, 한국인의 한국어 /e/와 마찬가지로 F1에 있어서 1/3, 1/2, 2/3 세 지점에서 측정된 평균값들이 모두 다섯 환경에서 통계적으로 유의미한 차이를 보이지 않았다.

F2에 있어서는 1/2 지점의 측정값에서는 다섯 환경이 유의미한 차이를 보이지 않았지만, 1/3 지점의 F2값에 있어서는 t_g 환경의 경우 몇몇 환경(p_g, h_g)과 유의수준 0.05하에서 유의미한 차이를 보였으며, 다른 환경들 간에는 유의미한 차이를 보이지 않았다.

	k_g	ppt_g	p_g	s_g	h_g
k_g					
t_g					
p_g		17.32*			
s_g					
h_g		9.88*			

* p<0.05, ** p<0.01

표 3.14 일본인의 일본어 /e/의 1/3 지점의 F2값의 환경별 차이

2/3 지점의 F2값에 있어서는 t_g 환경이 다른 몇몇 환경(p_g, h_g)과 유의수준 0.05하에서 유의미한 차이를 보였다.

	k_g	t_g	p_g	s_g	h_g
k_g					
t_g					
p_g		11.54*			
s_g					
h_g		10.56*			

* p<0.05, ** p<0.01

표 3.15 일본인의 일본어 /e/의 2/3 지점의 F2값의 환경별 차이

(다) 일본어 /a/

환경	F1			F2		
	1/3	1/2	2/3	1/3	1/2	2/3
k_g	761	791	753	1618	1614	1601
t_g	747	777	789	1691	1668	1652
p_g	654	743	722	1707	1609	1581
s_g	710	740	716	1742	1663	1619
h_g	771	772	746	1635	1633	1588

표 3.16 일본인의 일본어 /a/의 환경별 F1과 F2 평균값

일본인의 일본어 /a/의 환경별 F1과 F2의 평균값의 통계 분석 결과, F1 값에 있어서 1/2 지점과 2/3 지점에서 측정된 평균값들이 모두 다섯 환경에서 통계적으로 유의미한 차이를 보이지 않았다. 1/3 지점에서 측정된 평균값들은 몇몇 환경에서 유의미한 차이를 보였다. p_g 환경에서 측정된 값의 경우, k_g 환경이나 h_g 환경에서 측정된 값과 통계적으로 유의미한 차이를 보였다.

	k_g	t_g	p_g	s_g	h_g
k_g					
t_g					
p_g	36.36**				11.8*
s_g					
h_g					

* p〈0.05, ** p〈0.01

표 3.17 일본인의 일본어 /a/의 1/3 지점의 F1값의 환경별 차이

F2에 있어서는 1/2 지점과 2/3 지점에서는 환경 간에 유의미한 차이를 보이지 않았으나, 1/3 지점의 측정값에서 s_g 환경이 k_g 환경, h_g 환경과 유의수준 0.05하에서 유의미한 차이를 보였다. 또, p_g 환경의 경우, k_g, h_g 환경과 유의수준 0.1하에서 유의미한 차이를 보였다.

	k_g	t_g	p_g	s_g	h_g
k_g					
t_g					
p_g	5.4				
s_g	7.8*				20.37*
h_g			4.71		

* p〈0.05, ** p〈0.01

표 3.18 일본인의 일본어 /a/의 1/3 지점의 F2값의 환경별 차이

(라) 일본어 /ɯ/

일본인의 일본어 /ɯ/의 환경별 F1과 F2의 평균값의 통계 분석 결과, F1값에 있어서 1/3, 1/2, 2/3 세 지점에서 측정된 평균값들이 환경별로 유의미한 차이를 보이지 않았다. F2에 있어서도 세 지점에서 환경 간에 통계적으로 유의미한 차이를 보이지 않았다.

일본어의 /ɯ/는 치경음 /s/나 후부치경음 /ʃ/ 뒤에 오면, 더욱 전진하여 중설의 [ü]가 되고(小泉保 1993:46), 우인혜(1998b:325)에 따르면 일본어의 /ɯ/는 순음에 후행할 때는 한국어의 /u/와 유사하게 발음되기도 한다. 하지만 본 연구의 통계 분석 결과로는 그러한 현상이 발견되지는 않았다.

환경	F1			F2		
	1/3	1/2	2/3	1/3	1/2	2/3
k_g	385	385	383	1209	1219	1266
t_g	375	380	363	1236	1198	1129
p_g	374	371	382	1276	1235	1176
s_g	376	368	338	1198	1150	1090
h_g	382	378	364	1215	1196	1155

표 3.19 일본인의 일본어 /ɯ/의 환경별 F1과 F2 평균값

(마) 일본어 /o/

환경	F1			F2		
	1/3	1/2	2/3	1/3	1/2	2/3
k_g	420	428	385	826	870	810
t_g	401	418	420	889	861	842
p_g	368	409	402	882	856	858
s_g	394	413	396	896	886	860
h_g	412	418	413	884	889	866

표 3.20 일본인의 일본어 /o/의 환경별 F1과 F2 평균값

일본인의 일본어 /o/의 환경별 F1과 F2의 평균값을 통계 분석한 결과를 보면, 한국인의 한국어 /o/와 마찬가지로 F1값에 있어서 1/3, 1/2, 2/3 세 지점에서 측정된 평균값들이 모두 다섯 환경에서 유의미한 차이를 보이지 않았다. 또한 F2에 있어서도 세 지점에서 환경 간에 유의미한 차이를 보이지 않았다.

3) 결론

한국어 모음과 일본어 모음 모두 1/2 지점의 F1값과 F2값에 있어서는 환경별로 유의미한 차이를 보이는 경우가 거의 없었다. 1/3 지점의 F1값과 F2값은 환경별로 유의미한 차이를 보이는 경우가 종종 있었는데, 이는 선행하는 자음의 조음 위치의 영향으로 모음의 조음 위치가 조금 이동되었을 가능성이 있는 것으로 추측된다. 또한 2/3 지점의 F1값과 F2값에서도 1/3 지점의 경우만큼 빈번하지는 않았지만 F1과 F2값이 환경별로 차이를 보이는 경우가 있었다.

따라서 1/2 지점에서 측정할 경우, 어떤 환경을 선택하여도 포먼트값에 통계적 차이가 날 확률이 낮으므로, 후보 환경 5개 중 어떤 환경을 선택하여도 관계가 없다고 볼 수 있겠다. 이에 본 연구에서는 포먼트값은 1/2 지점에서 측정하고, 다섯 후보 환경 중 조음 과정에서 조음체의 이동이 거의 없는 연구개음 k_g 환경을 모음을 배치할 환경으로 선택하기로 하였다.

3.1.2 본실험

본실험은 한국어 단모음과 일본어 단모음의 음성적 대조 분석을 통해 두 언어의 단모음 간의 유사성의 정도를 설정하기 위한 것이다. 한국인이 발음한 한국어 단모음과 일본인이 발음한 일본어 단모음에 대한 음성 자료의 수집과 분석은 2006년 11월 말부터 2007년 1월 말까지 두 달 동안 실시되었다.

본실험은 예비 실험과 마찬가지로 음성 산출 실험으로 실험 방법이 예비 실험과 대체로 동일하다. 본실험의 실험 결과를 기술함에 있어서는 먼저 한국어와 일본어의 단모음 목록에서 대조할 대응 모음을 설정한 후, 각 대응 모음 간의 유사성에 대한 분석 결과를 기술할 것이다.

1) 실험 방법

① 피험자

한국인의 한국어 모음과 일본인의 일본어 모음에 대한 음성 산출 실험에 참가한 피험자들은 다음과 같다. 먼저 일본인 피험자로는 한국에서 거주하고 있지만 한국어를 정식으로 교육받은 적이 없는 표준 일본어를 구사하는 일본인(Japanese speakers, Js) 16명이 실험에 참가하였다. 이들은 대부분 남편의 일 때문에 한국에 거주하고 있는 일본인들로 아직 정규 교육 기관에서 한국어를 배운 적이 없으며, 한국에서 거주한 기간이 1년 이하인 사람들이다. 한국어 학습 경험이 있는 일본인을 피험자로 할 경우에 L2인 한국어의 영향을 받아 L1인 일본어 모음 발음에 변화가 생겼을 가능성이 있기에, 일본인 집단(Js)의 구성원으로 한국어 학습 경험이 없는 일본인만을 대상으로 삼았다. 한국인 피험자(Korean speakers, Ks)로는 표준어를 구사하는 서울 출신의 대학원생 16명이 실험에 참가하였다.

일본인(Js)과 한국인(Ks) 피험자는 20~30대 여성(평균 연령 각각 34.2세, 32.5세)으로 구성되었다. 피험자를 여성으로 한정한 이유는, 남성과 여성의 모음은 비언어적 측면에서 몇 가지 차이점을 가지기 때문이다. 성대의 진동률은 성대의 부피나 길이에 반비례하고 성대의 긴장 정도(tension)에 비례하고 포먼트 주파수는 성도의 총 길이에 반비례하는데,

성도는 나이나 성별에 따라 길이에 차이가 있을 수 있다(Yang 1996).[69] 그러므로 실험의 신뢰도를 높이려면 남녀 같은 비율로 피험자를 정하는 것이 이상적일 것이지만 집단별 피험자 수가 20명 미만으로 그 수가 많지 않은 가운데, 피험자로 남녀를 모두 포함시킬 경우 고려해야 할 변수가 늘어 분석이 복잡해질 것을 우려하여 한 가지 성별로 통일하였다.

② 실험 도구

음성 자료의 녹음과 분석에는 예비 실험과 마찬가지로 CSL4500이 사용되었고, 녹음에는 SM48 마이크가 사용되었다.

읽기 목록은 예비 실험을 통해 결정된 대로 'k_' 구성의 1음절어를 한국어는 '여기에 __가 있습니다'라는 읽기용 문장에, 일본어는 한국어 읽기 문장과 같은 의미의 'ここに　_があります (kogoni _ga arimasu)'를 읽기 문장으로 활용하였다.

이런 식으로 한국어 읽기 문장이 7개, 일본어 문장이 5개 준비되었다. 그리고 같은 문장을 3개씩 넣고, 전체 문장들을 무작위로 섞어 피험자가 같은 문장을 연달아 읽는 것을 피하게 만들었다. 따라서 한국어 모음의 음성 자료는 7 X 3 X 16 (모음 수 X 반복 횟수 X 피험자 수) = 336개, 일본어 모음의 음성 자료는 5 X 3 X 16 (모음 수 X 반복 횟수 X 피험자 수) = 240개가 수집되었다.

③ 실험 절차

실험 절차는 예비 실험의 경우와 동일하게 이루어졌다. 먼저 가벼운 일상적인 대화를 하면서 피험자를 심리적으로 안정시킨 다음에 녹음 방식에 대해 간략히 설명하고, 읽기 목록을 줬다. 다음에 피험자에게 읽기

---

69) Chiba and Kajiyama(1941)와 Fant(1975)에 따르면 남성과 여성은 구강 대 인강 길이의 평균 비율도 다르다(Simpson 2002:417).

목록에 있는 문장을 하나씩 읽게 하였다. 그리고 문장들을 하나하나의 파일 단위로 저장하였다.[70]

자료의 분석은 다음과 같은 과정을 거쳐 이루어졌다. 먼저, 문장 단위로 저장된 파일을 하나씩 열어 관찰 대상인 모음 구간이 포함된 음절을 잘라 냈다. 그리고 전체 모음 구간의 1/2 부분에서 포먼트값을 측정했다.[71] 포먼트값은 LPC 분석을 실시하고, CSL4500의 숫자값 찾기(numerical value searching) 기능을 활용해 F1과 F2값을 측정하였다.

2) 실험 결과

본 절에서는 한국인(Ks)이 발음한 한국어 모음과 일본인(Js)이 발음한 일본어 모음의 F1과 F2 평균값이 통계적으로 유의미한 차이를 보이는지와 분포도상에서 유사한 분포 양상이 관찰되는지를 분석한 결과를 제시할 것이다.

일반적으로 일대일로 대응되는 두 모음 간에 유사성이 있을 경우, 두 모음을 '서로 유사하다' 혹은 '유사한 관계에 있다'고 할 수 있다. 그런데 본 연구에서 논하고자 하는 'L1에 유사한 모음', 혹은 'L1과 유사성의 정도가 큰 모음', 혹은 '유사성의 정도가 작은 모음'이라고 하는 것은 L1인 일본어 모음 목록에 '유사한' 모음이 존재하는 경우 혹은 '유사성의 정도가 큰' 모음 혹은 '유사성의 정도가 작은' 모음이 존재하는 경우를 의미하는 것이다.

'유사하다'고 판단하는 본고의 이러한 기준에 따라, 본 연구의 분석 결과는 다음과 같은 순서로 기술될 것이다. 먼저 IPA 표기 방식을 참고로 하되 본 연구의 음성 분석 결과를 바탕으로, 한국어 모음과 일본어 모음 목록에서 서로 대응되는 상대적으로 가장 근접한 모음을 찾아 대응 모음

---

70) 〈그림 3.1〉 참고.
71) 〈그림 3.2〉 참고.

을 설정하고, 그 대응 모음 간의 조음음성학적 특징을 대조분석할 것이다.

먼저 한국어의 7개 단모음과 일본어의 5개 단모음 목록에서 서로 가까운 대응 모음(nearest equivalent)을 판단하기 위해 F1, F2 평균값을 토대로 한 모음사각도를 만들었다. 그리고 모음사각도상에서 두 언어 간에 가장 근접한 모음을 찾았다. 한국어의 7개 단모음, /i/, /e /, /a/, /ɨ/, /u/, /o/, /ʌ/와 일본어의 5개 단모음, /i/, /e/, /a/, /ɯ/, /o/의 F1, F2 평균값을 좌표를 활용해 모음도로 나타내면 다음의 〈그림 3.4〉와 같다.

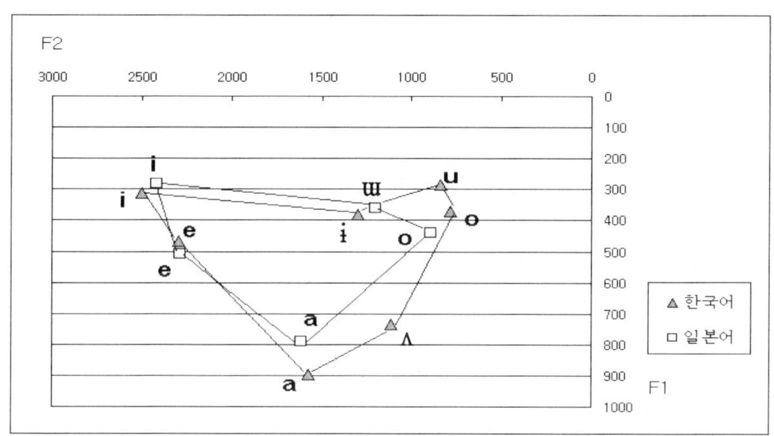

그림 3.4   F1-F2 평균값으로 나타낸 한국어 7모음과 일본어 5모음의 모음도

〈그림 3.4〉의 모음도를 보면 한국인이 발음한 7개 한국어 단모음과 일본인이 발음한 5개 일본어 단모음 모두 대략적으로 삼각형의 형태를 취해, 두 언어의 모음도의 전체적인 모양은 비교적 유사하다고 할 수 있다.[72] 모음도상에서 두 언어의 단모음들 간에 가장 근접한 모음을 찾아보면, IPA 기호를 공유하는 일본어 /i/는 한국어 /i/와, 일본어 /e/는 한국어

---

[72] 조성문(2003)에서 F1과 F2값을 바탕으로 한국인 여자와 남자의 모음도를 제시한 바 있는데, 남자는 모음사각도, 여자는 모음삼각도의 모습을 보였다.

/e/와, 일본어 /o/는 한국어 /o/와, 일본어 /a/는 한국어 /a/는 좌표상에서 거리가 가장 가깝게 나타나 서로 대응 모음 관계를 형성함을 알 수 있다. 또한, 일본어 /ɯ/와 한국어 /i/의 경우도 IPA를 공유하지는 않지만, F1－F2 좌표에서 상당히 근접한 위치에서 나타나 서로 대응 모음 관계에 놓여 있음을 부인할 수 없다.

일본어 모음 목록 가운데 IPA를 공유하는 모음이 없는 한국어 /u/는 모음도상에서 일본어의 /ɯ/, /o/와 비교적 가깝게 나타났으며, 역시 일본어에 IPA를 공유하는 모음이 없는 한국어 /ʌ/는 모음도에서 그 주변에 위치한 일본어 모음이 없는 것으로 나타났다. 하지만 기존 연구들에서 한국어 /u/는 일본어 /ɯ/와, 한국어 /ʌ/는 일본어 /o/와 유사하여 일본인 학습자가 한국어를 습득할 때 두 모음 간에 혼동이 생길 수 있음이 지적된 바 있기에 한국어 /ʌ/는 일본어의 /o/와 어느 정도의 유사성을 갖고 있는지 분석해 볼 것이다.[73]

대응 모음들 간의 유사성의 정도를 논함에 있어서는 다음의 두 기준이 고려되었다. 첫째, 두 모음이 F1 및 F2의 평균값이 통계적으로 유의미한 차이를 보이지 않는가? 둘째, 두 모음이 F1과 F2 분포도상에서 유사한 분포 양상이 관찰되는가?

유사성 판단에 대한 본 연구의 기준들은 Flege(1996)식의 분류 기준과는 F1, F2 평균값이나 F1－F2 분포도에서의 분포를 참고로 한다는 점에서 부분적으로 상통되는 부분이 있지만, 기본적으로 상당한 차이가 있다. Flege(1996)에서는 이전의 연구들에서 IPA 표기법에 의거해서 L1과 L2 음의 유사성의 유무를 판단하는 선험적인 접근 방식에서 벗어나, 실증적으로 대응하는 음들의 F1과 F2 평균값이나 포먼트 분포도에서의 분포 양상

---

73) 우인혜(1998a)에서는 일본어권 학습자들의 학습 자료에서 모음의 경우, 일반적으로 'ㅓ'와 'ㅗ', 'ㅡ'와 'ㅜ'의 혼란이 관찰된다고 논한 바 있다. 또, 우인혜(1998a)에서는 목표어에만 있는 'ㅓ' 음가가 자신들의 모국어에 있는 'ㅗ' 음가와 유사하게 인식되어 혼동을 야기한다고 하였다.

을 참고로 유사성의 유무를 판단하려 하였다. 그러나 Flege(1996)에서는 결과적으로 여전히 IPA를 절대적 기준으로 삼아 동일한 IPA를 사용하는 경우에 두 음이 F1−F2에서 유의미한 차이를 보이지 않을 때 '동일한 것 (identical)'으로, 동일한 IPA를 사용하지만 두 음이 F1−F2에서 유의미한 차이를 보이는 경우 '유사한 것(similar)'으로 분류하고, 다른 IPA를 사용하는 경우 '새로운 것(new)'으로 분류하였다.

그와 달리, 본 연구에서는 IPA를 절대적인 기준이 아닌 참고 기준으로 다루어, 두 모음이 다른 IPA를 사용할지라도 음향적 분석 결과 수치상, 유의미한 차이가 없을 경우, 유사성이 높은 것으로 판정하고자 한다.

한편, 본 연구가 유사성의 정도를 수량화해 서열화하려는 것은 아님을 밝혀 둔다. 유사성의 정도를 수량화하는 것은 현실적으로 불가능할 것으로 여겨지며, 따라서 본 연구에서는 한국어 모음들을 단지 유사성의 정도가 상대적으로 크고 작음에 따른 순서로 나열 혹은 범주화시켜 보고자 하는 것이다.

포먼트값을 비교함에 있어서는 먼저 각 피험자가 세 번 반복해서 읽은 음성 자료의 평균을 내어 개인별 자료로 포먼트값을 구하였다.[74] 그리고, 두 집단의 차이가 통계적으로 유의미한가를 조사하기 위해 통계 분석 방법으로 독립표본 t검정(t-test)이 활용되었다.[75] 독립표본 t검정은 독립적 두 집단의 평균의 차이를 비교할 때 이용되는 통계 방법으로, 일반적으로 유의수준 즉, p값(p-value)이 0.05 이하일 때 두 집단 간 차이가 없다는 귀무가설을 기각하게 된다. 다시 말해, t검정 결과, p⟨0.05일 때 두 집단의 차이가 유의미하다고 해석할 수 있다. 일반적으로 유의수준은 0.05, 0.01의 두 기준을 쓰는데, p⟨0.01인 경우가 p⟨0.05인 경우에 비해 두 집단의

---

74) 각 개인의 3회 반복에 대한 F1, F2 평균값 자료는 부록에 첨부하였다.
75) Disner(1986)에 따르면 t검정이나 ANOVA는 한 언어 내에서 모음들 간의 비교는 물론 언어 간 모음의 비교에 적절한 통계적 절차이다.

차이가 더 큰 것으로 해석할 수 있다. 본 연구에서는 자료의 통계 분석 결과, p〈0.05인 경우를 '*'로, p〈0.01인 경우를 '**'로 표시하였다. p값이 0.01보다 커서 두 집단의 차이가 통계적으로 유의미하지 않은 경우는 어떠한 표시도 하지 않았지만, 유의확률이 0.05~0.1인 경우는 어느 정도 통계적인 의미를 가진다고 보고, 유의수준 0.1에서 통계적으로 유의미한 경우를 '(*)'로 표시하였다.

한국어 모음과 그에 대응하는 일본어 모음의 평균값을 t검정으로 분석한 후에는 포먼트 분포도를 통해 조음 위치에 있어서 비교 대상인 두 모음이 얼마나 유사하게 분포하는지를 조사했다. 분포도를 그리는 데에는 UCLA 언어학과 음성학 연구소에서 제공하는 JplotFormant v.14가 활용되었다. 분포도의 X축은 혀의 전후 위치와 관계가 있는 F2값을, Y축은 혀의 고저 위치와 관계가 있는 F1값을 나타낸다. 분포도에서 좌표점들은 피험자 한 사람이 세번 반복한 값의 평균값을 표시한 것이며, 분포도에서 타원 안의 '+' 표시는 각 집단의 평균값(mean)을 나타낸다. 분포도에서 두 집단의 모음의 분포를 나타내는 타원(ellipse)이 많이 겹쳐질수록 두 집단의 모음은 유사할 가능성이 있다고 할 수 있을 것이다.

① IPA를 공유하는 대응 모음

한국어와 일본어 단모음 목록에서 IPA를 공유하는 대응 모음으로는 /i－i/, /e－e/, /a－a/, /o－o/가 있다.

(가) 한국어 /i/와 일본어 /i/

한국어의 / ㅣ /와 일본어의 /い/는 IPA 기호 /i/를 공유하는 모음들로, 두 모음의 F1값과 F2값의 평균값에 대해 통계적으로 분석한 결과, 다음과 같이 나타났다.

	사례수	F1 평균 (표준편차)	F2 평균 (표준편차)
한국어 /i/	16	311 (37)	2501 (279)
일본어 /i/	16	282 (46)	2418 (451)
t값		1.94	0.628
유의확률		0.07(*)	0.535

*: 유의수준 P〈0.05, **: 유의수준 P〈0.01

표 3.21 한국인의 한국어 /i/와 일본인의 일본어 /i/의 F1과 F2 평균값

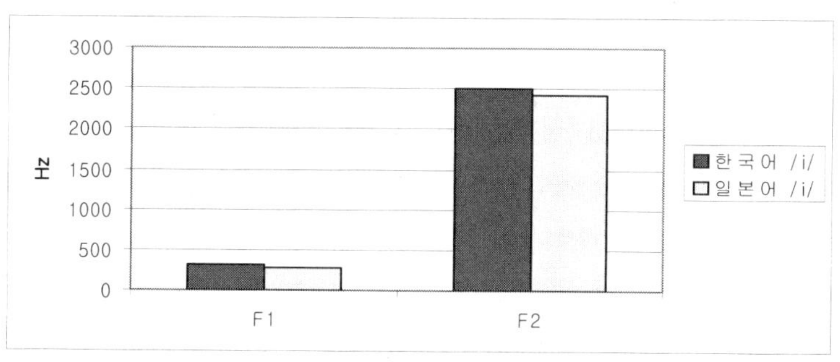

그림 3.5 한국인의 한국어 /i/와 일본인의 일본어 /i/의 F1과 F2 평균값

한국인이 발음한 한국어 /i/와 일본인이 발음한 일본어 /i/는 t검정 결과, 유의수준 0.05하에 F1과 F2값에 있어서 두 집단의 차이가 유의미하지 않게 나타났다. F1값의 경우, 유의확률이 0.07로 나타나, 유의수준 0.1하에서 한국어 /i/와 일본어 /i/는 유의미한 차이를 보인다고 할 수 있으며, 한국어 /i/의 F1 평균값이 일본어 /i/보다 높게 나타났다. 따라서 유의수준을 고려할 때, 두 모음의 차이가 아주 뚜렷하지는 않더라도 어느 정도 통계적으로 인정할 만한 차이가 나는 것으로 이해할 수 있겠다.

이러한 분석 결과를 소음음성학적 측면에서 논하자면, F1값을 통한 분석 결과, 한국어 /i/는 혀의 높낮이에 있어서 일본어 /i/보다 조금 더 낮게

조음되는 것으로 볼 수 있다. 즉, 한국어 /i/를 발음할 때 일본어 /i/를 발음할 때보다 개구도가 조금 더 큰 것으로 여겨진다. 그리고 F2값에 있어서 두 집단의 차이가 통계적으로 유의미하지 않게 나타난 것으로 미루어 한국어 /i/와 일본어 /i/는 혀의 위치의 전후 정도에 있어서 유사하다고 볼 수 있다.

한국어와 일본어 모음 /i/에 대한 본 연구의 분석은 몇몇 선행 연구와 일치한다. 이재강(1998a)에서는 본 연구와 마찬가지로 한국어 /i/와 일본어 /i/는 F2값에서는 유의미한 차이를 보이지 않았지만, F1값에 있어서 통계적으로 유의미한 차이를 나타냈으며 한국인의 F1의 평균값이 일본인의 것보다 더 높았다. 단지 이재강(1998a)에서는 한국어 /i/와 일본어 /i/의 F1값이 유의수준 0.05하에서 차이가 유의미한 것으로 나타나, 조음 시 혀의 높이에 있어서 한국어 /i/와 일본어 /i/의 차이가 본 연구의 결과보다 더 큰 것으로 나타났다.

梅田博之(1983:66~72)는 일본어 /i/가 한국어 /i/보다 입술 모양의 벌림이 더 크고 구강전부(口腔前部)의 공간도 더 넓다고 밝힌 바 있다. 梅田博之(1983)에 의하면, 한국어의 /i/는 전설면 및 중설면이 경구개를 향해서 올라가 있어서 구강의 앞부분이 극히 좁은 데 반해서 인두강이 넓어져서 구강후부(口腔後部)에서 인두에 걸쳐 넓은 공간이 생긴다. 일본어의 /i/의 경우도 같으나 한국어에 비하면 구강전부(口腔前部)의 공간이 약간 넓다.

이는 기본모음(cardinal vowel)과 비교했을 때 한국어 /i/는 기본모음의 [i]와 음가가 비슷하지만(이호영 1996:107), 일본어 /i/는 기본모음의 [i]와 차이가 있다. 기본모음 [i]는 혓날이 올라가는 것과 달리 일본어의 /i/는 혓날이 아래를 향하는 경향을 띤다(小泉保 1993:44). 다음의 〈그림 3.6〉은 각각 기본모음의 [i]와 일본어의 /i/를 조음할 때 혀의 모양을 보여 주는 것이다. 오른쪽이 일본어의 /i/를 조음할 때 혓날이 내려간 모양을 나타낸 것이고 왼쪽이 기본모음의 [i]를 조음할 때 혓날이 올라간 모양을 나타낸 것이다. 한국어 /i/는 앞서 언급하였듯 기본모음 [i]에 가까우므로 조음할 때 혀 모양이 왼쪽 그림에 더 가까울 것으로 추정된다.

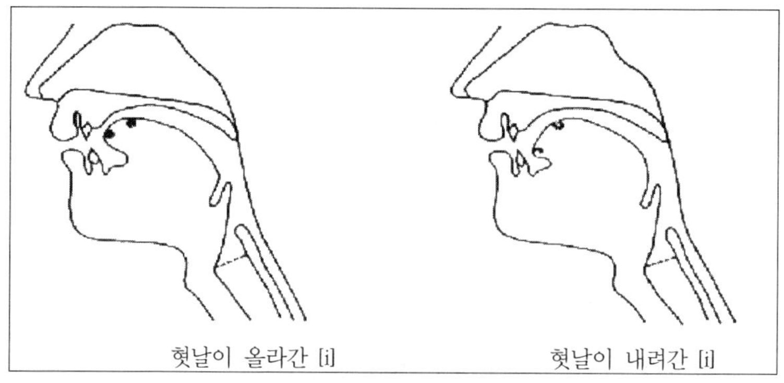

그림 3.6　혓날이 올라간 [i]와 혓날이 내려간 [i][76]

　　다음의 〈그림 3.7〉은 한국인이 발음한 한국어 /i/와 일본인이 발음한 일본어 /i/의 F1과 F2값을 분포도로 나타낸 것이다. 분포도에서 한국어 /i/와 일본어 /i/는 거의 대부분의 영역이 서로 겹쳐지게 분포되어 있어 서로 유사성의 높음이 짐작된다. 또한 분포도를 보면 일본어의 /i/의 분포를 나타내는 타원이 한국어 /i/ 타원에 비해 Y축상에서 좀 더 낮은 수치 부분까지 차지하고 있는 점으로 미루어, 일본인이 일본어 /i/를 발음할 때 한국인이 한국어 /i/를 발음할 때에 비해 개구도를 더 작게 해서 /i/를 발음하는 경우가 있음을 알 수 있다.

---

76) 小泉保(1993:45)에서 인용함.

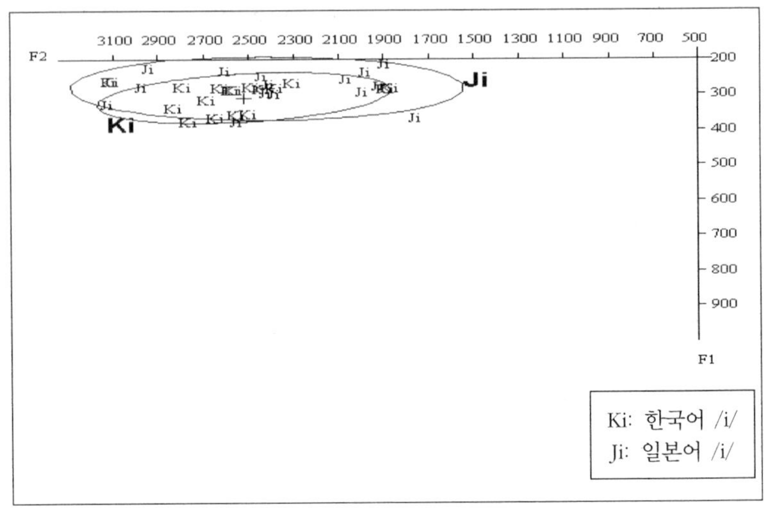

그림 3.7 한국인의 한국어 /i/와 일본인의 일본어 /i/의 F1과 F2 분포도

한편, 앞서 〈표 3.21〉에서 두 모음의 평균값의 표준편차를 보면 일본어 /i/의 경우가 한국어 /i/의 경우에 비해 F1, F2 모두에 있어서 표준편차가 큰 것으로 나타났는데, 역시 분포도에서도 한국어에 비해 일본어 /i/는 전체적으로 더 넓은 영역에 분포하는 것이 뚜렷하게 관찰된다.

이는 Lindblom(1990)이 주장한 적응분산이론(Theory of Adaptive Dispersion)과 연결시켜 생각해 볼 수 있다. 적응분산이론에 따르면, 화자들은 청자가 모음을 구분해서 알아들을 수 있을 정도로 모음 간에 서로 (음성적 영역에서) 거리가 유지되도록 발음을 하게 된다.[77] 그런데 일본어의 경우, 모음의 수가 적으므로, 일본어의 각 모음은 모음의 수가 더 많은 한국어의 모음보다 상대적으로 더 넓게 분포하게 되는 것으로 추측해 볼 수 있다.[78]

---

77) Johnson (2003:112)에서 인용함.

78) Lindblom(1990)의 적응분산이론과 관련된 음운론적 이론으로는 Flemming(1995)이 제안한 분포이론(Dispersion Theory)이 있다. Flemming(1995)은 Lindblom의 적응분산이

(나) 한국어 /e/와 일본어 /e/

한국어의 /ㅔ/와 일본어의 /え/는 IPA 기호 /e/를 공유하는 모음들로 두 모음의 F1값과 F2값의 평균값에 대해 통계적으로 분석한 결과, 다음과 같이 나타났다.

	사례수	F1 평균 (표준편차)	F2 평균 (표준편차)
한국어 /e/	16	467 (87)	2295 (209)
일본어 /e/	16	508 (72)	2286 (298)
t값		−1.45	0.1
유의확률		0.16	0.92

*: 유의수준 P〈0.05, **: 유의수준 P〈0.01

표 3.22 한국인의 한국어 /e/와 일본인의 일본어 /e/의 F1과 F2 평균값

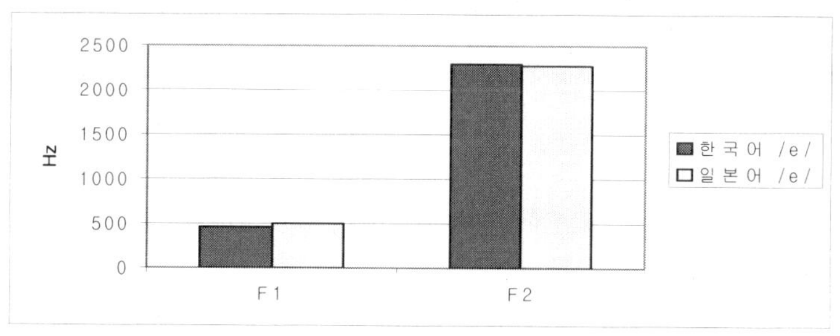

그림 3.8 한국인의 한국어 /e/와 일본인의 일본어 /e/의 F1과 F2 평균값

한국인이 발음한 한국어 /e/와 일본인이 발음한 일본어 /e/는 t검정 결과, F1과 F2값에 있어서 두 집단의 차이가 유의미하지 않은 것으로 나타났다. 이를 조음음성학적 측면에서 해석하면, 한국어 /e/와 일본어 /e/는 혀

론을 최적성이론에 접목시켜, '소리의 발성에서 가능한 소리들의 대조에 관련된 조음, 음향, 청음적 제약이 서로 충돌을 일으키는데, 최종적인 출력형은 이 충돌 관계를 적절히 해결한 형태'라고 설명한 바 있다(조성문 2005:132).

의 높낮이나 조음 위치의 전후 정도에 있어서 유사하다고 볼 수 있겠다.

이러한 본 연구의 모음 /e/에 대한 분석 결과는 이재강(1998a)과는 차이를 보인다. 이재강(1998a)에서는 한국인의 /e/와 일본인의 /e/는 F2값에 있어서 본 연구와 마찬가지로 유의미한 차이를 보이지 않았지만, F1값에 있어서는 유의수준 0.01하에서 유의미한 차이를 보였는데 일본어 /e/가 한국어 /e/보다 F1값이 높게 나타났다.

梅田博之(1983:67~68)의 연구에 따르면 한국어 /e/는 한국어 /i/보다 혀 전체가 조금 뒤쪽에서 조음되고 구강의 전부(前部)가 약간 넓어지고 그만큼 인두강이 좁아진다.[79] 즉, 한국어 /e/는 /i/보다 혀의 위치가 낮게 조음이 된다는 것인데, 본 연구에서 조사한 한국어 /e/의 F1값 역시 /i/의 F1값보다 높게 나타났다(467Hz, 311Hz). 또한 梅田博之(1983)는 일본어 /e/는 한국어 /e/와 비슷하지만 한국어 /e/를 조음할 때에 비해 인두강이 조금 더 넓다고 하였는데,[80] 그렇다면 F1값에 있어서 일본어 /e/는 한국어 /e/보다 더 낮게 나타나게 될 것이므로, 그의 분석 결과는 F1값에서 일본어 /e/가 한국어 /e/보다 더 높게 나타난 이재강(1998a)의 분석 결과와 상충된다. 본 연구의 분석 결과 역시 통계적으로 유의미한 차이는 없었지만, 일본어 /e/의 F1 평균값이 한국어 /e/보다 더 높게 나타나 梅田博之(1983)의 분석과는 차이를 보인다.

한국어 /e/와 일본어 /e/를 기본모음 [e]와의 상대적 관계를 통해 비교해 보면 다음과 같다. 城生佰太郎(1998:77)과 小泉保(1993:45)에서는 일본어 /e/는 IPA 정밀표기로 기본모음의 [e]보다 아래턱이 조금 더 열리는 [e̞]로

---

79) 앞서 2장의 모음의 조음음향학적 특징을 논할 때 언급됐듯 혀가 낮은 위치로 움직일 때 인두강의 면적은 좁아지고, 혀가 높은 위치로 움직일수록 인두강이 넓어져 낮은 주파수를 형성하게 된다.

80) 梅田博之(1983)에서는 일본어의 /e/는 한국어의 /e/(에)보다는 /æ/(애)에 가까우며, 단 /æ/의 경우 혀 전체가 뒤로 당겨져 구강전부(口腔前部)와 구강후부(口腔後部) 및 인두 공간이 거의 같은 데 비해 일본어의 /e/는 구강전부보다도 인두강 쪽이 넓다고 보았다.

표기한다고 제시한 바 있다.[81] 한국어의 /e/는 기본모음 [e]와 유사하며 장모음으로 발음될 때 [e]의 음가에 더 가깝게 발음되고 단모음으로 발음될 때 그보다 좀 더 낮은 위치에서 조음된다(이호영 1996). 이러한 견해를 고려해도, 한국어 /e/와 일본어 /e/의 상대적인 혀의 높낮이 위치에 대해 정확한 판단을 내리기 어렵다. /e/에 대한 연구들에서 /e/에 대한 관점의 차이에 대해 논하자면, 梅田博之(1983)와 이재강(1998a)에서는 한국어 /ㅔ/와 /ㅐ/를 구분하여 분석하였고, 본 연구에서는 두 모음이 합류되었다고 판단하여, 두 모음을 구분하지 않고 /ㅔ/로 분석을 했다. 그런데 이렇게 연구마다 차이를 보이는 것은 한국인의 /ㅔ/와 /ㅐ/의 합류 현상으로 인해 이호영(1996:109)에서 언급하였듯, 젊은 세대의 서울 토박이들의 일부는 /ㅔ/와 /ㅐ/를 기본모음 [e]에 가깝게 발음하고, 일부는 기본모음 [ɛ]에 가깝게 발음하고, 일부는 [e]와 [ɛ]의 중간 음가로 발음하기 때문인 것으로 추측이 된다.

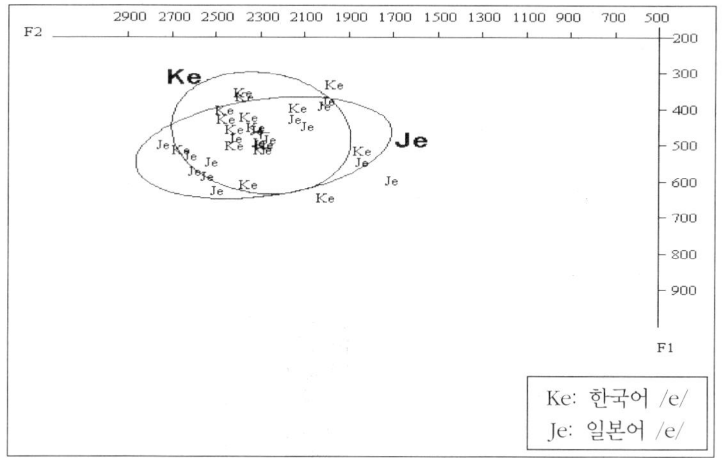

그림 3.9 한국인의 한국어 /e/와 일본인의 일본어 /e/의 F1과 F2의 분포도

---

81) IPA 표기법상, 기본모음보다 아래턱이 조금 더 열리는 경우를 [ɛ]로, 아래턱이 조금 더 닫히는 경우를 [e]로, 혀가 조금 더 전진한 경우를 [e̟]로, 혀가 조금 더 후퇴한 경우를 [e̠]로 표기한다.

〈그림 3.9〉의 한국인의 한국어 /e/와 일본인의 일본어 /e/의 F1과 F2 분포도를 보면 /i/의 분포도만큼은 아니지만, 한국어 /e/와 일본어 /e/는 상당히 넓은 영역에 있어서 서로 겹쳐지게 분포되어 있어, 두 모음의 유사성이 높음이 짐작된다.

(다) 한국어 /a/와 일본어 /a/

한국어의 /ㅏ/와 일본어의 /あ/는 IPA 기호 /a/를 공유하는 모음들로, 두 모음의 F1값과 F2값의 평균값에 대해 통계적으로 분석한 결과, 다음의 〈표 3.23〉과 같이 나타났다.

	사례수	F1 평균 (표준편차)	F2 평균 (표준편차)
한국어 /a/	16	898 (118)	1570 (158)
일본어 /a/	16	789 (175)	1613 (170)
t값		2.07	−0.74
유의확률		0.05*	0.46

*: 유의수준 $P \langle 0.05$, **: 유의수준 $P \langle 0.01$

표 3.23 한국인의 한국어 /a/와 일본인의 일본어 /a/의 F1과 F2 평균값

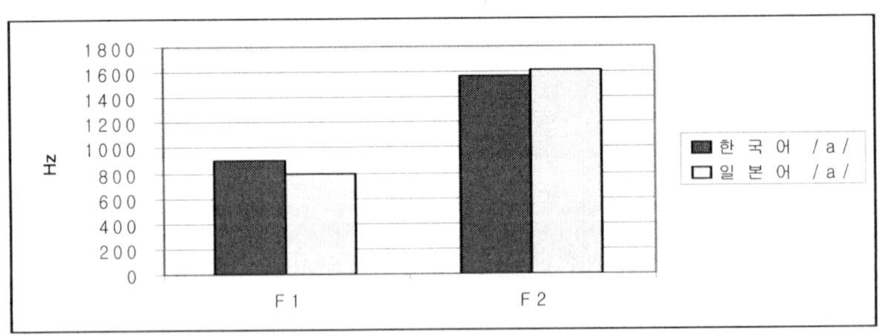

그림 3.10 한국인의 한국어 /a/와 일본인의 일본어 /a/의 F1과 F2 평균값

한국인이 발음한 한국어 /a/와 일본인이 발음한 일본어 /a/는 t검정 결과, F1에 있어서 유의수준 0.05하에서 유의미한 차이가 있었는데, 한국어 /a/가 일본어 /a/보다 F1의 수치가 높게 나타났다. F2의 평균값은 일본어 /a/가 한국어 /a/보다 조금 더 높았지만, 통계적으로 두 집단 간의 차이가 유의미하게 나타나지는 않았다.

이러한 분석 결과를 조음음성학적 측면에서 보면 다음과 해석할 수 있겠다. 한국어 /a/의 F1이 일본어의 F1에 비해 낮은 것으로 미루어 한국어 /a/와 일본어 /a/를 발음할 때, 한국어의 경우가 혀 높이에 있어서 좀 더 낮은 지점에서 발음되는 것으로 볼 수 있겠다. 즉, 한국어 /a/가 일본어 /a/보다 조음 시 개구도가 더 큰 것으로 볼 수 있겠다. 또한 F2의 차이가 통계적으로 유의미하지 않게 나타난 것으로 보아, 한국어 /a/와 일본어 /a/는 조음 위치의 전후 정도에 있어서는 유사하다고 할 수 있겠다.[82]

한국어와 일본어 모음 /a/에 대한 본 연구의 분석 결과는 이재강(1998a)의 연구 결과와 차이를 보인다. 이재강(1998a)에서는 F1값과 F2값에 있어서 한국어와 일본어 /a/는 통계적으로 유의미한 차이를 보이지 않는 것으로 나타났다. Kwon(2007)의 연구와는 F2값에서는 유의미한 차이를 보이지 않고 F1값에 있어서만 유의미한 차이를 보였다는 점에서는 일치하지만, 유의수준의 정도에 있어서 본 연구와 차이를 보인다. Kwon(2007)에서는 F1의 값에 있어서 유의수준 0.01하에서 차이가 유의미한 것으로 나타나, F1값에 있어서 본 연구에 비해 한국어 /a/와 일본어 /a/의 차이가 더 뚜렷하게 나타났다.

---

82) 한국어 /a/와 일본어 /a/의 조음 시 성도 모양은 거의 같다. 둘 다 구강 전체의 공간이 넓고, 인두강은 매우 좁다(梅田博之 1983:68).

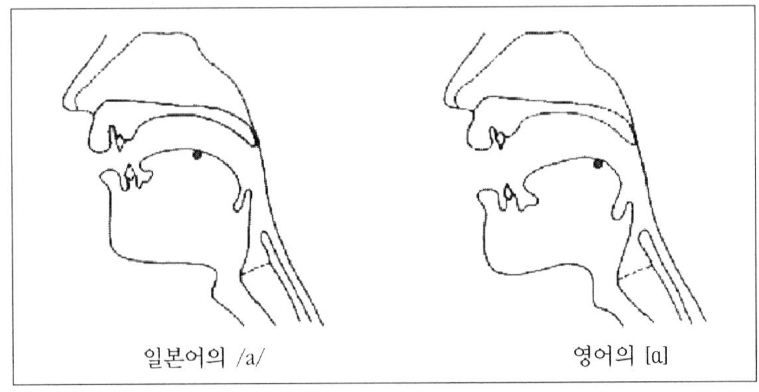

그림 3.11   일본어의 /a/와 영어의 [ɑ]의 혀의 모양[83]

한편, 한국어 /a/와 일본어 /a/를 기본모음과의 관계를 통해 비교해 보면 다음과 같이 설명할 수 있다. 위 〈그림 3.11〉은 일본어 /a/와 기본모음 [ɑ]와 거의 일치하는 영어 [ɑ]의 조음 시 혀의 모양을 나타낸 단면도이다. 기본모음 [ɑ]는 미국식 영어의 'hot[hɑt]'의 [ɑ]에 해당하는데, 위 그림에서처럼 [ɑ]를 조음할 때 입이 크게 벌어지고 혀가 뒤로 밀려 있다. 그에 비해 일본어의 /a/는 [ɑ]보다도 입이 다소 작게 벌어지고 혀의 위치는 앞쪽이 된다.[84] 그에 비해 한국어의 /a/는 보통 기본모음 4번 [a]와 5번 [ɑ]의 중간 음가로 발음된다(이호영 1996:111).

小泉保(1993)와 이호영(1996)에서 제시한 것을 종합해 보면 한국어와 일본어의 /a/는 조음 위치가 전후 정도에 있어서는 기본모음 [a]와 [ɑ]의 사이에 있으며, 혀의 고저에 있어서는 한국어의 경우 [ɑ]와 유사하지만 일본어의 경우 [ɑ]보다 높다는 것을 알 수 있다. 따라서 한국어의 /a/와 일본어의 /a/는 조음 위치의 전후정도에 있어서는 유사할 가능성이 높으

---

83) 小泉保(1993:44)에서 인용함.
84) 일본어의 /a/는 일본어의 모음들 가운데 최대 개구도를 나타내지만 영어의 [ɑ]와 비교하면 상당히 좁은 거의 반광모음의 중간 정도이다(城生佰太郎 2003:72)

며, 혀의 고저에 있어서는 한국어가 더 낮을 것으로 추론이 되는데, 이는 본 연구의 분석 결과와 일치하는 것으로 여겨진다.

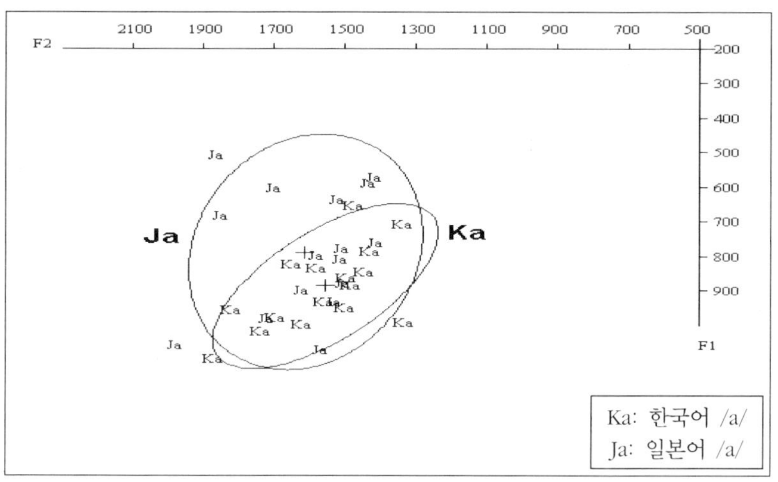

그림 3.12   한국인의 한국어 /a/와 일본인의 일본어 /a/의 F1과 F2 분포도

〈그림 3.12〉는 한국인이 발음한 한국어 /a/와 일본인이 발음한 일본어 /a/의 F1과 F2를 분포도로 나타낸 것이다. 분포도를 보면 한국어 /a/와 일본어 /a/는 상당히 넓은 영역에 걸쳐 겹쳐지게 분포하고 있는 것으로 미루어, 두 모음 간에 유사성이 높은 것으로 판단할 수 있겠다. 한편, 두 모음은 혀의 전후 위치와 관련이 있는 F2값에 있어서 두 그룹이 분포상 별 차이를 보이지 않는 데 비해, 혀의 높낮이와 관계가 있는 F1값에 있어서는 일본어 /a/ 쪽이 보다 더 수치가 높은 영역까지 분포하고 있어, 평균값 비교·분석 결과에서도 나타난 것처럼 일본어 /a/의 경우 한국어 /a/에 비해 혀의 위치가 높은 즉, 개구도가 작다는 것이 분포도에서도 잘 드러난다.

(라) 한국어 /o/와 일본어 /o/

한국어의 /ㅗ/와 일본어의 /お/는 IPA 기호 /o/를 공유하는 모음들로, 두 모음의 F1값과 F2값의 평균값을 통계적으로 분석한 결과, 다음의 〈표 3.24〉와 같이 나타났다.

	사례수	F1 평균 (표준편차)	F2 평균 (표준편차)
한국어 /o/	16	380 (66)	801 (120)
일본어 /o/	16	421 (90)	896 (109)
t값		−1.46	−2.33
유의확률		0.16	0.03*

*: 유의수준 P〈0.05, **: 유의수준 P〈0.01

표 3.24 한국인의 한국어 /o/와 일본인의 일본어 /o/의 F1과 F2 평균값

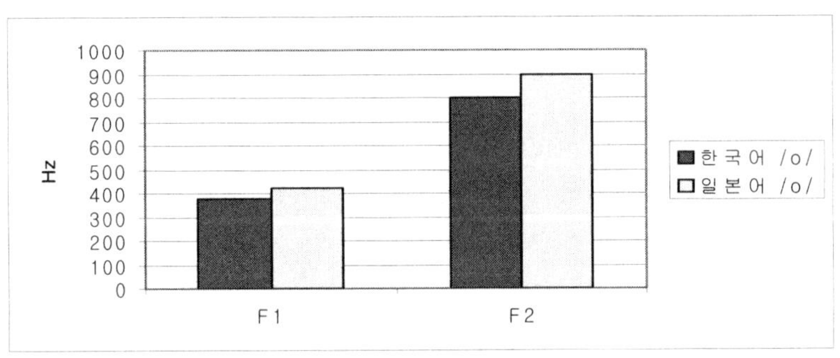

그림 3.13 한국인의 한국어 /o/와 일본인의 일본어 /o/의 F1과 F2 평균값

한국인이 발음한 한국어 /o/와 일본인이 발음한 일본어 /o/는 t검정 결과, F1값에 있어서 한국어 /o/의 평균값이 일본어 /o/의 평균값보다 낮았지만 통계적으로 유의미한 차이를 보이지는 않았다. F2값에 있어서는 유의수준 0.01하에서 유의미한 차이가 있었으며, 한국어 /o/가 일본어 /o/보

다 F2 수치가 낮은 것으로 나타났다.

이러한 결과를 조음음성학적 측면에서 해석해 보면, 한국어 /o/의 F1이 일본어의 F1과 유의미한 차이를 보이지 않은 것으로 미루어 한국어 /o/와 일본어 /o/를 발음할 때 혀의 높이에 큰 차이가 없는 것으로 간주된다. 즉, 두 모음은 개구도에 있어서 차이가 거의 없는 것으로 볼 수 있겠다. F2의 경우 한국어 /o/의 경우가 일본어의 /o/보다 낮은 것으로 나타난 것을 통해, 한국어 /o/는 일본어 /o/보다 조음 위치가 상대적으로 좀 더 뒤쪽인 것으로 생각할 수 있다. 덧붙여, 한국어 /o/와 일본어 /o/는 둘 다 원순성을 가진 원순모음이지만, 한국어 /o/가 조음 위치가 상대적으로 더 후퇴된 점으로 미루어 한국어 /o/의 경우가 원순성이 더 강한 것으로 추론해 볼 수 있다. 물론 이러한 해석이 가능한 것은 앞서 언급하였듯, 입술을 둥글게 하면 입술이 앞으로 돌출하게 되고, 그리고 그만큼 혀의 위치가 후퇴하기 때문이다.

한국어와 일본어의 /o/에 대한 본 연구의 분석 결과는 이재강(1998a)의 연구와는 부분적으로 차이를 보인다. F2값에 있어서 유의미한 차이를 보였다는 점에서는 일치하지만 이재강(1998a)에서는 F1값에 있어서도 유의미한 차이를 보였으며 일본어의 경우가 한국어보다 F1이 높게 나타났다. 본 연구의 결과도 F1의 평균값에서 일본어 /o/가 한국어 /o/보다 수치가 높았고 분포도에서 보면 F1 높은 곳까지 나타나, 이재강(1998a)의 연구 결과처럼 일본어 /o/가 한국어 /o/보다 개구도가 더 크다고 추측할 수도 있겠으나 통계적으로 유의미한 차이가 나타나지는 않으므로, 그렇게 단정하기는 힘들 것 같다.

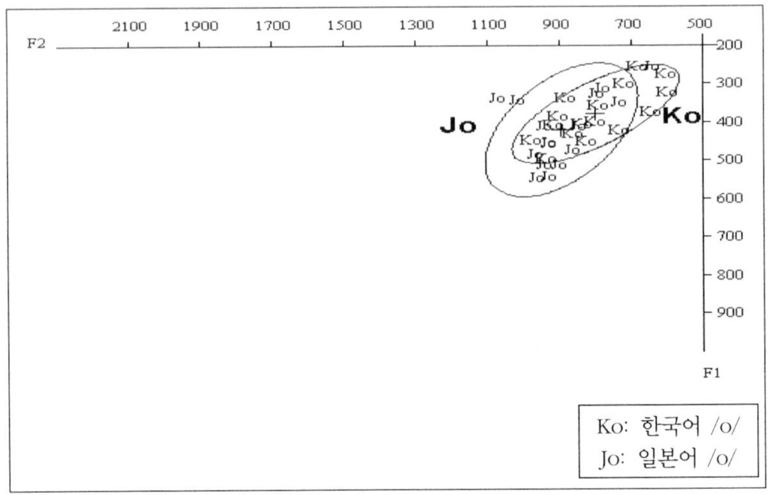

그림 3.14 한국인의 한국어 /o/와 일본인의 일본어 /o/의 F1과 F2의 분포도

〈그림 3.14〉의 한국인의 한국어 /o/와 일본인의 일본어 /o/의 F1과 F2 분포도를 보면 한국어 /o/와 일본어 /o/는 넓은 영역에 있어서 서로 겹쳐지게 분포되어 있다. 일본어 모음의 분포가 한국어의 경우보다 더 넓게 분포되어 나타나는 양상이 /a/나 /i/의 경우에 비해서 확연하게 관찰되지는 않는다.

② IPA를 공유하지 않는 대응 모음

한국어와 일본어 단모음 목록에서 IPA를 공유하지 않는 대응 모음으로는 /ɨ−ɯ/, /u−ɯ/, /ʌ−o/가 있다.

(가) 한국어 /ɨ/와 일본어 /ɯ/

한국어의 /ㅡ/는 IPA로 /ɨ/로 표기하는데, 앞서 언급하였듯 일본어의 모음 중에는 /ɨ/로 표기되는 모음이 없다. 단지 SPE식 자질 표시를 하였을 때 다수의 자질을 공유하며 이전 연구들을 통해 /ɨ/와 유사한 것으로 취급

된 적이 있는 일본어 모음으로, IPA로 /ɯ/로 표시되는 /う/가 있다.

/ɯ/는 앞서 제시된 〈그림 3.4〉의 한국어와 일본어의 모음도에서 한국어 /ɨ/와 가장 근접하게 나타나, 서로 대응 모음으로 설정되었다. 또한 2장에서 제시되었듯, 한국어 /ɨ/는 일본어 /ɯ/와 '[+high], [−low], [+back], [−round]'의 자질을 공유한다. 또한, 梅田博之(1983)나 양원석(1985:23)과 같은 선행 연구들에서는 일본어 /ɯ/는 한국어의 /u/보다는 오히려 한국어의 /ɨ/에 가깝다고 언급된 바 있다.[85] 이에 한국어 /ɨ/는 일본어 /ɯ/와 유사성이 있을 가능성이 높아, 두 모음을 대조분석하였다. 분석 결과는 다음의 〈표 3.25〉와 같이 나타났다.

	사례수	F1 평균 (표준편차)	F2 평균 (표준편차)
한국어 /ɨ/	16	386 (58)	1391 (178)
일본어 /ɯ/	16	374 (88)	1243 (236)
t값		−0.44	−2
유의확률		0.67	0.05*

*: 유의수준 $P \langle 0.05$, **: 유의수준 $P \langle 0.01$

표 3.25 한국인의 한국어 /ɨ/와 일본인의 일본어 /ɯ/의 F1과 F2 평균값

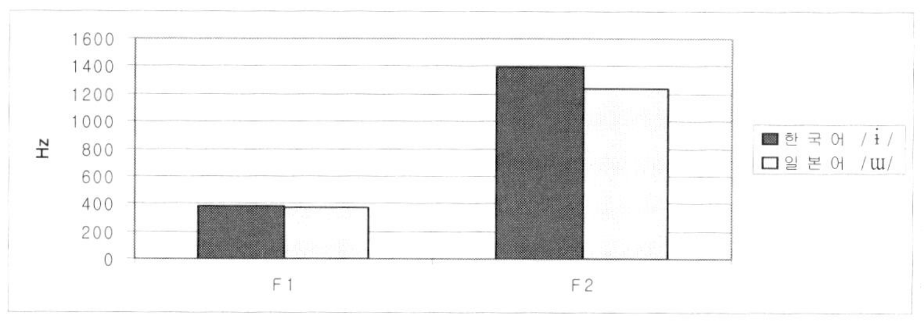

그림 3.15 한국인의 한국어 /ɨ/와 일본인의 일본어 /ɯ/의 F1과 F2 평균값

85) 특히 /s, z, c, d−/ 즉, 'ス, ズ, ツ, ヅ'의 모음은 더욱 평순화된 음으로 한국어의 모음 /ɨ/와 극히 유사하다(양원석 1985:23).

한국인이 발음한 한국어 /i/와 일본인이 발음한 일본어 /ɯ/는 t검정 결과, F1에 있어서 유의미한 차이를 보이지 않았다. F2의 평균값에 있어서는 유의수준 0.05하에서 유의미한 차이가 있었는데, 한국어 /i/가 일본어 /ɯ/보다 F2 수치가 더 높게 나타났다.

이에 따라, 한국어 /i/는 일본어 /ɯ/와 혀의 높낮이에 있어서는 유사하며, 혀의 전후 위치에 있어서는 한국어 /i/가 일본어의 /ɯ/보다도 더 앞쪽인 것으로 해석할 수 있겠다.

梅田博之(1983)에서는 일본어 /ɯ/는 한국어 /u/보다 /i/와 더 가깝기는 하지만, /ɯ/는 혀의 최고점이 약간 앞쪽이고 한국어 /i/에 비해 혀가 약간 덜 올라가서, /i/와는 인두강의 모양이 좀 다르다고 언급한 바 있다. /i/와 /ɯ/에 대한 梅田博之(1983)의 견해는 F2값, 즉 혀의 전후 위치에 있어서는 본 연구의 분석 결과와 일치하지만, F1값 즉, 혀의 고저 위치에 있어서는 본 연구의 분석과 차이가 있다고 할 수 있다.

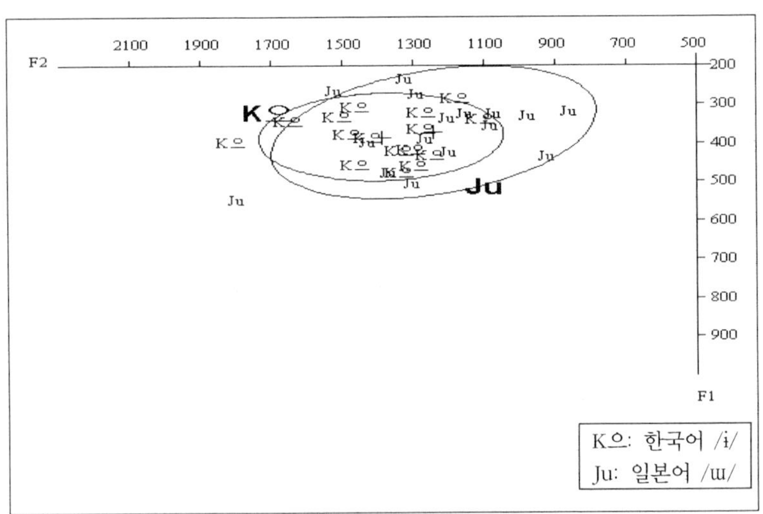

그림 3.16 한국인의 한국어 /i/와 일본인의 일본어 /ɯ/의 F1과 F2의 분포도

〈그림 3.16〉에서 보면 일본인의 일본어 /ɯ/는 앞서 F2 평균값에서 한국어 /i/와 통계적으로 유의미한 차이를 보였는데, /ɯ/는 분포도상에서도 Y축에서 /i/와는 뚜렷이 구분이 될 정도로 포먼트값이 낮은 곳까지 분포하고 있는 것을 알 수 있다. F2의 분포에 비해서는 /i/의 분포와 유사한 양상을 보이기는 하지만, F1값의 분포에 있어서 일본어 /ɯ/는 한국어 /i/보다 더 넓게 즉, F2값이 더 높은 곳과 더 낮은 곳까지 분포하고 있다. 하지만, 〈그림 3.18〉에 제시된 것처럼 일본어 /ɯ/는 한국어 /u/와는 분포를 공유하는 영역이 좁은 데 비해, 한국어 /i/와 상당히 넓은 영역에서 겹쳐지게 분포하는 것을 알 수 있다. 그러므로 일본어 /ɯ/는 상대적으로 한국어 /u/보다는 한국어 /i/와 상당한 유사성을 가지고 있는 것으로 추측이 되며, 이러한 분석은 일본어 /ɯ/가 한국어의 /u/보다는 오히려 한국어의 /i/에 가깝다는 梅田博之(1983)의 견해와 상통한다.

(나) 한국어 /u/와 일본어 /ɯ/

한국어의 /ㅜ/는 IPA로 /u/로 표기하고 일본어의 /う/는 비원순모음으로 /ɯ/로 표기가 된다. 한국어 /u/와 일본어 /ɯ/는 원순성의 유무에 있어서 차이가 있지만, 모음사각도에서 둘 다 후설 고모음의 자리에 위치하고 있다. 이에 한국어 /u/는 일본어 모음 가운데 /ɯ/와 유사성을 가질 확률이 높아, 한국어 /u/는 일본어 모음 목록 중 /ɯ/와 대조분석하였다.

	사례수	F1 평균 (표준편차)	F2 평균 (표준편차)
한국어 /u/	16	298 (41)	839 (132)
일본어 /ɯ/	16	374 (88)	1243 (236)
t값		2.18	−4.82
유의확률		0.04*	0.000**

*: 유의수준 P〈0.05, **: 유의수준 P〈0.01

표 3.26 한국인의 한국어 /u/와 일본인의 일본어 /ɯ/의 F1과 F2 평균값

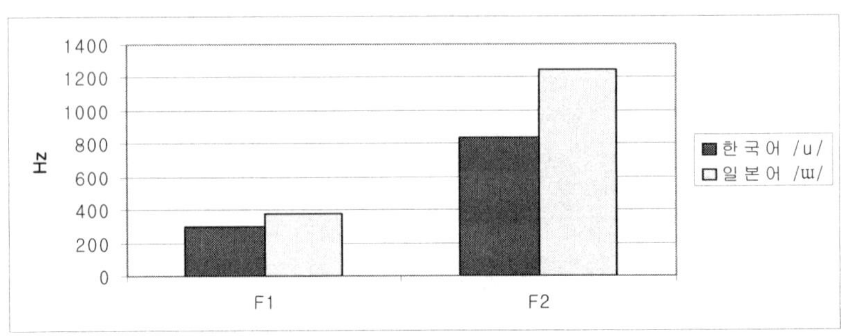

그림 3.17 한국인의 한국어 /u/와 일본인의 일본어 /ɯ/의 F1과 F2 평균값

한국인이 발음한 한국어 /u/와 일본인이 발음한 일본어 /ɯ/는 t검정 결과, F1값에 있어서는 유의수준 0.05하에서 유의미한 차이가 있었으며, F2에 있어서는 유의수준 0.01하에서 유의미한 차이가 있었다. F1값의 경우, 한국어 /u/가 일본어 /ɯ/보다 수치가 낮았으며 F2의 평균값 역시 한국인의 한국어 /u/가 일본인의 일본어 /ɯ/보다 더 낮게 나타났다.

이러한 분석 결과를 조음음성학적 측면에서 해석하자면, 한국어 /u/의 경우가 일본어 /ɯ/보다 F1의 평균값이 낮게 나타난 것으로 보아, 일본어 /u/가 혀의 높이가 더 낮은 것을 알 수 있다. 또, 한국어 /u/와 일본어의 /ɯ/는 F2값에 있어서 유의수준 0.01하에서 유의미한 차이가 있으므로, 두 모음은 혀의 전후 위치에 있어서 꽤 큰 차이가 있다고 해석할 수 있겠다. F2값에 있어서 한국어 /u/가 일본어 /ɯ/보다 더 낮게 나타난 것으로 미루어, 한국어 /u/ 쪽이 혀의 위치가 더 뒤쪽에서 조음되는 것으로 간주된다.

실제로 한국어 /u/와 일본어 /ɯ/는 조음 시 입술 모양에 있어서 음향학적으로 F2 수치에 큰 차이를 낳을 수 있는 결정적인 차이점을 가지고 있다. 일반적으로 입술을 둥글게 하면 입술이 조금 앞으로 돌출하게 되고, 그리고 그만큼 혀의 위치가 후퇴한다. 다시 말해, 입술의 전진과 혀의 후퇴는 이른바 힘의 반작용이라고 볼 수 있다(小泉保 1993:46). 이러한 점을 고려할 때 한국어 /u/가 원순모음인 데 반해, 일본어의 /ɯ/는 비원순모음이므로, 한국어의 /u/는 일본어의 /ɯ/보다 혀의 위치가 상대적으로 뒤로 이동한 것일 수밖에 없다.

성도 모양에 대해 논하자면, 한국어의 /u/는 혀 전체가 전설면을 향해서 올라가고 성도 전체가 전후로 이등분된다. 즉 후설면의 앞쪽 구강과 그것보다 뒤의 인두강이 거의 같은 크기가 된다(梅田博之 1983:69). 이에 비해 일본어 /ɯ/는 한국어 /u/의 인두강에 비해 인두강이 더 넓게 형성된다(조강희 2002:24).

이러한 결과는 이재강(1998a)의 연구와 일치한다. 이재강(1998a)에서도 역시 한국어 /u/와 일본어 /ɯ/는 F1과 F2 모두가 통계적인 유의성을 나타냈으며, 일본어가 F1과 F2에서 한국어보다 평균과 표준편차가 모두 높았다. 그리고, 조강희(2002:24)에서 일본어 /ɯ/는 입술 모양이 한국어 /u/만큼 벌림이 작지 않으며, 혀의 높이가 한국어의 경우보다 낮다고 한 것과도 상통하는 결과로 볼 수 있다.

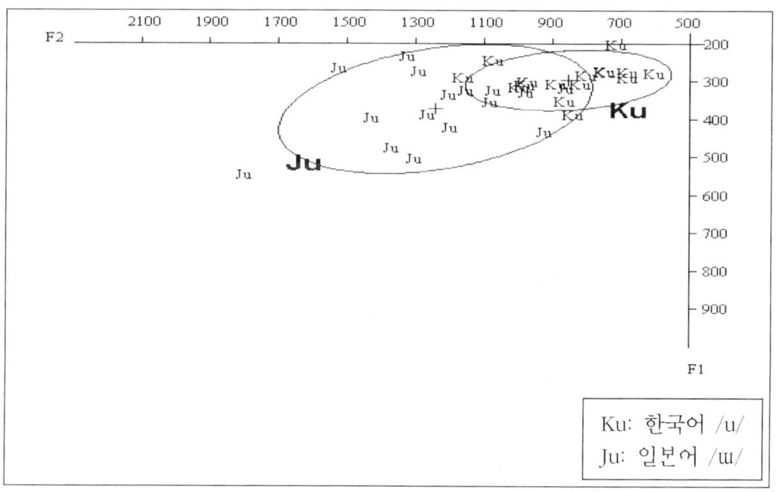

그림 3.18 한국인의 한국어 /u/와 일본인의 일본어 /ɯ/의 F1과 F2의 분포도

〈그림 3.18〉의 한국인의 한국어 /u/와 일본인의 일본어 /ɯ/의 F1과 F2의 분포도를 보면, 두 모음이 부분적으로 동일한 영역에 겹쳐서 분포되기는 하지만 일본어의 /ɯ/의 상당 부분이 한국어의 /u/와 다른 영역에 분포하는 것을 관찰할 수 있다. 또한, 포먼트 평균값의 비교 결과와 마찬가지로, /u/는 /ɯ/보다 Y축상에서 F1이 더 낮은 쪽에 분포하고 F2값을 나타내는 X축에서 /ɯ/에 비해 수치가 낮은 쪽에 분포하고 있음이 분명히 나타난다.

(다) 한국어 /ʌ/와 일본어 /o/

한국어의 /ㅓ/는 IPA로 /ʌ/로 표기하는데, 앞서 언급하였듯 일본어의 모음 중에는 /ʌ/로 표기되는 모음이 없다. 그뿐만 아니라, F1−F2 평균값으로 나타낸 〈그림 3.4〉의 모음도에서도 /ʌ/에 근접한 일본어 모음이 관찰되지 않는다. 모음도에서 일본어 5개 단모음 가운데 한국어 /ʌ/에 상대적으로 가까운 것으로는 /a/와 /o/가 있다. 허나, 본 연구의 분석 결과와 같이 일본어의 후설저모음 /a/는 한국어의 /a/와 유사성이 상당히 높은 것으로 판단된다는 점을 미루어 생각하면, 일본어 /a/가 한국어 /ʌ/와는 유사성이 거의 없을 것이라는 것을 쉽게 추론할 수 있다.

우인혜(1998a)에 따르면 일본어권 학습자들의 학습 자료에서 모음의 경우, 일반적으로 'ㅓ'와 'ㅗ', 'ㅡ'와 'ㅜ'의 혼란이 관찰되는데, 한국어에만 있는 'ㅓ'의 음가가 일본어에 있는 'ㅗ' 음가와 유사하게 인식되어 혼동을 야기한다. 우인혜(1998a)에서 언급한 모국어에 있는 'ㅗ' 음가란 일본어의 /お/ 즉, /o/를 말하는 것으로, 일본어 모음 중에서 한국어 /ʌ/와 유사할 가능성이 있는 모음으로는 /o/를 들 수 있다. 이에 한국어 /ʌ/와 일본어 /o/를 인식적 차원에서 근접한 모음들로 보고, 두 모음을 대조분석해 보니, 다음의 〈표 3.27〉과 같은 결과를 얻을 수 있었다.

	사례수	F1 평균 (표준편차)	F2 평균 (표준편차)
한국어 /ʌ/	16	736 (94)	1114 (121)
일본어 /o/	16	421 (90)	896 (109)
t값		9.62	5.31
유의확률		0.00**	0.00**

*: 유의수준 P〈0.05, **: 유의수준 P〈0.01

표 3.27 한국인의 한국어 /ʌ/와 일본인의 일본어 /o/의 F1과 F2 평균값

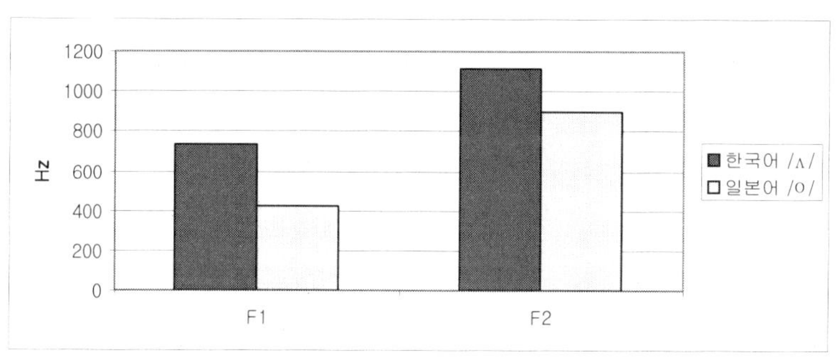

그림 3.19 한국인의 한국어 /ʌ/와 일본인의 일본어 /o/의 F1과 F2 평균값

한국인이 발음한 한국어 /ʌ/와 일본인이 발음한 일본어 /o/는 t검정 결과, F1값과 F2값 모두에 있어서 유의수준 0.01하에서 서로 유의미한 차이를 보였다. F1과 F2 모두 /ʌ/가 일본어 /o/보다 높게 나타났다.

이러한 결과를 조음음성학적 측면에서 보면, F1에 있어서 한국어 /ʌ/가 일본어 /o/보다 높은 것으로 미루어, 일본어 /o/를 조음할 때에 비해 /ʌ/를 조음할 때의 개구도가 확연히 더 크다고 할 수 있다. F2의 경우, 한국어 /ʌ/가 일본어의 /o/보다 뚜렷하게 높게 나타난 것을 통해, 한국어 /ʌ/는 일본어 /o/보다 조음 위치가 상대적으로 더 앞쪽이라는 것을 알 수 있다. 앞서 언급하였듯, 일본어 /o/는 원순모음으로 한국어 /o/보다는 원순성이

덜 하지만, 원순성을 가지지 않는 /ʌ/에 비해서는 일본어 /o/의 원순성으로 인해 혀의 위치가 한국어 /ʌ/보다 상당히 더 뒤쪽에서 조음되기 때문일 것이다.

다음의 〈그림 3.20〉은 한국인이 발음한 한국어 /ʌ/와 일본인이 발음한 일본어 /o/의 F1과 F2값을 분포도로 나타낸 것인데, 분포도상에서 /ʌ/는 일본어 /o/와는 분포를 공유하는 영역이 거의 없는 것이 관찰된다. 따라서 한국어 /ʌ/는 일본어 /o/와 유사성이 상당히 낮은 것으로 볼 수 있다.

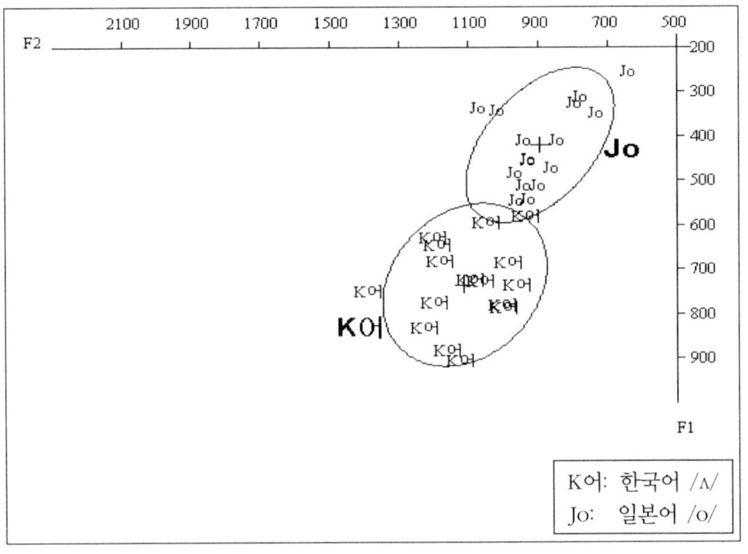

그림 3.20 한국인의 한국어 /ʌ/와 일본인의 일본어 /o/의 F1과 F2의 분포도

3.2 유사성 정도의 설정

본 연구에서는 F1 및 F2의 평균값의 유의미한 차이의 유무, F1과 F2

분포도상에서의 분포 양상을 기준으로 활용해, 한국어와 일본어 대응 모음을 대조분석한 음성 산출 실험의 결과를 바탕으로, 한국어와 일본어의 단모음 간의 유사성의 정도를 밝히고자 한다. 앞서 제시된 실험 결과에 따르면, 일본어 모음에 대한 한국어 모음의 유사성의 정도는 그 유사성의 정도가 상대적으로 크고 작음에 따라 크게 네 등급으로 분류가 된다.

먼저 한국어 단모음들 가운데 L1인 일본어 모음과 가장 유사한 모음이라고 할 수 있는 것들로는 /i/와 /e/가 있다. 일본어 모음 /i/, /e/와 IPA를 공유하는 한국어의 /i/와 /e/의 경우, 일본어 모음 /i/, /e/와 F1과 F2 수치에 있어서 차이가 통계적으로 유의미하게 나타나지 않았다. 다시 말해, 한국어의 /i/와 일본어의 /i/, 한국어의 /e/와 일본어의 /e/는 조음 시, 혀의 높낮이 혹은 개구도나 전후 위치에 있어서 거의 차이가 없이 상당히 유사하다고 할 수 있다. 이는 앞서, 〈그림 3.7〉과 〈그림 3.9〉에서 제시되었듯 F1과 F2의 분포도상에서도 대응하는 모음의 대부분이 서로 겹쳐지게 나타나 서로 거의 동일하다(identical)고 할 수 있다.

L1인 일본어에 IPA 차원에서 그에 대응하는 모음(즉, 일본어의 /a/와 /o/)이 존재하는 한국어의 /a/와 /o/의 경우는 본 연구의 실험 결과, F1과 F2의 수치에 있어서 대응하는 일본어 모음 /a/, /o/와 통계적으로 유의미한 차이를 보였다. 한국어 /a/의 경우에 대응하는 일본어 모음인 /a/와 비교했을 때, F2는 서로 차이가 없었지만, F1은 유의수준 0.05하에서 유의미한 차이를 보였다. 또한, 한국어 /o/의 경우 역시 대응하는 일본어 모음 /o/와 비교 결과, F1에서는 차이를 보이지 않았지만, F2는 유의수준 0.05하에서 유의미한 차이를 보였다. 한국어 /a/는 대응하는 일본어 모음과 혀의 높낮이 혹은 개구도에 있어서 차이가 있고, 한국어 /o/는 대응하는 일본어 모음과 혀의 전후 위치에 있어서 차이가 있는 것으로 판단된다.

그리고 〈그림 3.12〉의 분포도상에 나타난 것을 보면 한국어 /a/의 경우,

일본어의 대응 모음인 /a/와 거의 전 영역이 겹쳐져 있다. 한국어 /o/의 경우도 그와 마찬가지로 일본어 모음 /o/에 거의 전체가 겹쳐져 있다. 그러므로 일본인이 한국어를 습득할 때 한국어 /a/나 /o/는 /i, e/처럼 대응 모음과 일치하는 정도는 아니지만 역시 대응 모음과 유사성의 정도가 상당히 높은 모음으로 간주된다.

다음으로, 한국어 단모음 가운데는 일본어 모음과 IPA 기호를 공유하지 않지만, F1이나 F2의 평균값에 있어서 대응되는 모음 간의 차이가 거의 없거나 (즉, 두 모음 간의 차이가 통계적으로 유의미하지 않게 나타나거나), 혹은 F1이나 F2의 평균값에 있어서 대응하는 모음 간에 차이가 있더라도 (즉, 두 모음 간의 차이가 통계적으로 유의미하게 나타나더라도) F1과 F2 분포도상에서 비교적 넓은 영역에서 겹쳐지게 나타나는 경우가 있었다. 바로 한국어의 /u/나 한국어 /ɨ/와 같은 경우가 그러하다.

한국어의 '우(u)'는 IPA 식으로 표기를 하자면 원순 후설 고모음으로 /u/로 표기하지만, 일본어의 'う (u)'는 비원순 후설 고모음으로 /ɯ/로 표시하게 된다. 이러한 한국어의 /u/와 일본어의 /ɯ/를 IPA 표기 방식이 다르다. 그럼에도 불구하고 앞서 언급한 것처럼 두 모음을 SPE에서 제시한 자질들로 표시를 해 보면, 일어의 /ɯ/와 한국어의 /u/는 3개의 자질을 공유하고 있음을 알 수 있다. 또한, 일본어의 /ɯ/는 음소 표기나 IPA를 공유하지 않는 한국어의 /ɨ/와 4개의 공통된 자질을 공유하고 있음을 발견할 수 있다. 그러므로 일본어의 /ɯ/를 역시 IPA를 공유하지 않는다는 이유만으로 한국어 /ɨ/와 서로 유사하지 않은 것으로 판단할 수는 없다.

한국어의 /u/와 /ɨ/, 일본어의 /ɯ/, 이 세 모음들 간에 어느 정도의 유사성이 존재한다는 사실은 F1과 F2값이나 F1과 F2 분포도상에서 나타나는 모습을 관찰할 때 더 명확해진다. 음성 산출 실험의 분석 결과, 한국어의 /ɨ/와 일본어의 /ɯ/의 경우는 F1값에 있어서 차이가 거의 없었고(즉, 통계적으로 유의미한 차이를 보이지 않았고) F2값에 있어서 차이를 보였다.

또한 분포도상에서 한국어 /i/는 일본어의 /ɯ/와 거의 전 영역이 겹쳐지게 나타났다(표 3.25, 그림 3.16). 따라서 한국어의 /i/는 일본어 모음 목록에 비교적 유사한 모음이 존재하는 모음으로 여겨지며, 한국어 /a, o/와 같은 정도의 유사성을 지닌 모음으로 분류해야 할 것이다.

한국어의 /u/와 일본어의 /ɯ/는 F1과 F2값 모두에 있어서 통계적으로 유의미한 차이를 보였고, 분포도상에서도 겹쳐지는 영역이 반 정도로 나머지 반 정도는 서로 겹쳐지지 않게 나타났다(표 3.26, 그림 3.18). 그러니 한국어의 /u/는 일본어에 어느 정도 유사성을 가지고 있는 일본어 모음 /ɯ/가 존재하지만, /a, i, o/에 비해서는 그 유사성의 정도가 낮으므로 /a, i, o/와는 또 다른 부류로 분류되어야 할 것이다.

한국어 /ʌ/의 경우에는 일본어 모음 목록에 IPA 기호를 공유하는 모음이 존재하지 않고, F1−F2 평균값에 따른 모음도상에서도 근접한 모음이 존재하지 않아, 기존 연구들을 통한 추측으로 일본어 /o/와의 유사성을 조사한 결과, 한국어의 /ʌ/와 일본어의 /o/는 F1과 F2값에 있어서 통계적으로 유의미한 차이를 보였으며, 분포도상에서도 겹쳐지는 부분이 거의 없이 나타났다(표 3.27, 그림 3.20). 따라서 한국어의 /ʌ/는 일본어와 유사성의 정도가 아주 낮은 모음으로 분류하는 것이 적절할 것으로 여겨진다.

이상과 같이 본 연구에서 한국어 7개 단모음과 그에 대응하는 일본어 단모음의 F1, F2값을 비교한 것을 표로 정리하면, 다음의 〈표 3.28〉과 같다.

대응 모음	t검정 결과 차이 유무	
한국어 − 일본어	F1	F2
/i/ − /i/	차이 없음	차이 없음
/e/ − /e/	차이 없음	차이 없음
/a/ − /a/	차이 있음 ($p < 0.05$)	차이 없음
/ɨ/ − /ɯ/	차이 없음	차이 있음 ($p < 0.05$)
/o/ − /o/	차이 없음	차이 있음 ($p < 0.05$)
/u/ − /ɯ/	차이 있음 ($p < 0.05$)	차이 있음 ($p < 0.01$)
/ʌ/ − /o/	차이 있음 ($p < 0.01$)	차이 있음 ($p < 0.01$)

*: 유의수준 $P < 0.05$, **: 유의수준 $P < 0.01$

표 3.28 한국어와 일본어의 대응 모음의 포먼트값에 대한 t검정 결과

〈표 3.28〉에서 한국어와 일본어 단모음 목록에서 서로 대응되는 모음의 F1과 F2 평균값을 통계적으로 비교한 결과와 앞서 F1−F2 분포도에서 나타난 양상을 참고로 논하자면, 표에서 점선으로 구분한 것과 같이 크게 네 부류로 분류된다.

첫째, F1, F2값 모두에서 유의미한 차이를 보이는 /i−i/, /e−e/와 같은 부류가 있고, 두 번째는 F1과 F2 중 하나에서만 차이를 보이며 분포도에서 넓은 영역에 걸쳐 겹쳐지는 /a−a/, /o−o/, /ɨ−ɯ/와 같은 부류가 있다. 세 번째는 F1과 F2 둘 다에서 차이를 보이지만 분포도에서 어느 정도 영역이 겹쳐지는 /u−ɯ/와 같은 부류가 있다. 네 번째는 F1과 F2값 둘 다에서 차이를 보이며 분포도에서 겹쳐지는 부분이 전혀 없는 /ʌ−o/와 같은 부류가 있다.

이러한 분석 결과를 바탕으로 L1과 L2의 유사성의 정도에 대한 본 연구

의 분류를 추상적으로 도식화해서 나타내면 다음의 〈표 3.29〉와 같다.

유사성 등급	한국어 모음	일본어 모음
1	/e/....../e/ /i/......../i/	
2	/a/........./a/ /o/........./o/ /ɨ/........./ɯ/	
3	/u/................/ɯ/	
4	/ʌ/	/o/

표 3.29 일본어와 한국어 단모음 간의 유사성의 정도

〈표 3.29〉는 L2인 한국어 모음을 L1인 일본어에 유사한 정도에 따라 배열한 것으로, 유사성의 정도가 비슷한 대응 모음들의 경우를 같은 등급으로 분류하였다. 등급은 네 등급이 설정되었는데 1등급이 유사성이 가장 높은 모음이며, 4등급이 유사성이 가장 낮은 등급이다. /e−e/, /i−i/는 유사성이 가장 높은 1등급에 해당하고, /a−a/, /o−o/, /ɨ−ɯ/는 2등급, /u−ɯ/는 3등급, /ʌ−o/는 유사성이 가장 낮은 4등급에 해당한다.

〈표 3.29〉에서 등급과 등급 간의 경계를 실선이 아닌 점선으로 표시한 것은, 유사성의 정도에 따른 상대적인 음성 습득 양상에 대해 조사하기 위해, 편의상 유사성의 정도에 따라 네 그룹으로 범주화하기는 하였지만,

모든 대응 모음들은 완전히 다른 것부터 완전히 일치하는 것까지(유사성의 정도가 0%인 것부터 100%인 것까지) 연속선상에 놓여 있음을 추상적으로 나타낸 것이다. 마찬가지로, 대응 모음 쌍 간의 상하 간격 역시 유사성의 정도 차이를 추상적으로 보여 주는 것이다. 예를 들어, 2등급에 해당하는 /a—a/, /o—o/, /i—ɯ/는 서로 상하 간격이 좁고, /i—ɯ/는 그 아래 등급의 /u—ɯ/와 간격이 꽤 큰데, 이는 세 대응 모음, /a—a/, /o—o/, /i—ɯ/, 사이에는 유사성의 차이가 크지 않지만, /i—ɯ/와 /u—ɯ/ 간에는 전자에 비해 유사성의 정도의 차이가 크다는 것을 나타낸 것이다.

또, 표에서 한국어와 일본어의 대응 모음이 점선으로 연결되어 있는데, 이는 대응되는 두 모음 간의 유사성의 거리를 추상화한 것이다. 가장 유사성이 높은 대응 모음인 /e—e/의 경우에 점선의 길이가 가장 짧고, 그에 비해 상대적으로 서로 유사성이 낮은 대응 모음들의 경우 점선의 길이가 길다. 한편, 4등급의 /ʌ/와 /o/ 사이에는 연결 점선을 표시하지 않았는데, 이는 두 모음 간에 유사성이 거의 존재하지 않음을 나타낸 것이다.

4. 한국어 단모음 음성 습득에 대한 실험 연구

4장에서는 L1인 일본어 모음과의 유사성의 정도에 따른 일본어 화자의 한국어 단모음 음성 습득 양상을 조사하기 위해 한국어를 L2로 사용하는 일본인들의 한국어 모음에 대한 음성 산출 실험과 음성 청취 실험이 행해질 것이다. 먼저 일본인 세 집단의 음성 산출 실험의 실험 방법과 실험 결과를 기술하고, 다음으로 일본인 세 집단이 발음한 모음 음성 자료에 대한 한국인의 음성 청취 실험의 실험 방법과 실험 결과를 기술할 것이다. 그리고 마지막으로 두 실험 결과를 바탕으로 유사성에 따른 일본인 학습자의 한국어 단모음 습득 양상에 대해 논할 것이다.

음성 산출 실험에서는 음성 습득 양상을 관찰하기 위해 학습 기간 혹은 경험 기간이 다른 일본인 한국어 사용자 세 집단, 초급 학습자(BJs), 고급 학습자(AJs), 경험자(EJs)의 음성 자료를 수집 후, 분석할 것이다. 모음 발음의 정확도를 비교함에 있어서 한국인과 유사하게 발음을 할수록 정확도가 높은 것으로 볼 수 있으므로 모음 발음의 정확도 혹은 습득 정도를 판단하는 기준으로는 3장에서 분석한 한국인(Ks)의 모음이 활용될 것이다.

음성 청취 실험에서는 역시 음성 습득 양상을 관찰하기 위해 산출 실험을 통해 수집된 일본인 세 집단의 모음 음성 자료를 한국인에게 들려 주고 그에 해당하는 모음을 찾게 함으로써, 세 집단의 한국어 모음 발음의 정확도를 조사할 것이다. 물론 청취 실험 결과, 정답률이 높은 모음일수록 정확히 습득된 모음으로 판단할 수 있겠다.

그리고 4장의 마지막 부분에서는 음성 산출 실험과 청취 실험의 결과를 종합해, 일본인 화자의 한국어 모음 습득 양상에 대해 기술할 것이다.

4.1 일본인이 발화한 한국어 단모음의 음성 산출 실험

일본인의 한국어 음성 습득 양상을 조사하기 위한 일본인의 한국어 단모음 음성 산출 실험은 2006년 12월 하순부터 2007년 2월 하순까지 2개월에 걸쳐 행해졌는데, 일본인의 한국어 단모음 음성 산출 실험은 3장의 한국어와 일본어 단모음의 대조분석을 위한 음성 산출 실험과 동시에 진행이 되었다.

4.1.1 실험 방법

1) 피험자

실험 대상은 정규 한국어 교육기관에서 한국어를 배운 기간이 6개월 미만인 일본인 초급 학습자(Beginning Japanese learners of Korean, BJs) 16명, 정규 한국어 교육기관에서 한국어를 배운 기간이 1년 6개월에서 2년 미만인 일본인 고급 학습자(Advanced learners of Korean, AJs), 정규 한국어 교육기관에서 한국어를 배운 기간이 1년 이상이며, 이후에 한국에서 한국어를 사용하며 산 기간이 5년이 넘는 한국어에 대한 부가적인 경험 기간이 긴 일본인 경험자(Experienced Japanese learners of Korean, EJs) 16명으로, 모두 20~30대의 여성으로 구성되었다.[86]

본 연구에 피험자로 참가한 일본인 초급 학습자들(BJs)은 모두 서울 소재

---

86) 〈부록 3〉 참고

대학 부속 기관에서 1주일에 20시간씩 한국인 강사에 의해 한국어로 강의가 진행되는 한국어 과정에서 수업을 받고 있는 학생들로, 앞서 언급하였듯 학습 기간이 6개월 미만인 학습자들이다. 이들이 수업을 듣고 있는 과정은 10주 과정으로, 이들이 한국어 수업을 받은 기간은 두 학기 미만이며, 시간 으로 계산하면 400시간 이하인 학습자들이다.[87] 일본인 초급 학습자들(BJs) 의 평균 연령은 28세이며 한국에서 생활한 평균 기간은 3.6개월이다.

피험자 가운데 일본인 고급 학습자들(AJs)은 현재 초급 학습자들과 동 일한 한국어 과정에서 한국어 수업을 받고 있는 학생들로, 한국에서 다섯 학기 내지 일곱 학기 동안 한국 내 교육 기관을 통해 한국어를 학습한 시간이 1,000시간에서 1,400시간 정도 되는 학생들로, 한국에서의 평균 거주기간은 21.1개월이며, 평균 연령은 28.4세이다.[88] 마지막으로 일본인 경험자(EJs)는 한국 혹은 일본에 있는 교육기관에서 한국어를 학습한 기 간이 1년 이상이며, 학습 기간을 제외하고 한국에서 한국어로 생활하며 산 기간이 5년~12년 된 일본인들로 구성되었다. 이들 중 10명은 한국에 유학 온 일본 학생들로, 3명은 학부생이며, 7명은 한국에서 학부를 마치고 현재 한국에서 대학원에 재학 중인 학생들이며, 4명은 한국인과 결혼해서 한국에서 거주하고 있는 일본인이며, 1명은 일본어 강사이다. 일본인 경 험자들(EJs)의 평균 연령은 30.6세이며 (한국어 학습 기간을 제외하고) 한 국에서 생활한 평균 기간은 7.5년이다.[89]

---

87) 피험자의 한국어 학습 동기를 보면, 16명 중 8명이 학습 동기로 한국 문화 혹은 한국 사람에 관심이 있어서, 4명은 남자 친구 혹은 배우자가 한국인이어서, 3명은 한국에서 대학에 진학하고 싶어서, 1명은 가족 중 한국인이 있어서 한국어를 배운다고 밝혔다.

88) 고급 학습자(AJs)의 학습 동기로는 6명은 한국 문화 혹은 한국 사람에 관심이 있어서, 3명은 한국에서 대학 혹은 대학원에 진학하고 싶어서, 3명은 남자 친구 혹은 배우자가 한국인이어서, 2명은 전공이 한국학이어서 한국어를 배운다고 답했고, 나머지 사람들 의 학습 동기로는 한국 회사에 취직하고 싶어서(1명), 남편이 한국 주재원이어서(1명) 등이 있었다.

89) 실험 협조 요청 과정에서 알게 된 것으로, 유학생이나 한국인과 결혼한 일본인들은 대체로 한국에서 살면서 한국어로 해결해야 할 고난이도 과제들로 인해 발음을 비롯한

외국인을 위한 한국어 교육 기관들에서는 통상적으로 일주일에 20시간씩, 10주를 한 학기로 하는 프로그램의 1단계와 2단계 학생들을 초급 학습자로, 5~6단계 학생들을 고급 학습자로 본다. 본 연구에서 말하는 초급 학습자와 고급 학습자들 역시 각각 1~2단계에서 수업을 받고 있는 학생들과 5~6단계에서 수업을 받고 있는 학생들이다. 일반적으로 초·중·고급 등의 학습자의 학습 수준에 대해 논할 때는 학습자의 유창성을 근거로 하는 것이지만, 본 연구에서는 학습 기간 혹은 L2에 대한 경험 기간을 변수로 두고 있기에 유창성 등급을 엄격히 고려하지는 않은 것임을 밝혀 둔다(※참고: 14쪽).

2) 실험 도구

일본인의 한국어 모음 음성 산출 실험에서 음성 자료의 녹음과 분석에는 앞선 실험들과 마찬가지로 CSL4500이 사용되었고, 녹음에는 SM48 마이크가 사용되었다.

읽기 목록은 3장의 유사성의 정도 설정을 위한 실험에서의 한국어 읽기 문장이 그대로 사용되었다. 결과적으로 음성 산출 실험을 위해, 총 7개의 한국어 읽기 문장이 준비되었다. 그리고 같은 문장을 3개씩 넣고, 전체 문장들을 무작위로 섞어 피험자가 같은 문장을 연달아 읽는 것을 피하게 만들었다. 이런 식으로, 실험을 통해 7 X 3 X 3 X 16 (모음 수 X 반복횟수 X 피험자 집단의 수 X 피험자 수) = 1,008개의 한국어 문장의 음성 자료가 수집되었다. 그리고 한국인(Ks)이 발음한 한국어 모음 음성 자료는 3장의 실험을 통해 수집된 자료가 그대로 활용되었다.

3) 실험 절차

실험 절차 역시 3장에서 유사성의 정도 설정을 위해 실행된 음성 산출 실험과 동일하게 이루어졌다. 먼저 피험자에게 읽기 목록을 주고 읽기

한국어 능력 향상에 대한 욕구가 강한 편이었다.

목록에 있는 문장을 하나씩 읽게 하였다. 그리고 문장들을 하나하나의 파일 단위로 저장하였다.[90)

자료의 분석 역시 3장의 음성 산출 실험과 동일한 과정을 거쳐 이루어졌다. 먼저, 문장 단위로 저장된 파일을 하나씩 열어 관찰 대상인 모음 구간이 포함된 음절을 잘라 내고, 전체 모음 구간의 1/2 부분에서 포먼트값을 측정했다.[91) 포먼트값은 3장의 음성 산출 실험들과 마찬가지로 LPC 분석과 CSL4500의 숫자값 찾기(numerical value searching) 기능을 활용해 구하였다.

4.1.2 실험 결과

일본인의 한국어 모음에 대한 음성 산출 실험 결과를 분석함에 있어서 다음과 같은 네 측면이 중점적으로 관찰되었다. 먼저 일본인 세 집단이 발음한 한국어 모음 발음을 한국인이 발음한 한국어 모음과 비교하였다. 일본인 집단이 발음한 한국어 모음이 한국인의 한국어 모음과 F1과 F2값에 있어서 통계적으로 유의미한 차이를 보이지 않고, 분포도에서도 유사한 모습을 보이는 경우에 그 집단은 한국어 모음의 습득이 많이 진행된 것으로 볼 수 있을 것이다.

둘째, 모음 습득 과정에서 나타날 수 있는 발달 추이를 관찰하기 위해 일본인 세 집단이 발음한 한국어 모음 발음을 비교할 것이다. 발달 단계상 인접한 두 집단 간에 F1과 F2값에서 통계적으로 유의미한 차이를 보일 경우, 그 기간에 습득에 있어서 변화가 있는 것으로 해석할 수 있겠다.

셋째, 선행 연구를 통해 일본인이 쉽게 혼동하는 한국어 모음의 경우에 혼동이 되는 두 모음을 구분하는(혹은 혼동하는) 정도를 살펴볼 것이다.

---

90) 〈그림 3.1〉 참고.
91) 〈그림 3.2〉 참고.

F1과 F2값에 있어서 한국인의 발음과 같이 두 모음에 대한 발음이 통계적으로 유의미한 차이를 보이고, 분포도에서도 겹쳐지지 않고 분리되어 나타나는지를 관찰함으로써 역시 어느 단계에서 습득이 어느 정도 이루어졌는지를 관찰할 수 있을 것이다.

넷째, L1인 일본어에서 L2인 한국어로의 전이 현상을 관찰할 것이다. 한국어 모음과 유사성이 높은 일본어 모음 발음과 각 집단의 한국어 발음이 비교될 것이다. 유사한 일본어 모음과 한국어 모음이 F1과 F2값에 있어서 통계적으로 유의미한 차이를 보이지 않을 경우, 그들이 특정 한국어 모음을 발음할 때 L1의 특정 모음의 조음 방식을 그대로 전이시키는 것으로 볼 수 있을 것이다.

이렇게 네 측면에서의 분석 결과를 참고로 그 기간에 습득상의 긍정적인 변화가 있었는지 즉, 모음 발음이 향상되었는지를 판단할 수 있을 것이다.

각 집단 간의 F1과 F2값의 차이를 비교함에 있어서는 3장의 유사성의 정도 설정을 위한 실험에서와 마찬가지로 통계 분석 방법으로 독립표본 t검정(t-test)이 활용되었다.[92] 통계 분석 결과, $p < 0.05$인 경우를 '*'로, $p < 0.01$인 경우를 '**'로 표시하였다. 또한, p값이 0.05보다 커서 두 집단의 차이가 통계적으로 유의미하지 않은 경우는 'not significant'를 줄여서 'n.s.'로 표시하였다. 한편, 3장에서 유사성의 정도를 분석하기 위해 유의확률을 제시하였지만, 4장에서는 유사성의 정도성보다는 각 집단 간의 차이가 유의미한가를 비교하는 것이 목적이므로, 필요한 경우가 아니면 유의확률의 구체적 수치는 제시하지 않았다.

또한 3장의 경우와 마찬가지로 비교하고자 하는 집단의 모음 발음을 'JplotFormant v.14'를 활용하여, 포먼트 분포도를 통해 나타내었다. 분포도에서 좌표점들은 피험자 한 사람이 3번 반복한 값의 평균값을 표시한 것이며, 분포도에서 타원 안의 '+' 표시는 각 집단의 평균값(mean)을 나타

---

92) 독립표본 t검정에 대한 것은 3.2를 참고할 것.

냈다. 한 집단의 모음의 분포를 나타내는 타원(ellipse)이 한국인(Ks)의 타원과 많이 겹쳐질수록 그 집단은 해당 모음을 한국인과 유사하게 조음할 가능성이 있는 것으로 볼 수 있다.

1) 일본어 모음과 동일한 모음

① 한국어 /i/

(가) 일본인 세 집단과 한국인(Ks)의 비교

다음은 한국인과 일본인 세 집단이 발음한 한국어 /i/의 F1값과 F2값의 평균을 제시한 것이다. 괄호 안의 수치는 표준편차를 나타낸 것이다.

	F1 평균 (표준편차)	F2 평균 (표준편차)
Ks	311 (33)	2501 (279)
EJs	290 (41)	2500 (299)
AJs	287 (39)	2459 (299)
BJs	290 (39)	2455 (355)

표 4.1 한국인과 일본인의 한국어 /i/의 F1과 F2 평균값

이러한 결과를 바탕으로 일본인 세 집단의 /i/ 발음을 한국인의 것과 각각 비교한 결과, 다음의 〈표 4.2〉, 〈표 4.3〉과 같이 나타났다.

	F1 평균 (표준편차)	F2 평균 (표준편차)
BJs의 /i/	290 (39)	2455 (355)
Ks의 /i/	311 (33)	2501 (279)
t검정 결과	n.s.	n.s.

*: 유의수준 P〈0.05, **: 유의수준 P〈0.01

표 4.2 초급 학습자(BJs)와 한국인(Ks)의 한국어 /i/의 F1과 F2 평균값

	F1 평균 (표준편차)	F2 평균 (표준편차)
AJs의 /i/	287 (39)	2459 (299)
Ks의 /i/	311 (33)	2501 (279)
t검정 결과	n.s.	n.s.

*: 유의수준 P〈0.05, **: 유의수준 P〈0.01

표 4.3 고급 학습자(AJs)와 한국인(Ks)의 한국어 /i/의 F1과 F2 평균값

	F1 평균 (표준편차)	F2 평균 (표준편차)
EJs의 /i/	290 (41)	2500 (299)
Ks의 /i/	311 (33)	2501 (279)
t검정 결과	n.s.	n.s.

*: 유의수준 P〈0.05, **: 유의수준 P〈0.01

표 4.4 경험자(EJs)와 한국인(Ks)의 한국어 /i/의 F1과 F2 평균값

통계 분석 결과를 보면, t검정 결과, 초·고급 학습자나 경험자 집단 모두 /i/의 F1과 F2값에 있어서 한국인과 통계적으로 유의미한 차이를 보이지 않았다. 따라서 일본인 초·고급 학습자와 경험자 집단 모두 한국어 /i/를 조음할 때, 혀의 높낮이 혹은 개구도와 혀의 전후 위치에 있어서 한국인과 차이가 거의 없는 것으로 볼 수 있다.

한국어 모음 /i/는 일본인에게는 초급 학습자도 한국인과 별 차이 없이 발음할 수 있다는 의미로 받아들여지며, 습득에 있어서 난이도가 아주 낮은 모음으로 판단할 수 있겠다. 이는 /i/는 기본모음 가운데서도 다른 모음들에 비해 가장 변별적인 상대적으로 무표적인 모음으로 전 세계 어느 언어에도 존재하는, 발음하기도 쉽고 배우기도 쉬운 모음이기도 하고, 또 앞서 3장에서 유사성의 설정 시 나타났듯이 일본어 모음 목록에서 대응하

는 모음인 일본어 /i/와 조음 위치에 있어서 차이가 거의 없을 정도로 유사성이 높기 때문일 것이다.

(나) 발달 추이 관찰; 일본인 집단 간의 비교

다음의 〈표 4.5~4.6〉은 F1과 F2 값에 있어서 일본인 세 집단인 BJs, AJs, EJs의 차이를 발달 단계상 인접한 두 집단 간의 차이를 분석한 것이다.

	F1 평균 (표준편차)	F2 평균 (표준편차)
BJs의 /i/	292 (20)	2455 (355)
AJs의 /i/	287 (39)	2459 (299)
t검정 결과	n.s.	n.s.

*: 유의수준 P〈0.05, **: 유의수준 P〈0.01

표 4.5 초급 학습자(BJs)와 고급 학습자(AJs)의 한국어 /i/의 F1과 F2 평균값

	F1 평균 (표준편차)	F2 평균 (표준편차)
AJs의 /i/	287 (39)	2459 (299)
EJs의 /i/	290 (41)	2500 (299)
t검정 결과	n.s.	n.s.

*: 유의수준 P〈0.05, **: 유의수준 P〈0.01

표 4.6 고급 학습자(AJs)와 경험자(EJs)의 한국어 /i/의 F1과 F2 평균값

초급 학습자가 발음한 한국어 /i/와 고급 학습자가 발음한 한국어 /i/는 t검정 결과, F1값과 F2값에 있어서 유의미한 차이를 보이지 않았다. 또한 〈표 4.6〉에서 보듯이 고급 학습자와 경험자 집단 간에도 역시 각각 F1과 F2값에 있어서 유의미한 차이를 나타내지 않았다.

따라서 한국어 /i/를 습득하는 데에 있어서 학습 기간이나 한국어에 대한 경험 기간이 큰 변수가 될 수 없다고 볼 수 있다. 학습 기간이 6개월된 초급 학습자 집단도 이미 /i/를 한국인과 유사하게 발음할 수 있으므로, 일본인에게 한국어 모음 /i/는 습득에 있어서 발달의 여지가 없는 즉, 천장효과(ceiling effect)가 나타나는 모음이라고 할 수 있다.

(다) 전이 양상; 일본어 /i/로부터의 전이

다음의 〈표 4.7~표 4.9〉는 한국어 /i/를 발음할 때 L1인 일본어의 조음 방식이 어떻게 L2인 한국어 조음 방식에 전이되는지 그 양상을 살펴보기 위해, 일본인 세 집단이 발음한 한국어 /i/와 한국어 /i/와 대응되는 모음인 일본어 /i/의 F1과 F2값을 비교한 것이다.

	F1 평균 (표준편차)	F2 평균 (표준편차)
BJs의 일본어 /i/	284 (41)	2481 (369)
BJs의 한국어 /i/	290 (39)	2455 (355)
t검정 결과	n.s.	n.s.

*: 유의수준 P〈0.05, **: 유의수준 P〈0.01

표 4.7 초급 학습자(BJs)의 일본어 /i/와 한국어 /i/의 F1과 F2 평균값

	F1 평균 (표준편차)	F2 평균 (표준편차)
AJs의 일본어 /i/	292 (51)	2490 (419)
AJs의 한국어 /i/	287 (39)	2459 (299)
t검정 결과	n.s.	n.s.

*: 유의수준 P〈0.05, **: 유의수준 P〈0.01

표 4.8 고급 학습자(AJs)의 일본어 /i/와 한국어 /i/의 F1과 F2 평균값

	F1 평균 (표준편차)	F2 평균 (표준편차)
EJs의 일본어 /i/	289 (42)	2497 (420)
EJs의 한국어 /i/	290 (41)	2500 (299)
t검정 결과	n.s.	n.s.

*: 유의수준 P〈0.05, **: 유의수준 P〈0.01

표 4.9　경험자(EJs)의 일본어 /i/와 한국어 /i/의 F1과 F2 평균값

〈표 4.7~표 4.9〉에서 보는 것처럼 t검정 결과, 일본인 세 집단이 발음한 한국어 /i/는 그들이 발음한 일본어 /i/와 F1과 F2의 평균값에 있어서 통계적으로 유의미한 차이를 보이지 않았다. 그러므로 초급 학습자나 고급 학습자, 경험자 집단 모두 L1인 일본어의 /i/의 조음 방식을 한국어 /i/를 조음하는 데에 그대로 전이시키는 것으로 볼 수 있다.

3장에서 유사성의 정도를 설정하는 과정에서, 한국어 /i/와 일본어 /i/는 유사성이 높은 모음으로 분류되었었는데, 두 모음의 높은 유사성으로 인해 일본인 학습자들이 /i/를 습득 혹은 학습할 때 L1인 일본어 /i/를 그대로 전이시켰을 경우에 긍정적 전이가 발생해, 성공적으로 한국인과 같은 한국어 /i/의 조음이 가능한 것으로 여겨진다. 3장에서 한국어 /i/와 일본어 /i/는 엄밀히 말하자면 개구도에 있어서는 근소하나마 차이가 있는 것으로 나타났었다.[93] 그럼에도 일본인이 발음한 한국어 /i/는 개구도와 관련이 있는 F1값에서 한국인의 한국어 /i/보다 낮게 나타나기는 했지만 통계적으로 유의미하게 나타날 정도로 확연히 관찰되지는 않았다.

---

93) 한국어 /i/와 일본어 /i/는 F1 값에서 유의확률이 0.07로 나타났다(표 3.21 참고).

(라) 분포 양상

　〈그림 4.1〉은 한국인 집단과 일본인 세 집단의 /i/의 F1과 F2의 평균값을 나타낸 분포도이다. 분포도를 보면 네 집단을 표시하는 타원이 서로 구분이 되기 힘들 정도로 복잡하게 겹쳐져 있는 것을 볼 수 있다. 분포도에서 네 집단의 타원이 서로 유사하게 분포하고 있기는 하지만, 일본인 세 집단의 타원이 한국인의 경우에 비해 Y축상에서 수치가 작은 부분까지 걸쳐있어, 일본인의 경우 한국인들보다 개구도를 크게 해서 한국어 /i/를 조음하는 화자들이 있음을 알 수 있다.

　네 집단의 타원의 크기를 통해 분석하자면 일본인 세 집단의 /i/가 한국인의 /i/보다 대체로 더 넓은 영역에 분포하고 있다. 이는 3장에서 적응분산이론으로 일본어 /i/가 한국어 /i/에 비해 넓게 분포한 것에 대해 설명한 바 있는데, 분포 양상을 통해서도 일본어 /i/의 조음 방식이 한국어 /i/를 조음할 때 전이된 것을 확인할 수 있다.

　또한 분포도에서 일본인 세 집단 중 한국인의 타원과 더 넓은 영역에 걸쳐 겹쳐지는 특정 집단이 발견되지 않는데, 따라서 평균값을 비교한 결과와 마찬가지로 한국어에 대한 학습 혹은 경험 기간이 /i/의 습득에 영향을 미치지 않는 것으로 판단된다.

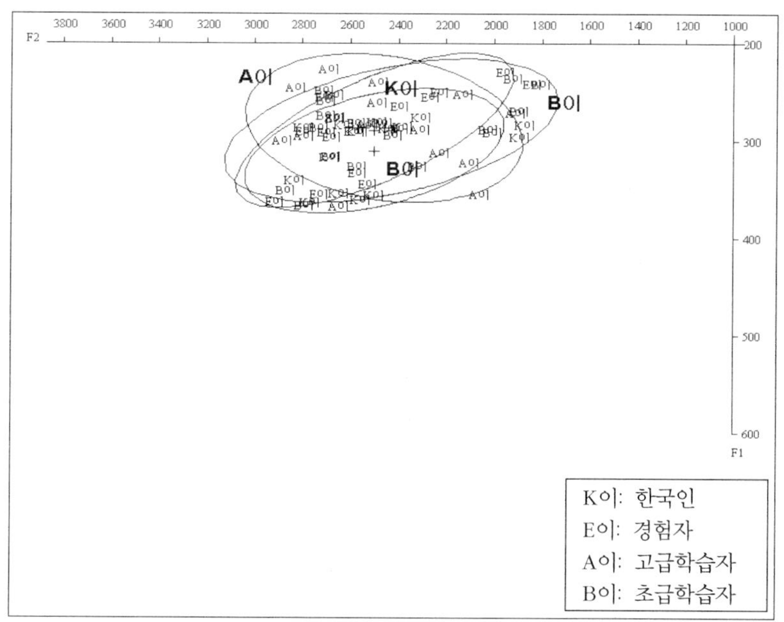

그림 4.1 일본인 세 집단과 한국인의 한국어 /i/의 F1과 F2 분포도

(마) /i/의 음성 습득 양상

다음은 본 절의 (가)~(다)에서 /i/의 F1과 F2값을 가지고 일본인 세 집단과 한국인(Ks)의 비교한 것과 일본인 집단 간의 비교 결과, 그리고 일본인 세 집단의 일본어 /i/와의 비교 결과를 학습 기간을 포함한 경험 기간의 길이에 따라 조음 위치에 있어서 어떠한 습득 양상을 보이는지를 알아보기 쉽게 도식화한 것이다.

〈표 4.10~표 4.12〉에서 Ⅰ, Ⅱ, Ⅲ은 각각 초급 학습자(BJs), 고급 학습자(AJs), 경험자(EJs) 집단의 한국어에 대한 (학습 기간을 포함한) 경험 기간의 길이를 나타낸 것이다. 경험 기간은 피험자들의 최소 한국 거주 기간과 최대 거주 기간을 표시한 것이다. 예를 들어, 초급 학습자 집단(BJs)의 구성원은 한국 거주 기간이 최소 2개월에서 6개월이므로 경험 기간이 2~6

개월로 표시되었다.[94)

경험 기간	I (2~6개월)	II (18~36개월)	III (6~14년)
혀의 높낮이(개구도)	○	○	○
혀의 전후 위치	○	○	○

표 4.10 한국인과 같은 /i/의 조음 능력 습득 여부

경험 기간	I - II	II - III
혀의 높낮이(개구도)	×	×
혀의 전후 위치	×	×

표 4.11 한국어 /i/의 학습 및 경험 기간에 따른 발달 추이

경험 기간	I (2~6개월)	II (18~36개월)	III (6~14년)
혀의 높낮이(개구도)	○	○	○
혀의 전후 위치	○	○	○

표 4.12 한국어 /i/ 조음 시 일본어 /i/로부터의 전이 여부

3장에서 유사성의 정도를 설정하는 과정에서 밝혀졌듯 한국어 /i/와 일본어 /i/는 F2 평균값에서 유의미한 차이가 나타나지 않았으며 F1값에서는 통계적으로 근소한 차이를 보였지만, 분포도로 볼 때 유사성이 높은 관계로 나타났다. 다시 말해, 한국어와 일본어 /i/는 조음 위치에 있어서 큰 차이가 없다고 할 수 있는데, 그로 인해 일본인 학습자들이 /i/를 습득

---

94) 〈부록 3〉 참고.

혹은 학습할 때 L1인 일본어 /i/의 조음 방식을 그대로 전이시키고 있으며, 그 덕분에 한국인과 같은 발음의 한국어 /i/를 성공적으로 조음하는 것이 가능한 것으로 간주된다.

더욱이 〈표 4.12〉에서 보듯이 학습 기간이 6개월이 안 되는 초급 학습자(BJs)의 경우도 한국인과 같이 /i/를 조음할 수 있는 것으로 나타나, /i/는 일본인 학습자에게 학습의 아주 초기 단계에 습득이 이루어지는 습득의 난이도가 상당히 낮은 발음으로 판단된다. 그 때문에 L1인 일본어와 L2인 한국어의 높은 유사성으로 인해 한국인과 같은 발음을 습득하기 위한 향상의 여지가 거의 없어, 학습 기간이나 경험 기간이 습득에 큰 변수로 작용하지 않는 것으로 해석된다.

② 한국어 /e/

(가) 일본인 세 집단과 한국인(Ks)의 비교

일본인 세 집단과 한국인(Ks)이 발음한 한국어 /e/를 비교하기 위해 그들이 발음한 한국어 /e/의 F1값과 F2값의 평균값 및 표준편차를 구하였다. 다음의 〈표 4.13〉은 네 집단이 발음한 한국어 /e/의 F1과 F2의 평균값과 표준편차를 제시한 것이다.

	F1 평균 (표준편차)	F2 평균 (표준편차)
Ks	467 (87)	2295 (209)
EJs	485 (90)	2269 (268)
AJs	486 (75)	2304 (276)
BJs	489 (86)	2370 (288)

표 4.13 한국인과 일본인의 한국어 /e/의 F1과 F2 평균값

다음의 〈표 4.14~표 4.16〉은 일본인이 발음한 /e/의 F1과 F2를 각 집단별로 한국인의 경우와 비교한 결과이다.

	F1 평균 (표준편차)	F2 평균 (표준편차)
BJs의 /e/	489 (86)	2370 (288)
Ks의 /e/	467 (87)	2295 (209)
t검정 결과	n.s.	n.s.

*: 유의수준 P〈0.05, **: 유의수준 P〈0.01

표 4.14 초급 학습자(AJs)와 한국인(Ks)의 한국어 /e/의 F1과 F2 평균값

	F1 평균 (표준편차)	F2 평균 (표준편차)
AJs의 /e/	486 (75)	2304 (276)
Ks의 /e/	467 (87)	2295 (209)
t검정 결과	n.s.	n.s.

*: 유의수준 P〈0.05, **: 유의수준 P〈0.01

표 4.15 고급 학습자(AJs)와 한국인(Ks)의 한국어 /e/의 F1과 F2 평균값

	F1 평균 (표준편차)	F2 평균 (표준편차)
EJs의 /e/	485 (90)	2269 (268)
Ks의 /e/	467 (87)	2295 (209)
t검정 결과	n.s.	n.s.

*: 유의수준 P〈0.05, **: 유의수준 P〈0.01

표 4.16 경험자(EJs)와 한국인(Ks)의 한국어 /e/의 F1과 F2 평균값

통계 분석 결과를 보면, 일본인 세 집단 모두 /e/의 F1과 F2값에 있어서 한국인의 경우와 통계적으로 유의미한 차이를 보이지 않았다. 일본인 초·고급 학습자와 경험자 집단 모두 한국어 /e/를 조음할 때, 혀의 높낮이 혹은 개구도와 혀의 전후 위치에 있어서 한국인과 차이가 거의 없는 것으로 여겨진다.

(나) 발달 추이 관찰; 일본인 집단 간의 비교

다음의 〈표 4.17~표 4.18〉은 F1과 F2값에 있어서 일본인 세 집단 간의 차이를 발달 단계상 인접한 두 집단 간의 F1과 F2값을 비교한 것이다.

	F1 평균 (표준편차)	F2 평균 (표준편차)
BJs의 /e/	489 (86)	2370 (288)
AJs의 /e/	486 (75)	2304 (276)
t검정 결과	n.s.	n.s.

*: 유의수준 P〈0.05, **: 유의수준 P〈0.01

표 4.17 초급 학습자(BJs)와 고급 학습자(AJs)의 한국어 /e/의 F1과 F2 평균값

	F1 평균 (표준편차)	F2 평균 (표준편차)
AJs의 /e/	486 (75)	2304 (276)
EJs의 /e/	485 (90)	2269 (268)
t검정 결과	n.s.	n.s.

*: 유의수준 P〈0.05, **: 유의수준 P〈0.01

표 4.18 고급 학습자(AJs)와 경험자(EJs)의 한국어 /e/의 F1과 F2 평균값

초급 학습자가 발음한 한국어 /e/와 고급 학습자가 발음한 한국어 /e/는 t검정 결과, F1값과 F2값에 있어서 유의미한 차이를 보이지 않았으며, 〈표 4.18〉에서 보듯이 고급 학습자와 경험자 집단 간에도 역시 각각 F1과 F2값에 있어서 유의미한 차이를 나타내지 않았다. 그러므로 한국어 /i/와 마찬가지로 학습 기간이나 한국어에 대한 경험 기간이 장기화되는 것이 한국어 /e/를 습득하는 데에 중요한 변수로 작용할 수 없다고 볼 수 있겠다.

그리고 초급 학습자(BJs)의 /e/와 한국인(Ks)의 /e/ 간에도 유의미한 차이가 관찰되지 않아, 한국인이 발음한 한국어 /e/와 일본인이 발음한 한국어 /e/는 조음 위치상 차이가 거의 없다고 할 수 있으므로, 한국어 /e/는 한국어 /i/와 마찬가지로 일본인학습자에게 습득의 난이도가 상당히 낮아 학습의 아주 초기 단계에 성공적으로 습득이 되는 발음이라고 할 수 있다.

(다) 전이 양상; 일본어 /e/로부터의 전이

한국어 /e/를 발음할 때 L1인 일본어의 조음 방식이 어떻게 L2인 한국어 조음 방식에 전이되는지 그 양상을 살펴보기 위해, 일본인 세 집단이 발음한 한국어 /e/와 그들이 발음한 일본어 /e/의 F1과 F2값을 비교하였다.

	F1 평균 (표준편차)	F2 평균 (표준편차)
BJs의 일본어 /e/	500 (76)	2310 (287)
BJs의 한국어 /e/	489 (86)	2370 (288)
t검정 결과	n.s.	n.s.

*: 유의수준 P〈0.05, **: 유의수준 P〈0.01

표 4.19 초급 학습자(BJs)의 일본어 /e/와 한국어 /e/의 F1과 F2 평균값

	F1 평균 (표준편차)	F2 평균 (표준편차)
AJs의 일본어 /e/	495 (73)	2293 (217)
AJs의 한국어 /e/	489 (86)	2370 (288)
t검정 결과	n.s.	n.s.

*: 유의수준 P〈0.05, **: 유의수준 P〈0.01

표 4.20 고급 학습자(AJs)의 일본어 /e/와 한국어 /e/의 F1과 F2 평균값

	F1 평균 (표준편차)	F2 평균 (표준편차)
EJs의 일본어 /e/	517 (79)	2332 (308)
BJs의 한국어 /e/	489 (86)	2370 (288)
t검정 결과	n.s.	n.s.

*: 유의수준 P〈0.05, **: 유의수준 P〈0.01

표 4.21 경험자(EJs)의 일본어 /e/와 한국어 /e/의 F1과 F2 평균값

통계 분석 결과, 〈표 4.19~표 4.21〉에서 보듯이, 일본인 세 집단의 한국어 /e/는 그들이 발음한 일본어 /e/와 F1과 F2의 평균값에 있어서 통계적으로 유의미한 차이를 보이지 않은 점으로 미루어, 초급 학습자나 고급 학습자, 경험자 모두 L1인 일본어의 /e/의 조음 방식을 한국어 /e/를 조음하는 데에 그대로 전이시키는 것으로 해석된다. 한국어 /e/와 일본어 /e/는 3장에서 유사성의 정도를 설정하는 과정에서 언급된 것처럼 F1과 F2 평균값에서 유의미한 차이가 나타나지 않았다. 즉, 조음 위치에 있어서 거의 차이가 없다고 할 수 있는데, 그로 인해 일본인 학습자들이 /e/를 조음할 때 L1인 일본어 /e/를 그대로 전이시켰을 경우에 긍정적인 전이가 발생하여, 성공적으로 한국인의 것과 같은 한국어 /e/가 조음 가능한 듯하다.

(라) 분포 양상

다음의 〈그림 4.2〉는 일본인 세 집단과 한국인이 발음한 /e/의 F1과 F2를 분포도로 나타낸 것이다.

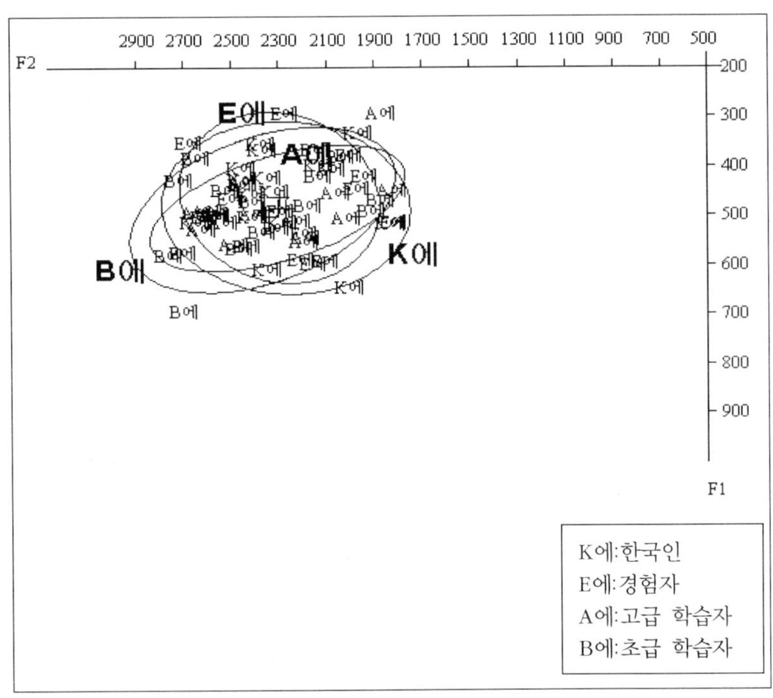

〈그림 4.2〉 일본인 세 집단과 한국인의 한국어 /e/의 F1과 F2 분포도

〈그림 4.2〉의 분포도를 보면, 네 집단을 표시하는 타원이 넓은 부분에서 서로 겹쳐져 있는 것을 볼 수 있으며, 일본인 세 집단 중 상대적으로 한국인 집단의 타원에 더 넓은 영역에 걸쳐 겹쳐지는 특정 집단이 관찰되지는 않는다. 이에 따라, 평균값을 비교한 결과와 마찬가지로 한국어에 대한 학습 혹은 경험 기간이 장기화되는 것이 /e/의 습득에 영향을 미칠 가능성이 희박한 것으로 생각할 수 있겠다.

(마) /e/의 음성 습득 양상

경험 기간	I (2~6개월)	II (18~36개월)	III (6~14년)
혀의 높낮이(개구도)	○	○	○
혀의 전후 위치	○	○	○

표 4.22 한국인과 같은 한국어 /e/의 조음 능력 습득 여부

경험 기간	I - II	II - III
혀의 높낮이(개구도)	×	×
혀의 전후 위치	×	×

표 4.23 한국어 /e/의 학습 및 경험 기간에 따른 발달 추이

경험 기간	I (2~6개월)	II (18~36개월)	III (6~14년)
혀의 높낮이(개구도)	○	○	○
혀의 전후 위치	○	○	○

표 4.24 한국어 /e/ 조음 시 일본어 /e/로부터의 전이 여부

3장에서 한국어 /e/와 일본어 /e/는 F1, F2값에서 통계적으로 유의미한 차이를 보이지 않는, 유사성의 정도가 아주 높은 것으로 밝혀졌었다. 다시 말해, 한국어와 일본어 /e/는 조음 위치에 있어서 차이가 거의 없다고 할 수 있으며. 그로 인해 일본인이 /i/를 발음할 때 L1인 일본어 /i/의 조음 방식을 그대로 전이시킴으로써, 결과적으로 학습 기간이나 경험 기간에 관계없이 성공적으로 한국인과 마찬가지로 한국어 /e/를 조음할 수 있는 것으로 보인다.

덧붙여, /i/의 경우와 마찬가지로 〈표 4.22〉에서 보듯이 학습 기간이 6개월이 안 되는 초급 학습자(BJs)의 경우도 /e/를 정확히 조음할 수 있는 것으로 나타나, 한국어 /e/는 일본인에게 습득의 난이도가 상당히 낮아 학습의 초기 단계에서 쉽게 습득이 되는 발음으로 판단된다. 그리고 L1인

일본어와 L2인 한국어의 높은 유사성으로 인해 한국인과 같은 발음을 획득하기 위한 향상의 여지가 적으며, 단지 L1의 긍정적 전이가 이루어질 뿐인 것으로 해석된다.

2) 유사성이 높은 모음

① 한국어 /a/

(가) 일본인 세 집단과 한국인(Ks)의 비교

다음은 한국인과 일본인 세 집단이 발음한 한국어 /a/의 F1값과 F2값의 평균을 제시한 것이다.

	F1 평균 (표준편차)	F2 평균 (표준편차)
Ks	898 (118)	1570 (158)
EJs	793 (102)	1646 (183)
AJs	801 (157)	1598 (152)
BJs	793 (153)	1619 (144)

표 4.25 한국인과 일본인의 한국어 /a/의 F1과 F2 평균값

다음의 〈표 4.26~표 4.28〉은 일본인이 발음한 /a/의 F1과 F2값을 집단별로 한국인의 경우와 비교한 결과이다.

	F1 평균 (표준편차)	F2 평균 (표준편차)
EJs의 /a/	793 (102)	1646 (183)
Ks의 /a/	898 (118)	1570 (158)
t검정 결과	*	n.s.

*: 유의수준 P〈0.05, **: 유의수준 P〈0.01

표 4.26 경험자(EJs)와 한국인(Ks)의 한국어 /a/의 F1과 F2 평균값

	F1 평균 (표준편차)	F2 평균 (표준편차)
AJs의 /a/	801 (157)	1598 (152)
Ks의 /a/	898 (118)	1570 (158)
t검정 결과	(*)95)	n.s.

*: 유의수준 P〈0.05, **: 유의수준 P〈0.01

표 4.27 고급 학습자(AJs)와 한국인(Ks)의 한국어 /a/의 F1과 F2 평균값

	F1 평균 (표준편차)	F2 평균 (표준편차)
BJs의 /a/	793 (153)	1619 (144)
Ks의 /a/	898 (118)	1570 (158)
t검정 결과	*	n.s.

*: 유의수준 P〈0.05, **: 유의수준 P〈0.01

표 4.28 초급 학습자(BJs)와 한국인(Ks)의 한국어 /a/의 F1과 F2 평균값

t검정 결과, 일본인 세 집단 모두 한국어 /a/를 발음할 때 F1값에 있어서 한국인의 경우와 통계적으로 유의미한 차이를 보였다. 초급 학습자와 경험자는 유의수준 0.05하에서 한국인과 유의미한 차이를 보였고 고급 학습자의 경우 유의확률이 0.06으로 조사돼 유의수준 0.1하에서 유의미한 차이를 보였으며, 세 집단 모두 한국인에 비해 F1값이 낮게 나타났다. F2값에 있어서는 세 집단 모두 한국인과 통계적으로 유의미한 차이를 보이지 않았다.

통계 결과에 따르자면, 일본인 초·고급 학습자와 경험자 집단이 발음한 한국어 /a/는 혀의 높낮이 혹은 개구도에 있어서는 한국인과 차이가 있으며, 일본인들이 한국인에 비해 혀의 위치를 높게, 즉 입을 더 작게 벌리고 발음하는 것으로 볼 수 있다. 하지만 혀의 전후 위치에 있어서는 일본인이 발음한 한국어 /a/는 한국인과 차이가 거의 없다고 볼 수 있겠다.

결과적으로 일본인 세 집단 중 어느 집단도 한국어 /a/를 발음할 때

---

95) 유의확률이 0.06로 나타났다.

조음 위치에 있어서 한국인과 유사하게 조음하지 못하는 것으로 판단된다.

(나) 발달 추이 관찰; 일본인 집단 간의 비교

다음의 〈표 4.29〉와 〈표 4.30〉은 F1과 F2값에 있어서 일본인 세 집단의 차이를 비교한 것이다. 통계 분석 결과를 보면, F1값과 F2값 모두에 있어서 초급 학습자와 고급 학습자 간이나 고급 학습자와 경험자 간에 어떠한 통계적으로 유의미한 차이가 발견되지 않았다.

/i/나 /e/의 경우에 초급 학습자들의 경우에 이미 한국인과 유사한 발음을 하는 것과 달리, /a/의 경우는 초급 학습자의 경우에 개구도를 나타내는 F1값에 있어서 한국인과 차이를 보였다. 따라서 일본인 화자 입장에서 한국어 모음 /a/는 /i/나 /e/에 비해서는 상대적으로 습득의 여지가 있는 모음임에도 불구하고, 일본인이 한국어 /a/를 습득하는 데 있어서 어떠한 발달 양상을 읽을 수는 없는 듯하다.

	F1 평균 (표준편차)	F2 평균 (표준편차)
BJs의 /a/	793 (153)	1619 (144)
AJs의 /a/	801 (157)	1598 (152)
t검정 결과	n.s.	n.s.

*: 유의수준 P〈0.05, **: 유의수준 P〈0.01

표 4.29 초급 학습자(BJs)와 고급 학습자(AJs)의 한국어 /a/의 F1과 F2 평균값

	F1 평균 (표준편차)	F2 평균 (표준편차)
AJs의 /a/	801 (157)	1598 (152)
EJs의 /a/	793 (102)	1646 (183)
t검정 결과	n.s.	n.s.

*: 유의수준 P〈0.05, **: 유의수준 P〈0.01

표 4.30 고급 학습자(AJs)와 경험자(EJs)의 한국어 /a/의 F1과 F2 평균값

(다) 전이 양상; 일본어 /a/로부터의 전이

일본인이 한국어 /a/를 발음할 때, L1인 일본어의 조음 방식이 L2인 한국어 조음 방식에 전이되는지 그 여부를 조사하기 위해, 일본인 세 집단이 발음한 한국어 /a/와 한국어 /a/에 대응하는 일본어 모음인 일본어 /a/의 F1과 F2값을 비교하였다.

통계 분석 결과, 〈표 4.31~표 4.33〉에서 보듯이, 일본인 세 집단의 한국어 /a/는 그들이 발음한 일본어 /a/와 F1과 F2의 평균값에 있어서 통계적으로 유의미한 차이를 보이지 않으므로, 초급 학습자나 고급 학습자, 경험자 집단 모두 L2인 한국어의 /a/와 유사성의 정도가 큰 모음인 L1인 일본어의 /a/의 조음 방식을 한국어 /a/를 조음하는 데에 그대로 전이시키는 것으로 해석 가능하다.

	F1 평균 (표준편차)	F2 평균 (표준편차)
BJs의 일본어 /a/	786 (154)	1654 (163)
BJs의 한국어 /a/	793 (153)	1619 (144)
t검정 결과	n.s.	n.s.

*: 유의수준 P〈0.05, **: 유의수준 P〈0.01

표 4.31 초급 학습자(BJs)의 일본어 /a/와 한국어 /a/의 F1과 F2 평균값

	F1 평균 (표준편차)	F2 평균 (표준편차)
AJs의 일본어 /a/	732 (167)	1618 (144)
AJs의 한국어 /a/	801 (157)	1598 (152)
t검정 결과	n.s.	n.s.

*: 유의수준 P〈0.05, **: 유의수준 P〈0.01

표 4.32 고급 학습자(AJs)의 일본어 /a/와 한국어 /a/의 F1과 F2 평균값

	F1 평균 (표준편차)	F2 평균 (표준편차)
EJs의 일본어 /a/	769 (117)	1648 (161)
EJs의 한국어 /a/	793 (102)	1646 (183)
t검정 결과	n.s.	n.s.

*: 유의수준 $P < 0.05$, **: 유의수준 $P < 0.01$

표 4.33 경험재(EJs)의 일본어 /a/와 한국어 /a/의 F1과 F2 평균값

(라) 분포 양상

다음의 〈그림 4.3〉은 일본인 세 집단과 한국인 집단이 발음한 /a/의 F1과 F2의 분포도이다. 분포도에서 한국인과 일본인 세 집단이 발음한 한국어 /a/를 표시하는 타원이 비교적 넓은 부분에서 서로 겹쳐져 있는 것을 볼 수 있지만, 일본인 세 집단이 발음한 한국어 모음 /i/나 /e/의 경우에 비해서는 한국인과 겹쳐지는 면적이 상대적으로 좁은 편이다(그림 4.1과 그림 4.2 참고). 한국인의 /a/의 분포를 표시하는 타원(K아)은 일본인의 /a/의 분포를 표시하는 타원들(B아, A아, E아)에 비해 비교적 크기가 더 작고 Y축 즉, F1값에 있어서 일본인 집단들과 구분이 될 정도로 뚜렷이 아래쪽에 위치하고 있다. 이를 통해 F1값의 평균값 비교에서도 나타났듯이, 한국인 집단이 조음한 /a/는 일본인 세 집단에 비해 개구도가 크다는 것을 알 수 있다.

또한, F1과 F2 평균값 비교 결과와 마찬가지로, 일본인 세 집단 중에 변별이 될 정도로 한국인 집단의 타원에 더 넓게 겹쳐지는 경우는 관찰되지 않는다. 흥미로운 점은 초급 학습자나 고급 학습자의 타원이 모양에 있어서 경험자 집단의 것에 비해 오히려 한국인의 것과 더 유사한 모습을 보이는데, 이러한 분석 결과를 통해 볼 때, 앞서 F1과 F2 평균값을 통한 분석과 마찬가지로 일본인이 한국어 /a/를 습득하는 데 있어서 어떠한 방

향성 있는 발달 양상을 찾아 볼 수 없다고 할 수 있으며, 기간이라는 변수
보다는 오히려 개인차에서 형성되는 차이가 더 클 가능성이 높다.

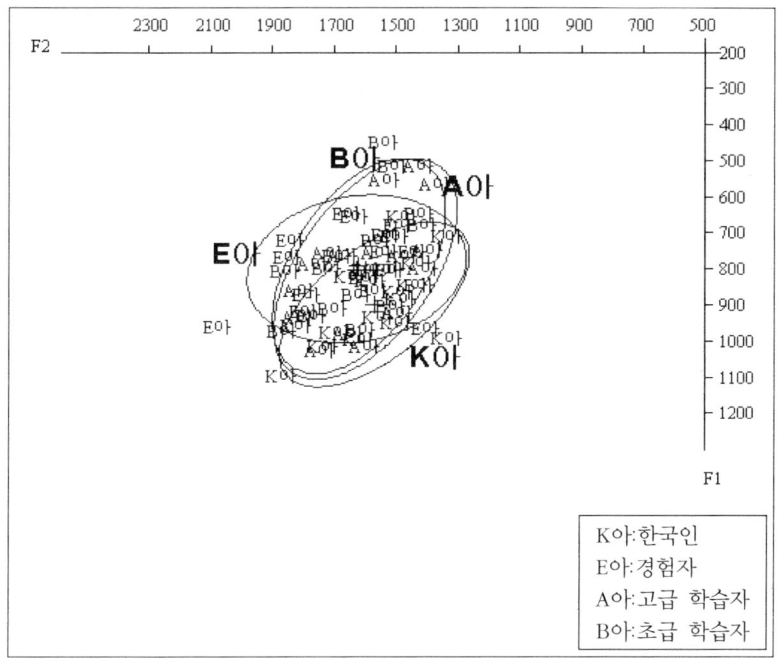

그림 4.3 일본인 세 집단과 한국인의 한국어 /a/의 F1과 F2 분포도

(마) /a/의 음성 습득 양상

경험 기간	I (2~6개월)	II (18~36개월)	III (6~14년)
혀의 높낮이(개구도)	×	×	×
혀의 전후 위치	○	○	○

표 4.34 한국인과 같은 한국어 /a/의 조음 능력 습득 여부

경험 기간	I – II	II – III
혀의 높낮이(개구도)	×	×
혀의 전후 위치	×	×

표 4.35 한국어 /a/의 학습 및 경험 기간에 따른 발달 추이

경험 기간	I (2~6 개월)	II (18~36개월)	III (6~14년)
혀의 높낮이(개구도)	○	○	○
혀의 전후 위치	○	○	○

표 4.36 한국어 /a/ 조음 시 일본어 /a/로부터의 전이 여부

일본인의 한국어 /a/ 발음을 분석한 결과, 일본인 세 집단은 모두 한국어 /a/를 한국인과 같이 조음하지 못하는 것으로 나타났다(표 4.34). 일본인 세 집단은 한국어 /a/를 조음할 때, 혀의 전후 위치에 있어서는 한국인과 유사하지만 한국인에 비해 개구도가 더 작은 편이다. 이처럼 한국인과 같이 /a/를 조음하기 위해서 개구도에 있어서 향상의 여지가 있음에도 불구하고, 학습 기간이나 경험 기간이 길어짐에 따라 향상되는 모습은 보이지 않았다(표 4.35).

또한 〈표 4.36〉을 보면 학습 기간이나 경험 기간에 관계없이 모두 L1인 /a/의 조음 방식을 그대로 전이시키는 것으로 나타났다. 유사성이 높은 모음인 /i/나 /e/의 경우, 학습 기간이나 경험 기간에 관계없이 조음 방식을 그대로 전이시킴으로써 성공적으로 L2 음성(즉, 한국어 /i/, /e/)을 습득한 것에 비해, /a/의 경우는 L1의 조음 방식을 전이시킴으로써 한국인과 같은 /a/발음을 습득하지 못한 것으로 볼 수 있다. 이에 L1과 L2가 거의 일치할 정도로 유사성의 정도가 아주 높은 경우는 전이가 긍정적인 결과를 낳지만, 유사성이 높은 편이라고는 하나 일치하는 정도가 아닌 경우에

는 부정적 전이가 발생하는 것으로 볼 수 있다.

② 한국어 /o/

(가) 일본인 세 집단과 한국인(Ks)의 비교

다음은 한국인과 일본인 세 집단이 발음한 한국어 /o/의 F1값과 F2값의 평균을 제시한 것이다.

	F1 평균 (표준편차)	F2 평균 (표준편차)
Ks	380 (66)	801 (120)
EJs	419 (75)	895 (123)
AJs	414 (78)	887 (91)
BJs	418 (77)	893 (94)

표 4.37 한국인과 일본인의 한국어 /o/의 F1과 F2 평균값

다음의 〈표 4.38~표 4.40〉은 일본인 세 집단이 발음한 한국어 /o/의 F1과 F2를 집단별로 한국인 집단이 발음한 /o/와 비교한 결과이다.

	F1 평균 (표준편차)	F2 평균 (표준편차)
BJs의 /o/	418 (77)	893 (94)
Ks의 /o/	380 (66)	801 (120)
t검정 결과	n.s.	*

*: 유의수준 P〈0.05, **: 유의수준 P〈0.01

표 4.38 초급 학습자(BJs)와 한국인(Ks)의 한국어 /o/의 F1과 F2 평균값

	F1 평균 (표준편차)	F2 평균 (표준편차)
AJs의 /o/	414 (78)	887 (91)
Ks의 /o/	380 (66)	801 (120)
t검정 결과	n.s.	*

*: 유의수준 P〈0.05, **: 유의수준 P〈0.01

표 4.39　고급 학습자(AJs)와 한국인(Ks)의 한국어 /o/의 F1과 F2 평균값

	F1 평균 (표준편차)	F2 평균 (표준편차)
EJs의 /o/	419 (75)	895 (123)
Ks의 /o/	380 (66)	801 (120)
t검정 결과	n.s.	*

*: 유의수준 P〈0.05, **: 유의수준 P〈0.01

표 4.40　경험자(EJs)와 한국인(Ks)의 한국어 /o/의 F1과 F2 평균값

〈표 4.38~표 4.40〉을 보면 t검정 결과, 한국어 /o/는 먼저 F1값에 있어서 초급 학습자, 고급 학습자, 경험자 집단 모두 한국인 집단과 통계적으로 유의미한 차이를 보이지 않았다. F2값에 있어서 두 집단은 각각 한국인 집단과 유의수준 0.05하에서 유의미한 차이를 보였으며, 일본인 세 집단 모두 한국인 집단보다 F2 수치가 높은 것으로 나타났다.

이를 조음음성학적 측면에서 논하자면, 초급 학습자, 고급 학습자, 경험자 집단은 한국어 /o/ 조음 시 혀의 높낮이 있어서 한국인과 유사하고, 전후 위치에 있어서는 한국인 집단에 비해 좀더 앞쪽에서 조음한다고 볼 수 있다.

결과적으로 한국어 /o/를 발음할 때 일본인 세 집단 중 어느 집단도 한국인과 같이 조음하지 못하는 것으로 보이며, 세 집단 모두 유사한 정도

로 한국어 /o/와 차이가 나게 /o/를 조음하는 것으로 미루어, 학습 기간이
나 경험 기간이 발달에 영향을 미치지 않는 것으로 추측된다.

(나) 발달 추이 관찰; 일본인 집단 간의 비교

　다음은 일본인이 한국어 모음 /o/를 습득할 때 어떠한 발달 양상을 보
이는지 조사하기 위해 F1과 F2값에 있어서 일본인 세 집단 간에 어떠한
차이가 있는지를 비교한 결과이다.

	F1 평균 (표준편차)	F2 평균 (표준편차)
BJs의 /o/	418 (77)	893 (94)
AJs의 /o/	414 (78)	887 (91)
t검정 결과	n.s.	n.s.

*: 유의수준 P〈0.05, **: 유의수준 P〈0.01

표 4.41　초급 학습자(BJs)와 고급 학습자(AJs)의 한국어 /o/의 F1과 F2 평균값

	F1 평균 (표준편차)	F2 평균 (표준편차)
AJs의 /o/	414 (78)	887 (91)
EJs의 /o/	419 (75)	895 (123)
t검정 결과	n.s.	n.s.

*: 유의수준 P〈0.05, **: 유의수준 P〈0.01

표 4.42　고급 학습자(AJs)와 경험자(EJs)의 한국어 /o/의 F1과 F2 평균값

	F1 평균 (표준편차)	F2 평균 (표준편차)
BJs의 /o/	418 (77)	893 (94)
EJs의 /o/	419 (60)	895 (123)
t검정 결과	n.s.	n.s.

*: 유의수준 P〈0.05, **: 유의수준 P〈0.01

표 4.43 초급 학습자(BJs)와 경험자(EJs)의 한국어 /o/의 F1과 F2 평균값

〈표 4.41〉에서 보듯이 초급 학습자가 발음한 한국어 /o/와 고급 학습자가 발음한 한국어 /o/는 t검정 결과, F1값과 F2값에 있어서 유의미한 차이를 보이지 않았다. 또한 〈표 4.42〉와 〈표 4.43〉에서처럼 고급 학습자와 경험자, 초급 학습자와 경험자 집단 간에도 역시 F1과 F2값에 있어서 유의미한 차이가 나타나지 않은 것으로 볼 때, 결과적으로 일본인이 한국어 /o/를 습득하는 데 있어서 학습 기간 혹은 경험이 습득 발달의 변수로 작용하고 있지 않은 듯하다.

(다) 전이 양상; 일본어 /o/로부터의 전이

3장에서 제시되었듯, 한국어 /o/는 일본어 모음 목록에서 일본어 /o/와 유사성이 높은 모음으로, 일본인이 한국어 /o/를 발음할 때 일본어 /o/로부터의 전이가 기대된다. 다음은 L1인 일본어의 /o/로부터의 전이 양상에 대해 조사하기 위해 일본인 세 집단이 발음한 한국어 /o/와 그들이 발음한 일본어 /o/를 비교한 결과이다.

	F1 평균 (표준편차)	F2 평균 (표준편차)
BJs의 일본어 /o/	432 (65)	885 (121)
BJs의 한국어 /o/	418 (77)	893 (94)
t검정 결과	n.s.	n.s.

*: 유의수준 P〈0.05, **: 유의수준 P〈0.01

표 4.44 초급 학습자(BJs)의 일본어 /o/와 한국어 /o/의 F1과 F2 평균값

	F1 평균 (표준편차)	F2 평균 (표준편차)
AJs의 일본어 /o/	434 (80)	895 (148)
AJs의 한국어 /o/	414 (78)	893 (94)
t검정 결과	n.s.	n.s.

*: 유의수준 P〈0.05, **: 유의수준 P〈0.01

표 4.45 고급 학습자(AJs)의 일본어 /o/와 한국어 /o/의 F1과 F2 평균값

	F1 평균 (표준편차)	F2 평균 (표준편차)
EJs의 일본어 /o/	426 (74)	883 (111)
EJs의 한국어 /o/	419 (75)	893 (94)
t검정 결과	n.s.	n.s.

*: 유의수준 P〈0.05, **: 유의수준 P〈0.01

표 4.46 경험자(EJs)의 일본어 /o/와 한국어 /o/의 F1과 F2 평균값

일본인 초급 학습자, 고급 학습자 및 경험자 집단의 한국어 /o/는 그들
이 발음한 일본어 /o/와 F1과 F2의 평균값에 있어서 유의미한 차이를 보
이지 않았다. 이를 통해, 초급 학습자나 고급 학습자, 경험자 모두 한국어

/o/를 조음할 때, L2인 한국어 /o/와 유사한 모음인 L1인 일본어의 /o/의 조음 방식을 한국어 /o/를 조음하는 데에 그대로 전이시키는 것으로 추측할 수 있다.

(마) 분포 양상

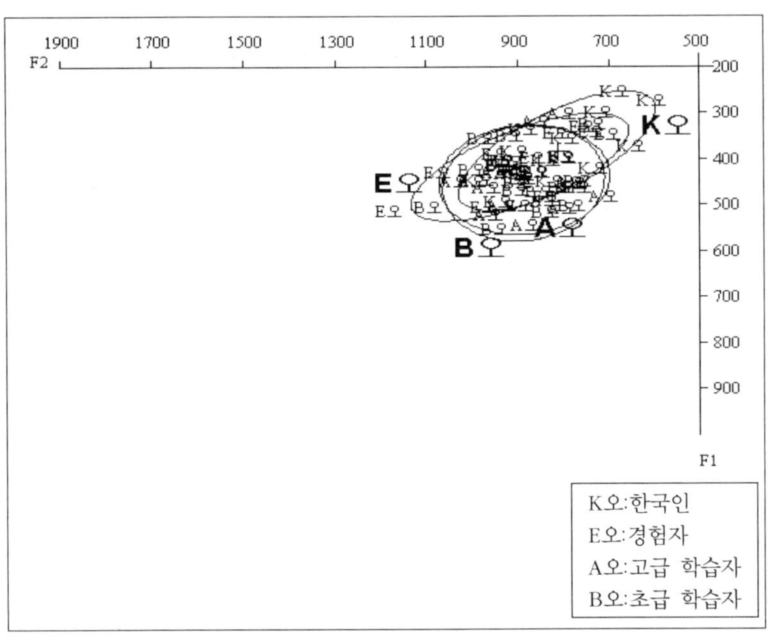

그림 4.4   일본인 세 집단과 한국인의 한국어 /o/의 F1과 F2 분포도

〈그림 4.4〉의 한국인 집단과 일본인 세 집단의 한국어 /o/의 F1과 F2의 분포도를 보면, 네 집단을 표시하는 타원이 비교적 넓은 부분에서 서로 겹쳐져 있는 것을 볼 수 있다. 각 집단이 발음한 /o/의 분포를 표시하는 타원의 모양과 면적을 비교해 보면 초급 학습자와 고급 학습자의 타원이 모양도 유사하며 거의 전 영역에 걸쳐 서로 겹쳐지는 모습을 보인다. 또, 한국인의 /o/는 경험자의 /o/와 타원 모양이 가장 유사한데 경험자의 /o/

가 더 넓은 영역에 걸쳐 분포하고 있다. 포먼트 평균값 비교 결과로는 통계적으로 유의미한 차이가 나타나지 않았지만, 분포도에서 초급 학습자와 고급 학습자의 분포를 표시하는 타원들은 F1을 나타내는 Y축에서 한국인에 비해 아래쪽에 배치된 것으로 미루어, 초·고급자 가운데 한국인에 비해 개구도를 더 크게 해서 /o/를 조음하는 경우가 빈번히 발생하는 것으로 보인다.

(바) /o/의 음성 습득 양상

경험 기간	I (2~6 개월)	II (18~36개월)	III (6~14년)
혀의 높낮이(개구도)	○	○	○
혀의 전후 위치	×	×	×

표 4.47 한국인과 같은 한국어 /o/의 조음 능력 습득 여부

경험 기간	I − II	II − III
혀의 높낮이(개구도)	×	×
혀의 전후 위치	×	×

표 4.48 한국어 /o/의 학습 및 경험 기간에 따른 발달 추이

경험 기간	I (2~6 개월)	II (18~36개월)	III (6~14년)
혀의 높낮이(개구도)	○	○	○
혀의 전후 위치	○	○	○

표 4.49 한국어 /o/ 조음 시 일본어 /o/로부터의 전이 여부

일본인의 한국어 /o/ 발음을 분석한 결과, 〈표 4.47〉에서 보듯이 일본인 세 집단은 모두 한국어 /o/를 한국인과 같이 조음하지 못하는 것으로 나타났다. 일본인 세 집단이 발음한 한국어 /o/는 개구도에 있어서는 한국인과 유사하지만 혀의 전후 위치에 있어서는 한국인에 비해 더 앞쪽에서 조음되는 것으로 나타났다.

이와 같이 한국인과 같이 /o/를 조음하기 위해서 혀의 전후 위치에 있어서 향상의 여지가 있음에도 불구하고, 학습 기간이나 경험 기간이 길어짐에 따라 향상되는 모습은 보이지 않았다(표 4.48). 또한 유사성이 높은 모음인 /i/, /e/, /a/의 경우와 마찬가지로 학습 기간이나 경험 기간에 관계없이 일본인이 /o/를 발음할 때 L1인 일본어 /o/의 조음 방식을 그대로 전이시키고 있는 것으로 나타났다(표 4.49).

결과적으로 일본인이 한국어 /o/를 습득하는 데에 있어서 학습 기간 혹은 경험 기간이 습득의 변수로 작용할 가능성이 낮은 것으로 해석된다.

③ 한국어 /ɨ/

(가) 일본인 세 집단과 한국인(Ks)의 비교

다음은 한국인과 일본인 세 집단이 발음한 한국어 /ɨ/의 F1값과 F2값의 평균을 제시한 것이다.

	F1 평균 (표준편차)	F2 평균 (표준편차)
Ks	386 (58)	1391 (178)
EJs	396 (49)	1280 (186)
AJs	394 (43)	1311 (203)
BJs	396 (36)	1271 (187)

표 4.50 한국인과 일본인의 한국어 /ɨ/의 F1과 F2 평균값

다음의 〈표 4.51~표 4.53〉은 일본인 세 집단이 발음한 /i/의 F1과 F2를 집단별로 한국인의 것과 비교한 결과이다.

	F1 평균 (표준편차)	F2 평균 (표준편차)
BJs의 /i/	396 (36)	1271 (187)
Ks의 /i/	386 (58)	1391 (178)
t검정 결과	n.s.	**

*: 유의수준 P〈0.05, **: 유의수준 P〈0.01

표 4.51 초급 학습자(BJs)와 한국인(Ks)의 한국어 /i/의 F1과 F2 평균값

t검정 결과, 일본인 초급 학습자가 발음한 한국어 /i/는 한국인이 발음한 한국어 /i/와 F1값에 있어서 통계적으로 유의미한 차이를 보이지 않았으며, F2값에 있어서는 유의수준 0.01하에서 유의미한 차이를 보였는데, 초급 학습자의 /i/가 한국인의 것에 비해 더 높은 것으로 나타났다.

조음음성학적 측면에서 보면, 일본인 초급 학습자의 한국어 /i/는 조음 위치가 혀의 높낮이 혹은 개구도에 있어서는 한국인과 유사하며, 전후 위치에 있어서는 한국인의 /i/에 비해 더 뒤쪽에서 조음되는 것으로 볼 수 있다.

	F1 평균 (표준편차)	F2 평균 (표준편차)
AJs의 /i/	394 (43)	1311 (203)
Ks의 /i/	386 (58)	1391 (178)
t검정 결과	n.s.	*

*: 유의수준 P〈0.05, **: 유의수준 P〈0.01

표 4.52 고급 학습자(AJs)와 한국인(Ks)의 한국어 /i/의 F1과 F2 평균값

	F1 평균 (표준편차)	F2 평균 (표준편차)
EJs의 /i/	396 (49)	1280 (186)
Ks의 /i/	386 (58)	1391 (178)
t검정 결과	n.s.	*

*: 유의수준 P〈0.05, **: 유의수준 P〈0.01

표 4.53 경험자(EJs)와 한국인(Ks)의 한국어 /i/의 F1과 F2 평균값

일본인 고급 학습자와 경험자 집단의 /i/는 〈표 4.52〉와 〈표 4.53〉에서 보듯이 F1값에 있어서 한국인의 /i/와 통계적으로 유의미한 차이를 보이지 않았다. F2값에서는 초급 학습자와 마찬가지로 한국인과 유의미한 차이를 보였는데, 초급 학습자의 경우에 유의수준 0.01하에서 차이를 보인 것과 달리, 고급 학습자와 경험자 집단은 유의수준 0.05하에서 유의미한 차이를 보였다. 고급 학습자와 경험자 집단의 F2값이 한국인의 것에 비해 더 낮았다.

유의수준의 수치가 더 큰 환경에서 유의미한 차이를 보인다는 것은 두 집단 간의 차이가 덜 뚜렷하다는 것을 의미하므로, F2 평균값에 있어서 초급 학습자에 비해서는 고급 학습자와 경험자가 한국인과 차이의 정도가 작은 것으로 볼 수 있다. 따라서 일본인 고급 학습자와 경험자의 한국어 /i/는 조음 위치가 혀의 높낮이나 개구도에 있어서는 한국인과 유사하지만, 전후 위치에 있어서는 한국인의 /i/에 비해 더 뒤쪽에서 조음되는 것으로 볼 수 있겠으나, 초급 학습자의 경우에 비해 그 정도가 덜한 것으로 생각할 수 있다.

결과적으로 일본인 세 집단 모두 한국인 집단과 차이를 보였으므로, 일본인 세 집단 중 어느 집단도 한국어 /i/를 한국인과 같이 발음하고 있지 않다고 볼 수 있다.

(나) 발달 추이 관찰; 일본인 집단 간의 비교

다음은 일본인이 한국어 /i/를 습득함에 있어서 어떠한 발달 양상을 보이는지 조사하기 위해 일본인 세 집단 간에 F1과 F2값에 어떠한 차이가 있는지를 분석한 것이다.

	F1 평균 (표준편차)	F2 평균 (표준편차)
BJs의 /i/	396 (36)	1271 (187)
AJs의 /i/	394 (43)	1311 (203)
t검정 결과	n.s.	n.s.

*: 유의수준 P〈0.05, **: 유의수준 P〈0.01

표 4.54　초급 학습자(BJs)와 고급 학습자(AJs)의 한국어 /i/의 F1과 F2 평균값

	F1 평균 (표준편차)	F2 평균 (표준편차)
AJs의 /i/	394 (43)	1311 (203)
EJs의 /i/	396 (49)	1280 (186)
t검정 결과	n.s.	n.s.

*: 유의수준 P〈0.05, **: 유의수준 P〈0.01

표 4.55　고급 학습자(AJs)와 경험자(EJs)의 한국어 /i/의 F1과 F2 평균값

〈표 4.54〉를 보면 초급 학습자가 발음한 한국어 /i/와 고급 학습자가 발음한 한국어 /i/는 t검정 결과, F1과 F2값에 있어서 유의미한 차이를 보이지 않았다. 또한 〈표 4.55〉에서 보듯이 고급 학습자와 경험자 집단 간에도 F1과 F2값에 있어서 유의미한 차이가 나타나지 않아, 일본어 화자가 한국어 /i/를 습득하는 데에 학습 혹은 경험 기간이 변수로 작용하지 않는 것으로 볼 수 있다.

(다) 한국어 /ɨ/와 한국어 /u/의 구분

앞서 3장에서 밝혀진 것처럼 일본인에게 있어서 한국어 /ɨ/는 한국어 /u/와 구분해서 발음하기 힘든 모음일 수 있는데, 일본인 세 집단과 한국인(Ks)이 두 모음을 구분해서 발음하는 정도를 비교함으로써 일본인의 한국어 /ɨ/의 습득 양상을 분석해 보고자 한다.

	F1 평균 (표준편차)	F2 평균 (표준편차)
Ks의 한국어 /ɨ/	386 (58)	1391 (178)
Ks의 한국어 /u/	298 (41)	839 (132)
t검정 결과	**	**

*: 유의수준 P⟨0.05, **: 유의수준 P⟨0.01

표 4.56 한국인의 한국어 /ɨ/와 /u/의 F1과 F2 평균값

⟨표 4.56⟩은 한국인이 발음한 한국어 /ɨ/와 한국어 /u/의 F1과 F2의 평균값을 비교한 것이다. t검정 결과, 표를 보면 F1과 F2값 모두에 있어서 /ɨ/와 /u/는 유의수준 0.01하에서 유의미한 차이를 보였으며, F1값과 F2값 모두 /ɨ/가 /u/보다 높았다.

결과적으로 한국인은 혀의 높낮이 혹은 개구도나 혀의 전후 위치에 있어서 한국어 /ɨ/와 /u/를 분명히 다르게 조음한다고 볼 수 있다. 한국어 /ɨ/는 /u/에 비해 혀의 위치가 낮다. 즉 개구도가 크다. 또, /ɨ/는 혀의 전후 위치에 있어서 /u/보다 더 앞쪽에서 조음된다.

⟨그림 4.5⟩는 한국인이 발음한 /ɨ/와 /u/의 F1과 F2의 분포 양상을 분포도로 나타낸 것이다. 분포도를 보면, 한국인의 /ɨ/와 /u/는 서로 겹쳐지게 분포하지 않는데, F1과 F2 평균값 비교 결과와 마찬가지로 두 모음은 조음 위치에 있어서 서로 뚜렷한 차이가 있다고 할 수 있다.[96] 그리고, /ɨ/와

/u/를 나타내는 두 타원은 혀의 전후 위치와 관계가 있는 F2를 나타내는 X축상에서 서로 상당히 다른 영역에 분포하고 있는 것을 볼 수 있는데, /i/를 표시하는 타원이 F2값이 큰 쪽에, /u/를 표시하는 타원은 F2값이 작은 쪽에 위치하고 있다. X축에서의 좌표만큼은 아니지만 혀의 높낮이 혹은 개구도와 관계가 있는 F1을 나타내는 Y축상에서도 /u/가 /i/보다 수치가 높은 쪽에 분포하고 있는데, 가시적으로 구분이 될 정도로 다른 곳에 분포하고 있다.

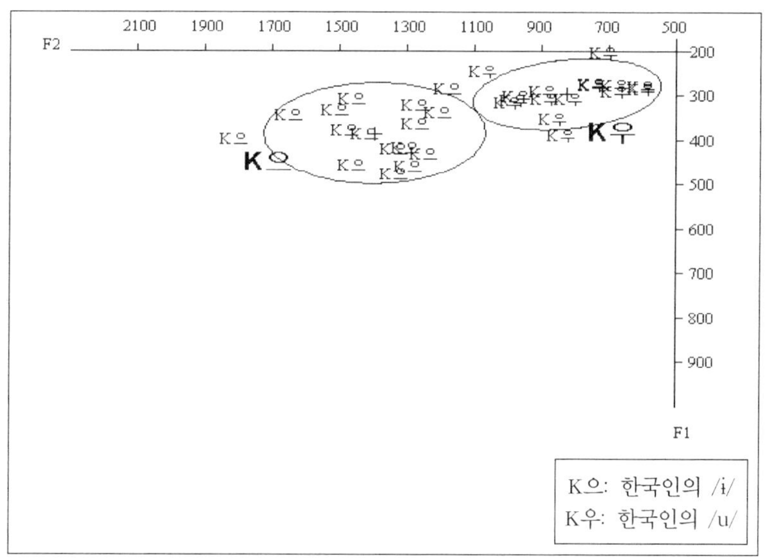

그림 4.5 한국인의 한국어 /i/와 /u/의 F1과 F2 분포도

---

96) 일반적으로 두 모음의 주파수를 조사해 보면 각 모음의 포먼트 범위가 겹쳐지는 중복 현상을 관찰하게 된다. 이는 한 개별 화자가 발화한 모음을 F1－F2 좌표로 나타내면 각 모음들은 서로 거리를 두고 뚜렷이 범주화되지만 화자 간에 범주화시키면 서로 겹쳐지게 나타나게 되기 때문이다(Denes and Pinson 1993:173, Sakayori et al. 2002:155). 따라서 일반적으로 분포두에서 한국인 집단이 발음한 한국어 /i/와 /u/가 겹쳐지게 나타날 수 있다. 하지만, 본 연구에서는 음성 자료 수집(녹음)과정에서 (실험자가 듣기에) 한국인 피험자가 /u/나 /i/를 부적절하게 읽은 경우에는 녹음이 다시 이루어져, 모호한 발음이 배제되어 분포도상에서 /u/와 /i/가 겹쳐지는 부분이 나타나지 않은 것으로 생각된다.

다음의 〈표 4.57〉은 일본인 초급 학습자가 발음한 한국어 /ɨ/와 /u/의 F1과 F2의 평균값을 비교한 것이다. t검정 결과, 초급 학습자는 F1값에 있어서 통계적으로 유의미한 차이를 보이지 않았으며, F2값에 있어서 /ɨ/와 /u/는 유의수준 0.01하에서 유의미한 차이를 보였다. 다시 말해, 초급 학습자의 경우에 혀의 전후 위치에 있어서는 한국어 /ɨ/를 /u/와 구분해서 조음하지만, 혀의 높낮이 혹은 개구도에 있어서 /ɨ/를 /u/와 구분해서 조음하지 못하는 것으로 해석할 수 있다.

	F1 평균 (표준편차)	F2 평균 (표준편차)
BJs의 한국어 /ɨ/	396 (36)	1271 (187)
BJs의 한국어 /u/	367 (65)	1203 (205)
t검정 결과	n.s.	**

*: 유의수준 P〈0.05, **: 유의수준 P〈0.01

표 4.57　초급 학습자(BJs)의 한국어 /ɨ/와 /u/의 F1과 F2 평균값

〈그림 4.6〉은 초급 학습자가 발음한 한국어 /ɨ/와 한국어 /u/의 F1과 F2의 분포 양상을 분포도로 나타낸 것이다. 분포도에서 초급 학습자의 /ɨ/와 /u/는 그 분포를 나타내는 두 타원이 서로 명확히 구분이 되기는 하지만, 한국인의 분포도(그림 4.5)에 비해 더 넓은 영역에 걸쳐 서로 겹쳐지게 분포하고 있다. 특히 혀의 높낮이과 관계가 있는 F1을 나타내는 Y축상에서 /ɨ/는 /u/와 같은 영역대인 300~500Hz 대에서 나타났으며, X축상에서도 1,100~1,500Hz대에서 주로 겹쳐지게 나타난 점으로 보아, 초급 학습자들의 경우, 한국어 /ɨ/와 /u/를 구분하지 못하고 조음하는 화자들이 다수 있는 것으로 추측된다.

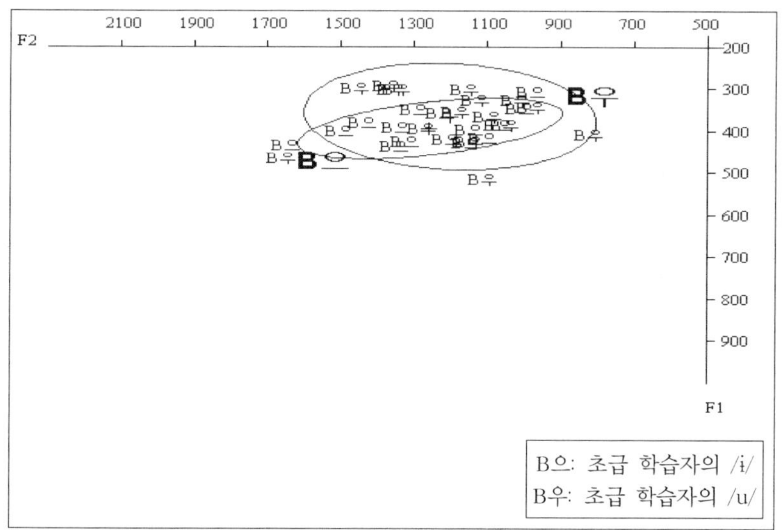

그림 4.6 초급 학습자(BJs)의 한국어 /i/와 /u/의 F1과 F2 분포도

다음의 〈표 4.58〉은 고급 학습자가 발음한 한국어 /i/와 /u/의 F1과 F2
의 평균값을 비교한 것이다. 통계 분석 결과, 고급 학습자들의 /i/와 /u/는
F1과 F2값 모두에 있어서 유의수준 0.01하에서 유의미한 차이를 보였다.
따라서 고급 학습자들은 한국어 /i/를 조음할 때 초급 학습자에 비해 혀의
높낮이 혹은 개구도나 혀의 전후 위치에 있어서 한국어 /u/와 혼동하는
정도가 작은 것으로 판단된다.

	F1 평균 (표준편차)	F2 평균 (표준편차)
AJs의 한국어 /i/	394 (43)	1311 (203)
AJs의 한국어 /u/	323 (52)	1107 (198)
t검정 결과	**	**

*: 유의수준 P〈0.05, **: 유의수준 P〈0.01

표 4.58 고급 학습자(AJs)의 한국어 /i/와 /u/의 F1과 F2 평균값

〈그림 4.7〉은 고급 학습자가 발음한 한국어 /i/와 한국어 /u/의 F1과 F2의 분포 양상을 나타낸 것이다. 분포도에서 고급 학습자의 /i/와 /u/는 초급 학습자의 경우에 비해 분포를 나타내는 두 타원이 겹쳐지는 부분의 면적이 상대적으로 더 좁은 편이다. 다시 말해, 포먼트 평균값 비교 결과와 마찬가지로 일본인 고급 학습자들은 초급 학습자에 비해 한국어 /i/와 /u/를 더 정확히 구분해서 조음하는 것으로 볼 수 있겠다.

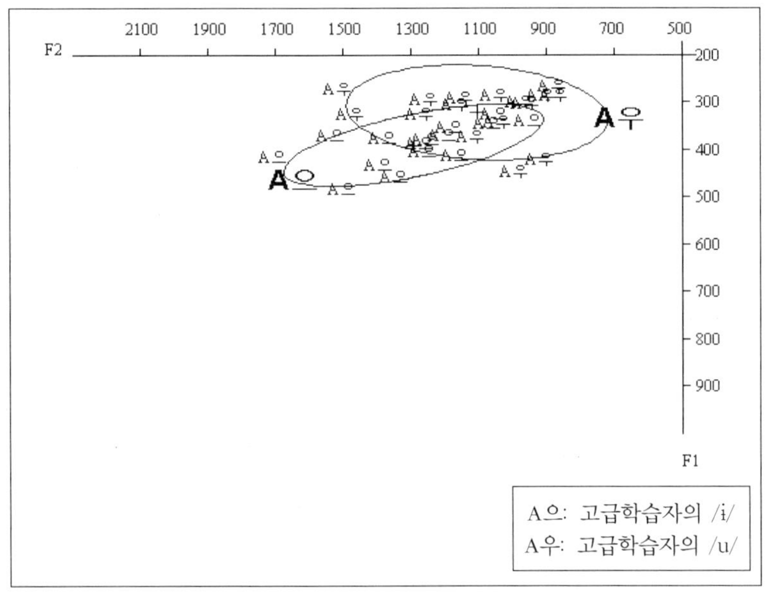

그림 4.7 고급 학습자(AJs)의 한국어 /i/와 /u/의 F1과 F2 분포도

〈표 4.59〉는 일본인 경험자 집단이 발음한 한국어 /i/와 /u/의 F1과 F2의 평균값을 비교한 것이다. 고급 학습자와 마찬가지로 경험자의 /i/와 /u/는 F1과 F2값 모두에 있어서 유의수준 0.01하에서 유의미한 차이를 보였다. 이를 통해, 경험자 집단은 고급 학습자 집단과 마찬가지로 한국어 /i/를 조음할 때 혀의 높낮이 혹은 개구도나 혀의 전후 위치에 있어서 한

국어 /u/와 구분해서 조음하는 것이 가능한 것으로 판단할 수 있다.

	F1 평균 (표준편차)	F2 평균 (표준편차)
EJs의 한국어 /i/	396 (49)	1280 (186)
EJs의 한국어 /u/	330 (49)	1083 (161)
t검정 결과	**	**

*: 유의수준 P<0.05, **: 유의수준 P<0.01

표 4.59　경험자(EJs)의 한국어 /i/와 /u/의 F1과 F2 평균값

〈그림 4.8〉은 경험자가 발음한 한국어 /i/와 한국어 /u/의 F1과 F2의 분포 양상을 나타낸 것이다. 분포도에서 /i/와 /u/는 그 분포를 나타내는 타원이 겹쳐지는 부분의 면적이 상당히 좁은 편으로, F1, F2 평균값 비교 결과와 마찬가지로 경험자들은 한국어 /i/와 /u/를 구분해서 조음하는 것으로 볼 수 있다.

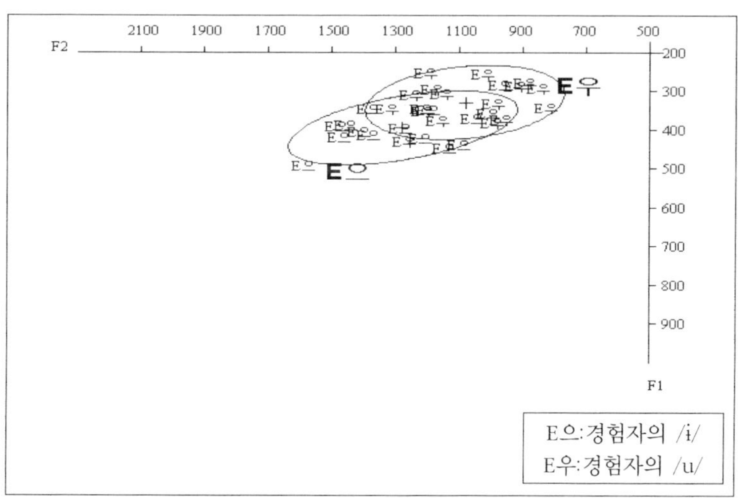

그림 4.8 경험자(EJs)의 한국어 /i/와 /u/의 F1과 F2 분포도

(라) 전이 양상: 일본어 /ɯ/로부터의 전이

3장에서 언급된 것처럼 일본어 모음 목록에서 한국어 /i/와 가장 유사한 모음은 /ɯ/로, 일본인들이 한국어 /i/를 발음할 때 /ɯ/로부터의 전이가 예상된다. 이에 한국어 /i/를 습득하는 데 있어서 L1인 일본어의 /ɯ/로부터의 전이 양상을 살펴보기 위해 일본인 세 집단이 발음한 한국어 /i/와 그들이 발음한 일본어 /ɯ/의 포먼트값을 비교해 보았다.

	F1 평균 (표준편차)	F2 평균 (표준편차)
BJs의 일본어 /ɯ/	356 (75)	1237 (213)
BJs의 한국어 /i/	396 (36)	1271 (187)
t검정 결과	n.s.	**

*: 유의수준 P〈0.05, **: 유의수준 P〈0.01

표 4.60 초급 학습자(BJs)의 일본어 /ɯ/와 한국어 /i/의 F1과 F2 평균값

	F1 평균 (표준편차)	F2 평균 (표준편차)
AJs의 일본어 /ɯ/	365 (85)	1187 (210)
AJs의 한국어 /i/	394 (43)	1311 (203)
t검정 결과	n.s.	**

*: 유의수준 P〈0.05, **: 유의수준 P〈0.01

표 4.61 고급 학습자(AJs)의 일본어 /ɯ/와 한국어 /i/의 F1과 F2 평균값

	F1 평균 (표준편차)	F2 평균 (표준편차)
EJs의 일본어 /ɯ/	369 (69)	1199 (228)
EJs의 한국어 /i/	396 (49)	1280 (186)
t검정 결과	n.s.	**

*: 유의수준 P〈0.05, **: 유의수준 P〈0.01

표 4.62 경험자(EJs)의 일본어 /ɯ/와 한국어 /i/의 F1과 F2의 평균값

〈표 4.60~표 4.62〉에서 보듯이, 일본인 초급 학습자, 고급 학습자 및 경험자의 한국어 /i/는 일본인의 일본어 /ɯ/와 F2에 있어서 유의수준 0.01 하에서 유의미한 차이를 보였지만 F1의 평균값에 있어서 유의미한 차이를 보이지 않았다. 그러므로 조음 위치상 혀의 전후 위치에 있어서는 L1에서의 전이가 거의 발생하지 않지만, 혀의 높낮이 혹은 개구도에 있어서는 L1에서의 조음 방식이 L2에 전이되는 것으로 볼 수 있다.

3장에서 두 모음 간 유사성을 분석한 결과에서처럼 (한국인의) 한국어 /i/는 (일본인의) 일본어 /ɯ/와 F1값에 있어서는 서로 통계적으로 유의미한 차이를 보이지 않았고, F2값에서는 유의미한 차이를 보였으며, 유사성이 높은 모음으로 분류되었는데, 그러한 성향이 일본인 세 집단이 발음한 /i/와 /ɯ/의 관계에도 나타난 것으로 보인다.

(마) 분포 양상

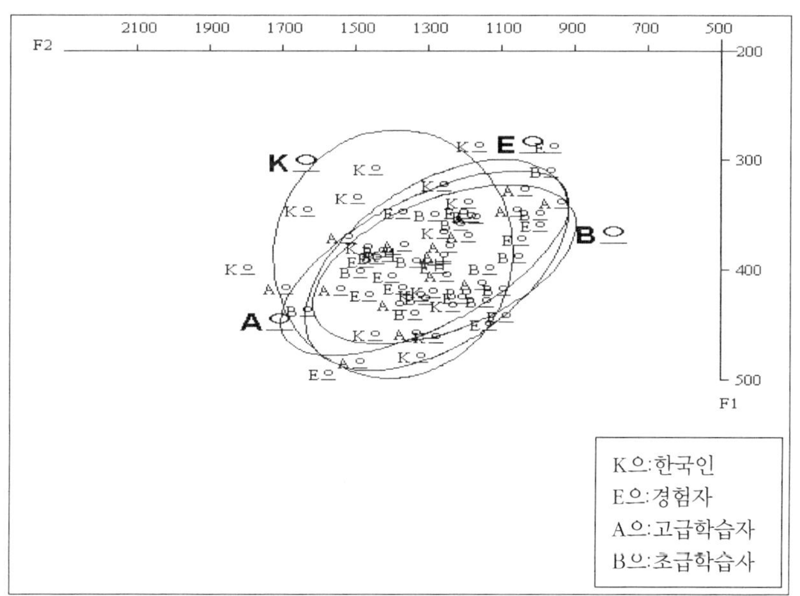

그림 4.9 일본인 세 집단과 한국인의 한국어 /i/의 F1과 F2 분포도

〈그림 4.9〉는 한국인 집단과 일본인 세 집단이 발음한 한국어 /i/의 F1과 F2값을 분포도로 나타낸 것이다. 분포도에서 각 집단이 발음한 /i/의 분포를 표시하는 타원의 모양과 면적을 비교해 보면, 먼저 일본인 세 집단의 타원이 대체로 한국인의 타원에 비해 X축 즉, F2값이 더 큰 부분까지 분포하는 것이 관찰된다.

앞서 일본인 집단 간의 F1과 F2 평균값 비교 결과, 초급 학습자와 고급 학습자, 고급 학습자와 경험자는 각각 서로 통계적으로 유의미한 차이가 나타나지 않았는데(표 4.51~표 4.53), 〈그림 4.9〉의 분포도에서는 일본인 세 집단 중에서 초급 학습자의 경우에 고급 학습자나 경험자 집단에 비해 F2값이 좀 더 큰 부분까지 분포하고 있는 것이 눈에 띄며, 고급 학습자와 경험자의 타원은 대체로 뚜렷이 구분되지 않고 서로 겹쳐져 나타났다. 그리고 한국인이 발음한 /i/를 나타내는 타원과 겹쳐지는 면적에 있어서 일본이 세 집단이 대체로 유사한 것으로 보이지만, 한국인의 /i/와 겹쳐지는 비율을 고려하면, 고급 학습자나 경험자 집단의 /i/가 초급 학습자에 비해 한국인의 /i/ 타원과 겹쳐지는 비율이 더 높다고 할 수 있다.

이러한 결과와 더불어, 분포도를 통해 일본인 세 집단의 한국어 /i/ 발음을 비교해 보면, 경험자와 고급 학습자의 발음이 초급 학습자에 비해 한국인과 가깝다고 볼 수 있으므로, 일본인이 한국어 모음 /i/를 습득하는 데 학습 기간이 변수로 작용을 하고 있을 가능성을 완전히 배제할 수 없을 듯하다.

(바) /i/의 음성 습득 양상

경험 기간	I (2~6 개월)	II (18~36개월)	III (6~14년)
혀의 높낮이(개구도)	○	○	○
혀의 전후 위치	×	×	×

표 4.63 한국인과 같은 한국어 /i/의 조음 능력 습득 여부

경험 기간	I - II	II - III
혀의 높낮이(개구도)	×	×
혀의 전후 위치	×	×

표 4.64 한국어 /ɨ/의 학습 및 경험 기간에 따른 발달 추이

경험 기간	I (2~6 개월)	II (18~36개월)	III (6~14년)
혀의 높낮이(개구도)	×	○	○
혀의 전후 위치	○	○	○

표 4.65 한국어 /ɨ/와 한국어 /u/의 변별 가능 여부

경험 기간	I (2~6 개월)	II (18~36개월)	III (6~14년)
혀의 높낮이(개구도)	○	○	○
혀의 전후 위치	×	×	×

표 4.66 한국어 /ɨ/ 조음 시 일본어 /ɯ/로부터의 전이 여부

일본인이 발음한 한국어 /ɨ/ 발음을 분석한 결과, 일본인 세 집단은 모두 개구도에 있어서는 한국인과 유사하나 혀의 전후 위치에 있어서는 한국인에 비해 뒤쪽에서 조음해, 모두 한국어 /ɨ/를 한국인과 같이 조음하지 못하는 것으로 나타났다(표 4.63). 특히 경험 기간이 2~6개월 된 초급 학습자의 경우 혀의 전후 위치에서 한국인과 큰 차이가 있었다.

기간에 따른 발달 추이 분석 결과에서도 일본인 집단은 혀의 전후 위치(원순성)에 있어서 향상의 여지가 있음에도 불구하고 혀의 전후 위치에 있어서 학습 기간이나 경험 기간이 길어짐에 따라 향상되는 모습은 분명하게 관찰되지 않았다(표 4.64).

그리고, 기간에 따른 한국어 /u/와 구분 가능 여부 결과, 〈표 4.65〉에서

보듯이 경험 기간이 18~36개월일 때부터 개구도나 혀의 전후 위치에 있어서 한국어 /u/와 /i/를 구분 가능한 것으로 나타났다. 그러므로 그 기간에 한국어 /i/에 대한 습득이 진행되었을 가능성도 있지만, 사실은 18~36개월 기간에 /u/의 습득 속도가 빨라진 점을 고려해 볼 때(표 4.77), /i/가 아닌 /u/의 습득 발달로 인한 것일 가능성이 더 높다.

한국어 /i/ 발음 시 일본어의 /ɯ/로부터의 전이 양상에 대한 분석 결과에 따르면 학습 기간이나 경험 기간에 관계없이 개구도에 있어서는 전이가 일어나지만, 혀의 전후 위치에 있어서는 전이가 일어나지 않았다. 이는 일본인 화자들이 경험 기간에 관계없이 학습 초기부터 한국어 /i/와 일본어 /ɯ/가 차이가 있음을 인식하고 /i/를 조음할 때 일본어 /ɯ/를 전이시키지 않는 것으로 볼 수도 있을 것 같다.[97] 하지만 /ɯ/의 조음 위치를 전이시키지 않고 좀 더 혀를 앞쪽으로 옮겨 발음하려는 노력을 함에도 불구하고, 통계적으로는 일본인이 발음한 /i/는 한국인이 발음한 /i/에 비해 조음 위치가 더 앞쪽인 것으로 조사되었다. 즉, 원순성이 더 낮은 것으로 나타났다.

결과적으로 일본인이 한국어 /i/를 습득하는 데 있어서 개구도와 혀의 전후 위치에 있어서 경험 기간이 분명하게 영향을 미치지는 않는 것으로 조사되었다.

3) 유사성의 정도가 보통인 모음

① 한국어 /u/

(가) 일본인 세 집단과 한국인(Ks)의 비교

다음은 한국인과 일본인 세 집단이 발음한 한국어 /u/의 F1값과 F2값의 평균을 제시한 것이다.

---

97) 한국어 /u/, 한국어 /i/, 일본어 /ɯ/ 세 모음의 혀의 전후 위치를 통해 짐작할 수 있는 원순성을 비교하면, 3장에서 제시되었듯 /u/, /ɯ/, /i/ 순으로 원순성이 큰 편이다.

	F1 평균 (표준편차)	F2 평균 (표준편차)
Ks	298 (41)	839 (132)
EJs	330 (49)	1083 (161)
AJs	323 (52)	1107 (198)
BJs	367 (65)	1203 (205)

표 4.67 한국인과 일본인의 한국어 /u/의 F1과 F2 평균값

다음의 〈표 4.68〉은 일본인 초급 학습자 집단이 발음한 /u/의 F1과 F2를 한국인 집단과 비교한 결과이다.

	F1 평균 (표준편차)	F2 평균 (표준편차)
BJs의 /u/	367 (65)	1203 (205)
Ks의 /u/	298 (41)	839 (132)
t검정 결과	**	**

*: 유의수준 P〈0.05, **: 유의수준 P〈0.01

표 4.68 초급 학습자(BJs)와 한국인(Ks)의 한국어 /u/의 F1과 F2의 평균값

〈표 4.68〉에서 t검정 결과, 초급 학습자의 한국어 /u/는 한국인의 한국어 /u/의 F1과 F2값에 있어서 유의수준 0.01하에서 유의미한 차이를 보였으며, F1과 F2 모두 초급 학습자 쪽이 한국인보다 높은 것으로 나타났다.

이러한 결과를 조음음성학적 차원에서 논하면, t검정 결과, F1과 F2 모두 유의수준 0.01하에서 유의미한 차이를 보였으므로 일본인 초급 학습자의 /u/는 한국인의 /u/와 조음 위치에 있어 꽤 분명한 차이를 보이는 것으로 생각할 수 있다. 일본인 초급 학습자의 /u/는 한국인의 한국어 /u/에 비해 혀의 높낮이 있어서는 혀의 위치가 더 낮고, 전후 위치에 있어서는

더 앞쪽에서 조음된다고 볼 수 있다. 물론 개구도 면에서는 일본인 학습자들은 한국어 /u/를 발음할 때 한국인에 비해 개구도가 더 큰 것으로 간주할 수 있다.

이러한 초급 학습자의 한국어 /u/는 〈그림 4.10〉에서 보듯이 한국인의 /u/와 상당히 뚜렷한 차이를 보인다. 분포도를 보면 초급 학습자의 분포를 나타내는 타원과 한국인의 /u/를 표시하는 타원이 겹쳐지지 않는 부분이 겹쳐지는 부분보다 더 넓다. 따라서 이 두 집단의 /u/는 F1과 F2의 평균값에 있어서나 분포에 있어서 그다지 높은 유사성을 가지지 않는 것으로 보이며, 초급 학습자들은 한국어 /u/의 정확한 조음 방식을 습득하지 못한 것으로 판단된다.

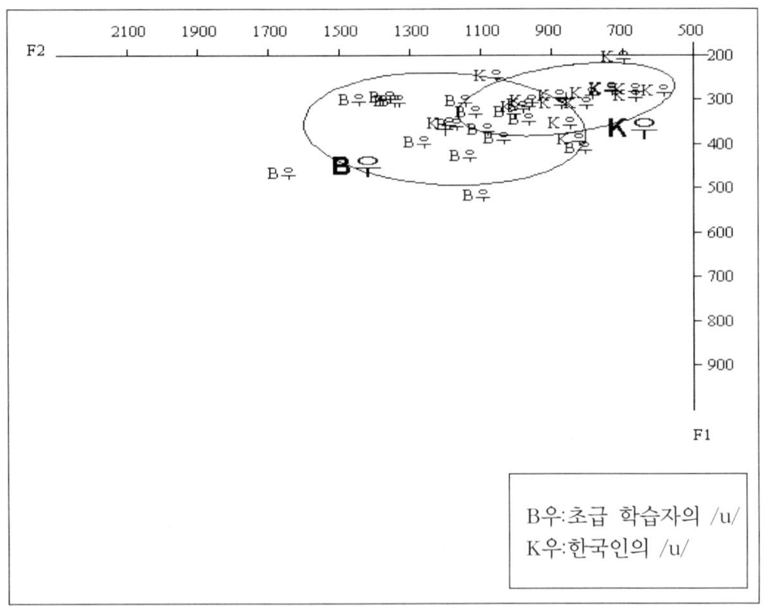

그림 4.10 초급 학습자(BJs)와 한국인(Ks)의 한국어 /u/의 F1과 F2 분포도

	F1 평균 (표준편차)	F2 평균 (표준편차)
AJs의 /u/	323 (52)	1107 (198)
Ks의 /u/	298 (41)	839 (132)
t검정 결과	n.s.	**

*: 유의수준 P〈0.05, **: 유의수준 P〈0.01

표 4.69 고급 학습자(AJs)와 한국인(Ks)의 한국어 /u/의 F1과 F2 평균값

	F1 평균 (표준편차)	F2 평균 (표준편차)
EJs의 /u/	330 (49)	1083 (161)
Ks의 /u/	298 (41)	839 (132)
t검정 결과	n.s.	**

*: 유의수준 P〈0.05, **: 유의수준 P〈0.01

표 4.70 경험자(EJs)와 한국인(Ks)의 한국어 /u/의 F1과 F2 평균값

〈표 4.69〉와 〈표 4.70〉에서 보면, 일본인 고급 학습자와 경험자 집단의 /u/는 한국인의 /u/와 F1값에 있어서 유의미한 차이를 보이지 않았으며, F2값에 있어서는 초급 학습자와 마찬가지로 한국인 집단과 각각 유의수준 0.01하에서 유의미한 차이를 보였다. F2값에 있어서 고급 학습자와 일본인 경험자 집단의 /u/가 한국인의 것에 비해 더 높은 것으로 나타났다.

따라서 일본인 고급 학습자와 경험자의 한국어 /u/는 조음 위치가 혀의 높낮이나 개구도에 있어서는 한국인과 유사하지만, 전후 위치에 있어서는 한국인의 /u/에 비해 좀 더 앞쪽에서 조음되는 것으로 볼 수 있겠다. 다시 말해, 초급 학습자의 경우와 마찬가지로 고급 학습자나 경험자의 /u/ 역시 한국위의 /u/만큼의 원순성을 가지지 않는 것으로 볼 수 있다.[98]

---

98) 앞서 2장에서 언급한 것처럼 모음을 조음할 때 원순성이 있을수록 혀의 위치가 후퇴하게 된다.

결과적으로 한국어 /u/를 조음하는 데 있어서, 일본인 세 집단 가운데 어느 집단도 한국인과 같이 발음하지 못하는 것으로 판단된다. 세 집단을 비교하자면, F1값에 있어서는 한국인 집단과 유의미한 차이를 보이지 않은 고급 학습자와 경험자가 F1과 F2값 모두에 있어서 한국인과 유의미한 차이를 보인 초급 학습자에 비해 한국인과 상대적으로 더 유사하게 발음하는 것으로 볼 수 있다.

(나) 발달 추이 관찰; 일본인 집단 간의 비교

다음은 일본인이 한국어 /u/를 습득함에 있어서 어떠한 발달 양상을 보이는지 조사하기 위해 F1과 F2값에 있어서 일본인 세 집단 간의 차이를 분석한 결과이다.

	F1 평균 (표준편차)	F2 평균 (표준편차)
BJs의 /u/	367 (65)	1203 (205)
AJs의 /u/	323 (52)	1107 (198)
t검정 결과	*	n.s.

*: 유의수준 P〈0.05, **: 유의수준 P〈0.01

표 4.71 초급 학습자(BJs)와 고급 학습자(AJs)의 한국어 /u/의 F1과 F2 평균값

	F1 평균 (표준편차)	F2 평균 (표준편차)
AJs의 /u/	323 (52)	1107 (198)
EJs의 /u/	330 (49)	1083 (161)
t검정 결과	n.s.	n.s.

*: 유의수준 P〈0.05, **: 유의수준 P〈0.01

표 4.72 고급 학습자(AJs)와 경험자(EJs)의 한국어 /u/의 F1과 F2 평균값

〈표 4.71〉에서 보듯이 초급 학습자가 발음한 한국어 /u/와 고급 학습자가 발음한 한국어 /u/는 t검정 결과, F1값에서 유의수준 0.05하에서 유의미한 차이를 보였으며, F2값에 있어서는 유의미한 차이를 보이지 않았다. 〈표 4.72〉에서 보듯이 고급 학습자와 경험자 집단 간에도 F1과 F2값에 있어서 유의미한 차이를 나타내지 않았다. 경험자와 한국인의 F1과 F2값을 비교했을 때는 F1값에서는 유의미한 차이를 보이지 않았고, F2에 있어서 유의수준 0.01하에서 유의미한 차이를 보였다.

따라서 일본인이 한국어 /u/를 습득할 때, 혀의 높낮이 혹은 개구도에 있어서는 처음 한국어를 배우기 시작해서 고급 단계에 이르렀을 때, 학습 기간이 6개월에서 2년 미만일 때 습득에 있어서 발달을 보이지만 그 이후에는 뚜렷한 발달 양상을 보이지 않는 것으로 볼 수 있다. 혀의 전후 위치, 혹은 한국어 /u/의 원순성의 습득에 대해서는 가시적인 발달 양상이 관찰되지 않는다.

(다) 전이 양상; 일본어 /ɯ/로부터의 전이

유사성의 정도가 보통인 한국어 /u/를 습득하는 데 있어서 L1인 일본어의 전이 양상에 대해 살펴보면, 유사성이 높은 모음들에 비해 좀 더 복잡한 양상을 보이는 것을 알 수 있다.

	F1 평균 (표준편차)	F2 평균 (표준편차)
BJs의 한국어 /u/	367 (65)	1203 (205)
BJs의 일본어 /ɯ/	356 (75)	1237 (213)
t검정 결과	n.s.	n.s.

*: 유의수준 P〈0.05, **: 유의수준 P〈0.01

표 4.73 초급 학습자(BJs)의 한국어 /u/와 일본인(Js)의 일본어 /ɯ/의 F1과 F2 평균값

〈표 4.73〉에서 보듯이, 일본인 초급 학습자의 한국어 /u/는 일본인의 일본어 /ɯ/와 F1과 F2의 평균값에 있어서 유의미한 차이를 보이지 않는다. 따라서 일본인 초급 학습자들은 한국어 /u/를 습득하는 과정에서 L2인 한국어의 /u/와 어느 정도 유사성을 갖고 있는 모음인 L1인 일본어의 /ɯ/의 조음 방식을 한국어 /u/를 조음하는 데에 그대로 전이시키는 것으로 볼 수 있겠다.

	F1 평균 (표준편차)	F2 평균 (표준편차)
AJs의 한국어 /u/	323 (52)	1107 (198)
AJs의 일본어 /ɯ/	365 (85)	1187 (210)
t검정 결과	(*)99)	n.s.

*: 유의수준 P〈0.05, **: 유의수준 P〈0.01

〈표 4.74〉 고급 학습자(AJs)의 한국어 /u/와 일본인(Js)의 일본어 /u/의 F1과 F2 평균값

〈표 4.74〉에서 고급 학습자의 한국어 /u/의 경우에는 그들의 일본어 /ɯ/와 F1값에 있어서는 유의수준 0.05하에서는 유의미한 차이를 보이지 않았으나 유의확률이 0.09로 유의수준 0.1하에서는 유의미한 차이를 보인다고 할 수 있다. F2의 평균값에 있어서는 통계적으로 유의미한 차이를 보이지 않았다.

이는 조음 위치상 혀의 높낮이 혹은 개구도에 있어서는 L1으로부터의 전이가 일어나지 않는 편이지만, 혀의 전후 위치에 있어서는 L1에서의 조음 방식이 그대로 L2에 전이되는 것으로 볼 수 있겠다. 결과적으로 일본인 고급 학습자들은 L1인 일본어의 /ɯ/의 조음 방식을 L2인 한국어 /u/를 조음하는 데에 일부 전이시킨다고 할 수 있겠다.

---

99) 유의확률이 0.09임.

	F1 평균 (표준편차)	F2 평균 (표준편차)
EJs의 한국어 /u/	330 (65)	1083 (161)
EJs의 일본어 /ɯ/	369 (69)	1199 (228)
t검정 결과	(*)100)	*

*: 유의수준 P〈0.05, **: 유의수준 P〈0.01

표 4.75 경험자(EJs)의 한국어 /u/와 일본인(Js)의 일본어 /ɯ/의 F1과 F2 평균값

〈표 4.75〉에서 보듯이 일본인 경험자 집단의 한국어 /u/의 경우, 그들의 일본어 /ɯ/와 F1에 있어서는 유의수준 0.1하에서 유의미한 차이를 보였으며, F2값에 있어서 유의수준 0.05하에서 유의미한 차이를 보였다. 이는 경험자 집단의 경우에 한국어 /u/를 조음할 때, 조음 위치상 혀의 높낮이 혹은 개구도와 혀의 전후 위치에 있어서 L1으로부터의 전이가 거의 발생하지 않는 것을 의미한다고 볼 수 있다.

(라) 분포 양상

〈그림 4.11〉은 한국인 집단과 일본인 세 집단이 발음한 한국어 /u/의 F1과 F2값을 분포도로 나타낸 것이다. 앞서 일본인 집단 간의 F1과 F2 평균값 비교 결과, 초급 학습자 집단과 고급 학습자 집단은 서로 통계적으로 유의미한 차이가 나타났었는데(표 4.72), 〈그림 4.11〉의 분포도에서도 두 집단의 타원이 비교적 명확히 구분된다. 분포도에서 각 집단이 발음한 /u/의 분포를 표시하는 타원의 모양과 면적을 비교해 보면, 초급 학습자의 경우는 한국인의 타원에 비해 상당히 넓은 영역에 걸쳐 분포하고 있으며 한국인의 타원과 겹쳐지는 영역이 넓지 않다. 고급 학습자의 경우는 초급 학습자의 경우에 비해 분포를 나타내는 타원이 더 넓은 부분에서 한국인

---

100) 유의확률이 0.08임.

의 타원과 겹쳐지는 편이다.

또한 앞서 F1과 F2 평균값 비교 결과, 고급 학습자와 경험자 집단 간에
는 통계적으로 유의미한 차이가 나타나지 않았었는데(표 4.72), 분포도에
서는 뚜렷하지는 않지만, 경험자의 타원이 고급 학습자의 것보다 조금 더
넓은 영역에 걸쳐 한국인의 타원과 겹쳐지는 것이 관찰된다.

이에 일본인 세 집단의 한국어 /u/발음을 비교하면, 경험자, 고급 학습
자, 초급 학습자의 순으로 한국인과 가깝다고 볼 수 있으며, 따라서 일본
인의 한국어 모음 /u/의 습득에 학습 기간이나 경험 기간이 변수로 작용
을 하고 있다는 해석이 가능하다.

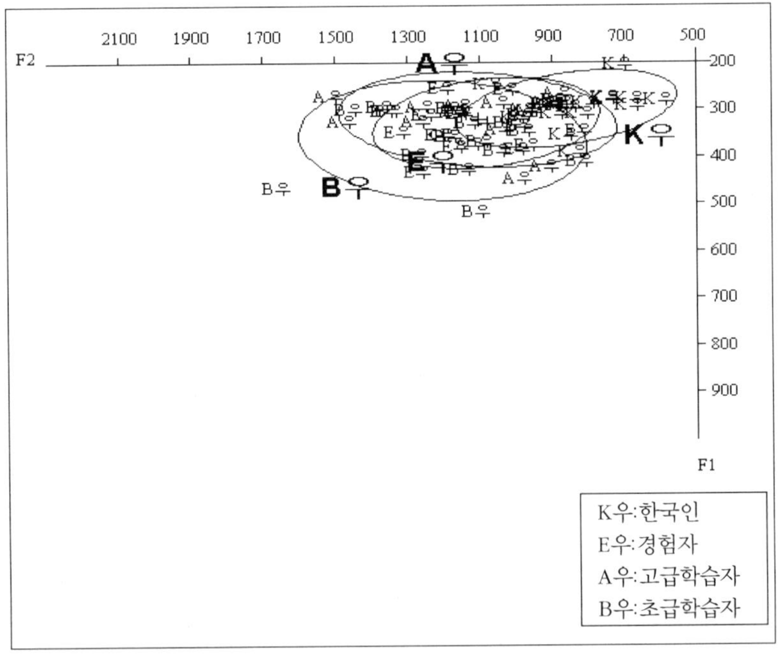

〈그림 4.11〉 일본인 세 집단과 한국인의 한국어 /u/의 F1과 F2 분포도

(마) /u/의 음성 습득 양상

경험 기간	I (2~6개월)	II (18~36개월)	III (6~14년)
혀의 높낮이(개구도)	×	○	○
혀의 전후 위치	×	×	×

표 4.76 한국인과 같은 한국어 /u/의 조음 능력 습득 여부

경험 기간	I − II	II − III
혀의 높낮이(개구도)	○	×
혀의 전후 위치	×	×

표 4.77 한국어 /u/의 학습 및 경험 기간에 따른 발달 추이

경험 기간	I (2~6개월)	II (18~36개월)	III (6~14년)
혀의 높낮이(개구도)	○	(×)[101]	(×)[102]
혀의 전후 위치	○	○	×

표 4.78 한국어 /u/ 조음 시 일본어 /ɯ/로부터의 전이 여부

일본인이 발음한 한국어 /u/ 발음을 분석한 결과, 일본인 세 집단은 모두 한국어 /u/를 한국인과 같이 조음하지 못하는 것으로 나타났다(표 4.76). 특히, 학습 기간이 2~6개월인 일본인들은 한국인보다 개구도를 크게 하고, 혀의 위치가 더 앞쪽으로 이동해서 발음하는 것으로 나타나, 한국인의 /u/와 상당히 차이가 나게 조음하는 것으로 나타났다. 경험 기간이 18~36개월인 일본인들과 학습 기간을 포함한 한국어 경험 기간이 6~14년 된 일본인들은 개구도에 있어서는 한국인과 유사했지만, 혀의 전후 위

---

101) 유의확률이 0.09.
102) 유의확률이 0.08.

치에 있어서는 역시 한국인들보다 좀 더 앞쪽에서 /u/를 조음하는 것으로 나타났다.

이와 유사하게 기간에 따른 발달 추이 분석 결과에서도 일본인들은 개구도에 있어서 경험 기간의 비교적 초기(18~36개월)에 현저한 향상을 보였고, 경험 기간이 6~14년 이상이 되었을 때에는 향상이 되는 모습이 관찰되지 않았다(표 4.77). 또, 혀의 전후 위치에 있어서는 학습 기간이나 경험 기간이 길어짐에 따라 향상되는 모습은 보이지 않았다.

L1의 /ɯ/로부터의 전이 양상에 대한 분석 결과, 경험 기간이 2~6개월일 때는 개구도와 혀의 전후 위치 모두에 있어서 전이가 일어나고, 경험 기간이 18~36개월일 때는 개구도에 있어서는 전이가 일어나지 않고, 혀의 전후 위치에 있어서만 전이가 일어났으며, 학습 기간을 포함한 경험 기간이 6년 이상일 때는 개구도와 혀의 전후 위치 모두에 있어서 전이가 발생하지 않았다(표 4.78).

결과적으로 일본인이 한국어 /u/를 습득하는 데 있어서 개구도에 있어서는 학습 기간이 영향을 미치는 것으로 볼 수 있으며, 전후 위치(아마도 원순성)에 있어서는 학습 기간 혹은 경험 기간이 습득에 대체로 영향을 미치지 않는 것으로 해석이 된다. 그렇지만, 전이 양상 분석에서 경험 기간이 6년 이상 되었을 때 혀의 전후 위치에 대한 전이가 더 이상 일어나지 않는 것으로 미루어, 부가적인 경험 기간을 통해 혀의 전후 위치(원순성)에 대해 습득하기 시작했을 가능성이 엿보인다.

4) 유사성이 낮은 모음

① 한국어 /ʌ/

(가) 일본인 세 집단과 한국인(Ks)의 비교

다음은 한국인과 일본인 세 집단이 발음한 한국어 /ʌ/의 F1값과 F2값의 평균을 제시한 것이다.

	F1 평균 (표준편차)	F2 평균 (표준편차)
Ks	736 (94)	1114 (121)
EJs	565 (103)	1052 (159)
AJs	597 (98)	1082 (164)
BJs	481 (122)	954 (119)

표 4.79 한국인과 일본인의 한국어 /ʌ/의 F1과 F2 평균값

	F1 평균 (표준편차)	F2 평균 (표준편차)
BJs의 /ʌ/	481 (122)	954 (119)
Ks의 /ʌ/	736 (94)	1114 (121)
t검정 결과	**	**

*: 유의수준 P〈0.05, **: 유의수준 P〈0.01

표 4.80 초급 학습자(BJs)와 한국인(Ks)의 한국어 /ʌ/의 F1과 F2 평균값

〈표 4.80〉에서 일본인 초급 학습자가 발음한 한국어 /ʌ/는 한국인의 /ʌ/와 F1과 F2 모두에 있어서 유의수준 0.01하에서 유의미한 차이를 보였다. 초급 학습자에 비해 한국인의 F1과 F2의 평균값이 더 높은 것으로 나타났다.

초급 학습자의 한국어 /ʌ/는 조음 위치 면에서 한국인과 큰 차이가 있는 편이다. /ʌ/를 발음할 때 한국인에 비해 초급 학습자들은 입을 더 작게 벌려 조음하며, 혀의 전후 위치에 있어서도 한국인에 비해 더 뒤쪽에서 조음하는 것으로 이해할 수 있겠다.

	F1 평균 (표준편차)	F2 평균 (표준편차)
AJs의 /ʌ/	597 (98)	1082 (164)
Ks의 /ʌ/	736 (94)	1114 (121)
t검정 결과	**	n.s.

*: 유의수준 P⟨0.05, **: 유의수준 P⟨0.01

표 4.81 고급 학습자(AJs)와 한국인(Ks)의 한국어 /ʌ/의 F1과 F2 평균값

⟨표 4.81⟩에서 보면, t검정 결과, 고급 학습자가 발음한 한국어 /ʌ/는 한국인이 발음한 /ʌ/와 F1값에 있어서 유의수준 0.01하에서 유의미한 차이를 보였는데, 고급 학습자의 /ʌ/가 한국인의 것에 비해 F1값이 더 낮게 나타났다. F2값에 있어서는 고급 학습자의 /ʌ/ 발음은 한국인과 통계적으로 유의미한 차이를 보이지 않았다.

따라서 고급 학습자의 한국어 /ʌ/는 혀의 높낮이나 개구도에 있어서는 한국인의 /ʌ/에 비해 혀의 위치가 더 낮은 지점에서 조음하며, 혀의 전후 위치에 있어서는 한국인과 유사한 위치에서 조음이 이루어지는 것으로 볼 수 있다. F1과 F2값 모두에 있어서 한국인과 통계적으로 유의미한 차이를 보인 초급 학습자들과 달리, 고급 학습자들은 F2값에 있어서는 한국인과 유사한 것으로 나타나, /ʌ/ 조음 시 혀의 전후 위치에 대한 부분에 있어서 습득이 성공적으로 이루어진 것으로 추측된다.

	F1 평균 (표준편차)	F2 평균 (표준편차)
EJs의 /ʌ/	565 (103)	1502 (159)
Ks의 /ʌ/	736 (94)	1114 (121)
t검정 결과	**	n.s.

*: 유의수준 P⟨0.05, **: 유의수준 P⟨0.01

표 4.82 경험자(EJs)와 한국인(Ks)의 한국어 /ʌ/의 F1과 F2 평균값

〈표 4.82〉는 경험자가 발음한 한국어 /ʌ/와 한국인의 /ʌ/를 비교한 것인데, t검정 결과, 경험자의 한국어 /ʌ/ 역시 고급 학습자의 경우와 마찬가지로 한국인의 /ʌ/와 F1에 있어서 유의수준 0.01하에서 유의미한 차이를 보였고, F2에 있어서는 유의미한 차이를 보이지 않았다.

경험자 집단의 한국어 /ʌ/는 조음 위치상, 혀의 높낮이나 개구도에 있어서는 한국인의 /ʌ/에 비해 혀의 위치가 더 낮은 지점에서 조음되고, 혀의 전후 위치에 있어서는 한국인과 유사한 것으로 여겨진다.

뿐만 아니라, 경험자 집단의 경우에는 초급이나 고급 화자 집단에 비해 배우자 혹은 남자 친구가 한국인이거나 한국어 교육을 포함한 한국학 관련 분야를 전공하는 피험자가 다수 포함되어 있었다. 이들의 경우, 한국어를 한국인과 같이 발음하는 것에 대한 더 강하게 동기부여가 될 수 있으므로 습득 능력도 더 우수할 것으로 추정되어 이들 소집단의 발음을 한국인(Ks) 및 경험자 집단의 다른 피험자들의 발음과 비교해 보았다.

분석 결과, 배우자나 남자 친구가 한국인인 피험자(5명)와 한국학 전공자(3명)은 경험자 집단 전체의 경우와 마찬가지로 한국인(Ks)과 F1값에 있어서 유의미한 차이를 보였으며, 한국인에 비해 F1 수치가 더 낮은 것으로 나타났다. 그리고 이 두 소집단의 발음을 배우자나 남자 친구가 한국인이 아니고 한국학을 전공하지 않는 나머지 피험자(8명)와 비교한 결과, F1, F2 수치에 있어서 통계적으로 유의미한 차이를 보이지 않았다(배우자나 남자 친구가 한국인: F1 615, F2 1028, 한국학 전공자: F1 581, F2 1150, 나머지: F1 543, F2 1063).

개별적인 추가 탐문으로 조사한 바에 의하면, 배우자나 남자 친구가 한국인인 피험자들의 경우 상대와의 주된 의사소통 수단이 한국어인 경우도 있었지만 일본어와 한국어를 모두 사용하거나 일본어를 더 많이 사용한다고 대답한 사람도 있어, 배우자나 남자 친구와 같은 요인이 한국어를 사용하는 정도나 한국인과 같은 한국어 발음 습득에 대한 동기부여와 직접적인 관련성이 없는 것으로 여겨지며, 그러한 요인 자체가 궁극적으로 한국인과 같은 발음 능력(ultimate competence)을 획득하는 데에 변인이 될 수 없는 것으로 추측된다.[103]

결과적으로 일본인 세 집단 중 어느 집단도 한국어 /ʌ/를 한국인처럼 조음하지 못하는 것으로 볼 수 있으며, 일본인 세 집단 모두 F1에 있어서 한국인과 유의미한 차이를 보인 점으로 미루어, 일본인이 한국어 /ʌ/를 습득하는 과정에서 학습 혹은 경험 기간이 혀의 높낮이 혹은 개구도에 있어서 /ʌ/를 정확하게 조음하는 조음 방식을 습득하는 데에 중요한 변수로 작용하지 않는 것으로 판단된다.

(나) 발달 추이 관찰; 일본인 집단 간의 비교

다음에서는 일본인이 한국어 /ʌ/를 습득함에 있어서 단계별로 어떠한 발달 양상을 보이는지 조사하기 위해 F1과 F2값에 있어서 일본인 세 집단 간에 어떠한 차이가 있는지를 비교하고자 한다.

---

103) 배우자가 한국인인 피험자로 개별적 추가 탐문 결과, 배우자가 일본어를 구사하지 못해 배우자와 한국어만 사용한다고 답변한 세 사람(EJ-2, EJ-12, EJ-15)의 경우, F1 수치가 768Hz, 597Hz, 667Hz로 경험자 집단의 피험자 평균 수치(565Hz)를 웃돌았고 한국인(Ks)의 평균 F1값(736Hz)에 비교적 더 가깝게 나타났다. 이에 반해, 일상생활에서 주로 한국어를 사용하지만 남편과는 일본어로 의사소통을 할 때가 많다고 답변한 두 사람(EJ-9, EJ-16)의 경우, /ʌ/의 F1 수치가 500Hz, 543Hz로 경험자 집단의 평균 수치에 미치지 못하고 한국인(736Hz)과 현저한 차이가 나는 편으로 나타났다. 이러한 점으로 미루어 한국어 사용량 혹은 사용 빈도가 한국인과 같은 발음을 습득하는 데에 영향을 미칠 수 있을 것으로 짐작이 되지만, 피험자 수가 충분하지 않아 통계적 분석이 불가능하며 이를 일반화시키기 위해서는 사용량과 습득에 대한 후속 연구가 뒤따라야 할 것이다.

	F1 평균 (표준편차)	**F2** 평균 (표준편차)
BJs의 /ʌ/	481 (122)	954 (119)
AJs의 /ʌ/	597 (98)	1082 (164)
t검정 결과	**	*

*: 유의수준 P〈0.05, **: 유의수준 P〈0.01

표 4.83 초급 학습자(BJs)와 고급 학습자(AJs)의 한국어 /ʌ/의 F1과 F2 평균값

〈표 4.83〉에서 보듯이 초급 학습자가 발음한 한국어 /ʌ/와 고급 학습자가 발음한 한국어 /ʌ/는 t검정 결과, F1과 F2값 모두 있어서 통계적으로 유의미한 차이를 보였다. 초급 학습자와 고급 학습자 집단은 F1값에 있어서는 유의수준 0.01하에서 유의미한 차이를 보였고, 고급 학습자의 F1값이 더 높은 것으로 나타났다. 두 집단은 F2값에 있어서는 유의수준 0.05하에서 유의미한 차이를 보였으며, 고급 학습자의 F2값이 더 높은 것으로 나타났다.

앞서 한국인이 발음한 /ʌ/의 포먼트값과의 비교 결과, 초급 학습자는 한국인과 F1, F2 모두 차이가 나고 고급 학습자는 F1에서만 한국인과 차이가 나는 점을 미루어 판단할 때, 한국어 /ʌ/를 습득하는 과정에서 한국어를 학습한 기간이 6개월에서 2년 사이에 상당히 현저한 발전이 일어나는 듯하다.

	F1 평균 (표준편차)	**F2** 평균 (표준편차)
AJs의 /ʌ/	597 (98)	1082 (164)
EJs의 /ʌ/	565 (103)	1052 (159)
t검정 결과	n.s.	n.s.

*: 유의수준 P〈0.05, **: 유의수준 P〈0.01

표 4.84 고급 학습자(AJs)와 경험자(EJs)의 한국어 /ʌ/의 F1과 F2 평균값

〈표 4.84〉는 고급 학습자와 경험자 집단 간에 /ʌ/에 대한 F1과 F2값을 비교한 것이다. 〈표 4.84〉에서 보듯이, t검정 결과, 고급 학습자와 경험자 집단 간에는 F1과 F2값에 있어서 유의미한 차이가 나타나지 않았다.[104]

결과적으로 일본인이 한국어 /ʌ/를 습득할 때 학습 초기인 학습 기간이 6~18개월 때 조음 위치 면에서 뚜렷하게 향상되는 것으로 여겨지며, 학습 혹은 경험 기간이 길어짐에 따른 지속적인 발전이 이루어지지는 않는 듯하다. 한편, 일본인 화자에게 한국어 /ʌ/는 학습 초기에 혀의 높낮이나 전후 위치 면에서 모두 향상이 되는데 특히, 혀의 높낮이 즉, 개구도에서 현저하게 향상되는 것으로 추측할 수 있다.

(다) 한국어 /ʌ/와 한국어 /o/의 구분

앞서 3장에서 언급한 것처럼 일본인에게 한국어 /ʌ/는 한국어 /o/와 구분해서 발음하기 힘든 모음일 가능성이 높다.[105] 이에 한국어 /ʌ/와 /o/를 구분하는 정도를 기준으로 일본인의 한국어 /ʌ/의 습득 양상을 살펴보고자 한다.

다음의 〈표 4.85〉는 일본인 세 집단이 발음한 한국어 /ʌ/와 한국어 /o/와 한국인이 발음한 한국어 /ʌ/와 한국어 /o/의 F1과 F2 평균값을 비교한

---

104) 또한 경험자 집단의 피험자 16명 가운데 경험 기간이 9년 이상으로 상대적으로 경험 기간이 긴 5인의 경우도 역시 F1값에 있어서 한국인과는 통계적으로 유의미한 차이를 보였다(F1: 608Hz). 이들의 F1을 경험 기간이 9년 미만인 사람들(F1: 545Hz)의 경우와 비교 결과, 평균값에 있어서 경험 기간이 상대적으로 짧은 화자들에 비해 F1값이 더 커 한국인에 좀 더 가까운 양상을 보였으나 그 차이가 통계적으로 유의미하게 나타나지는 않았다.

105) 김영송(1975:61~62)에서는 한국어 모음을 발음할 때 입술의 벌림을 측면에서 본 입술의 벌림을 X선 사진으로 측정하였는데, 그 결과 한국어 /ʌ/의 경우에 한국어 /o/와 입술 벌림이 각각 10mm, 9.2mm로 큰 차이가 없는 것으로 나타났다. 물론, 두 모음의 음가의 차이를 만드는 입 벌림(개구도)은 턱의 운동에 의한 것이므로 입술 벌림과는 차이가 있는 것이지만, 일본인들이 /ʌ/의 학습하는 과정에서 교사의 입 모양을 보고 따라 말하면서 발음을 익힐 때 결국 턱 벌림(개구도)이 아닌 입술 모양을 보게 되므로 두 모음 간에 혼동이 일어나기 쉬울 것으로 생각된다.

것이다.

Ks	F1 평균 (표준편차)	F2 평균 (표준편차)
한국어 /ʌ/	736 (94)	1114 (121)
한국어 /o/	380 (66)	801 (120)
t검정 결과	**	**

*: 유의수준 P〈0.05, **: 유의수준 P〈0.01

표 4.85 한국인의 한국어 /ʌ/와 /o/의 F1과 F2 평균값

〈표 4.85〉를 보면 한국인이 발음한 한국어 /ʌ/와 /o/는 F1과 F2값 모두에 있어서 유의수준 0.01하에서 유의미한 차이를 보였으므로, 한국어 /ʌ/와 /o/는 조음 위치에 있어서 서로 뚜렷한 차이가 있다고 할 수 있다. 또한 F1과 F2값 모두에 있어서 /ʌ/의 수치가 /o/보다 상당히 더 높게 나타났는데, 이를 통해 한국인들이 /ʌ/를 조음할 때 /o/에 비해 혀의 높이가 상당히 더 낮으며(즉, 개구도가 크며), /ʌ/가 /o/보다 혀의 전후 위치에 있어서 상당히 앞쪽에서 조음함을 알 수 있다.

〈그림 4.12〉는 한국인이 발음한 한국어 /ʌ/와 한국어 /o/의 F1과 F2을 분포도로 나타낸 것이다. 분포도를 보면, 한국인의 /ʌ/는 X축과 Y축상에서 수치가 작은 쪽에 분포하고 있고, 한국인의 /o/는 수치가 상대적으로 더 큰 쪽에 분포하고 있어, 한국인의 /ʌ/와 /o/는 서로 겹쳐지는 부분이 없이 서로 다른 영역에서 분포하는 것을 알 수 있다.

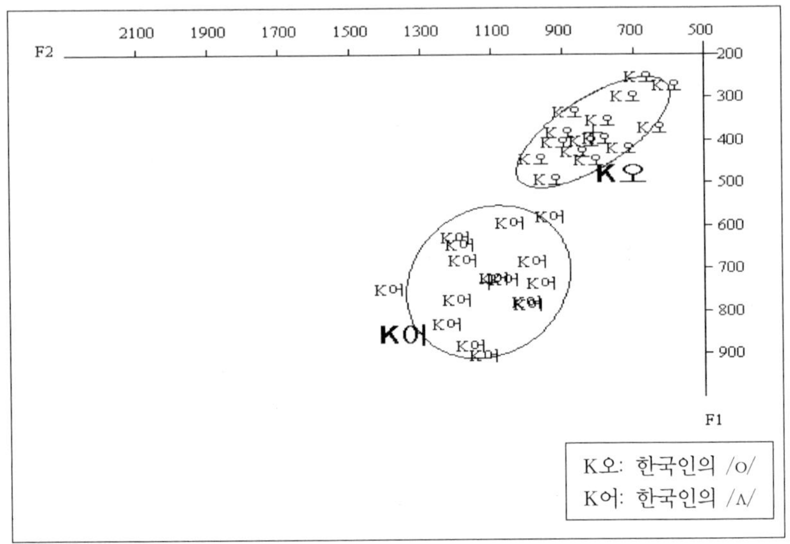

〈그림 4.12〉 한국인의 한국어 /ʌ/와 /o/의 F1과 F2 분포도

	F1 평균 (표준편차)	F2 평균 (표준편차)
BJs의 한국어 /ʌ/	481 (122)	954 (119)
BJs의 한국어 /o/	445 (63)	893 (94)
t검정 결과	n.s.	n.s.

*: 유의수준 P〈0.05, **: 유의수준 P〈0.01

표 4.86 초급 학습자(BJs)의 한국어 /ʌ/와 /o/의 F1과 F2 평균값

〈표 4.86〉은 초급 학습자가 발음한 한국어 /ʌ/와 /o/의 F1과 F2의 평균 값을 비교한 것이다. t검정 결과, 초급 학습자의 /ʌ/와 /o/는 F1과 F2값 모두에 있어서 서로 유의미한 차이를 보이지 않았다. 다시 말해, 초급 학습자들은 한국어 /ʌ/를 발음할 때 혀의 높낮이와 혀의 전후 위치에 있어서 한국어 /o/와 구분해서 조음하지 못하는 것으로 여겨진다.

다음의 〈그림 4.13〉은 초급 학습자가 발음한 한국어 /ʌ/와 한국어 /o/의 F1과 F2의 분포 양상을 분포도로 나타낸 것이다. 분포도에서 초급 학습자의 /ʌ/는 비교적 /o/에 비해 X축과 Y축상에서 각각 F1과 F2 수치가 더 큰 영역까지 분포하고 있어, 분포를 나타내는 두 타원이 쉽게 구분이 되기는 하지만, 상당히 넓은 영역에 걸쳐 서로 겹쳐져 분포하는 것이 관찰된다.

그러므로 초급 학습자의 경우에 아직 정확한 한국어 /ʌ/의 습득이 이루어지지 않아, 한국어 /o/와 구분하지 않고 조음하는 학습자들이 많은 것으로 생각할 수 있다.

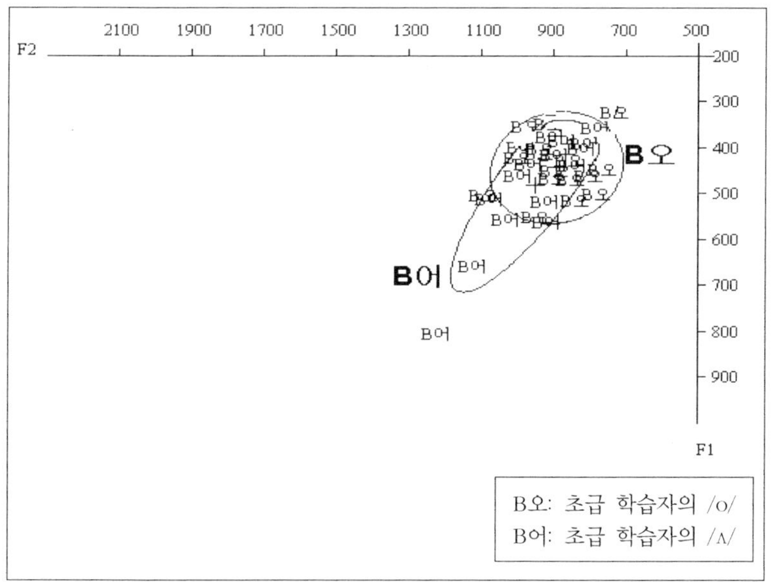

그림 4.13 초급 학습자(BJs)의 한국어 /ʌ/와 /o/의 F1과 F2 분포도

다음의 〈표 4.87〉은 일본인 고급 학습자가 발음한 한국어 /ʌ/와 /o/의 F1과 F2의 평균값을 비교한 것이다. 통계 분석 결과, 고급 학습자들의 /ʌ/

와 /o/는 F1값에 있어서 유의수준 0.05하에서 유의미한 차이를 보였고 F2값에 있어서 유의수준 0.01하에서 유의미한 차이를 보였다. 따라서 고급 학습자들은 한국어 /ʌ/를 조음할 때 혀의 높낮이 혹은 개구도나 혀의 전후 위치에 있어서 한국어 /o/와 구분해서 조음하는 것이 비교적 가능한 것으로 보인다.

또한 /ʌ/의 경우가 /o/보다 F1값과 F2값 모두 더 높게 나타났으므로, 고급 학습자는 한국인 집단과 마찬가지로 한국어 /o/를 발음할 때에 비해 /ʌ/를 발음할 때 입을 더 크게 벌리며, 혀의 전후 위치는 더 앞쪽에서 조음하는 경향이 있다는 것을 알 수 있다.

	F1 평균 (표준편차)	F2 평균 (표준편차)
AJs의 한국어 /ʌ/	597 (98)	1082 (164)
AJs의 한국어 /o/	454 (65)	887 (91)
t검정 결과	*	**

*: 유의수준 P〈0.05, **: 유의수준 P〈0.01

표 4.87 고급 학습자(AJs)의 한국어 /ʌ/와 /o/의 F1과 F2 평균값

〈그림 4.14〉는 고급 학습자가 발음한 한국어 /ʌ/와 한국어 /o/의 F1과 F2의 분포 양상을 분포도로 나타낸 것이다. 분포도에서 고급 학습자의 /ʌ/와 /o/는 초급 학습자의 경우에 비하면 겹쳐지는 부분의 면적이 훨씬 더 좁다. 다시 말해, 포먼트 평균값 비교한 결과와 마찬가지로 일본인 고급 학습자들은 초급 학습자에 비해 상대적으로 한국어 /ʌ/와 /o/를 더 잘 구분해서 조음하고 있다고 말할 수 있으며, 고급 학습자들의 경우 초급 학습자들에 비해 한국어 /ʌ/의 습득이 어느 정도 분명하게 진행되었다고 할 수 있다.

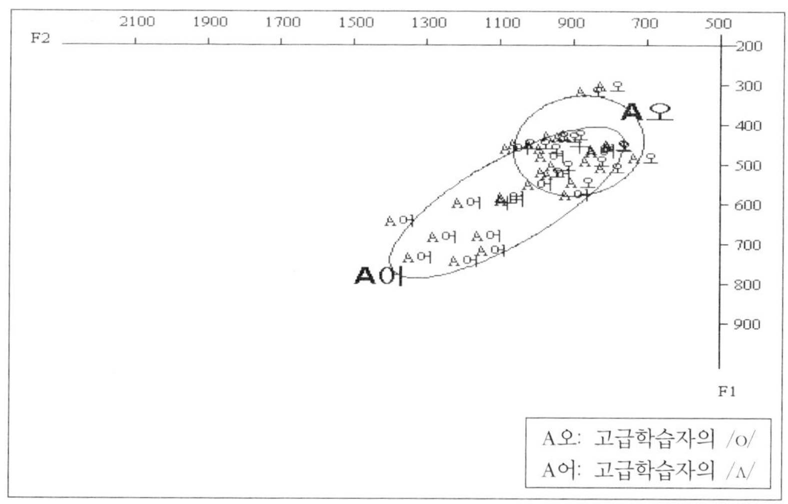

그림 4.14 고급 학습자(AJs)의 한국어 /ʌ/와 /o/의 F1과 F2 분포도

〈표 4.88〉은 일본인 경험자 집단이 발음한 한국어 /ʌ/와 /o/의 F1과 F2의 평균값을 비교한 것이다. 고급 학습자와 마찬가지로 경험자의 /ʌ/와 /o/는 F1과 F2 모두에 있어서 유의수준 0.01하에서 유의미한 차이를 보였다. 따라서 고급 학습자들은 한국어 /ʌ/를 조음할 때 혀의 높낮이 혹은 개구도나 혀의 전후 위치에 있어서 한국어 /o/와 구분해서 조음하는 것이 가능한 것으로 판단된다.

결과적으로 일본인이 한국어 /ʌ/를 습득할 때 학습 기간이 6개월 미만일 때는 일본어 모음 목록에 존재하지 않는 한국어 모음인 /ʌ/를 한국어 /o/와 구분하지 못하고 조음을 하지만, 6~18개월의 학습 기간을 거치면서 두 모음을 변별해서 조음하는 것이 가능해지는 것으로 볼 때, 습득 초기에 학습 기간이 중요한 변수로 작용하고 있음을 알 수 있다. 그리고 고급 학습자의 /ʌ/의 경우에 개구도와 관련이 있는 F1값에서 /o/와 유의수준 0.05하에서 유의미한 차이를 보였지만, 경험자의 경우에 한국인과 마찬가지로 유의수준 0.01하에서 유의미한 차이를 보였다. 따라서 장기적인 경험 기간이 변수로 작용해, 그 기간이 길어짐에 따라 개구도 측면에서 지속적으로 발전이 이루어지고 있는 것으로 생각할 수 있다.

	F1 평균 (표준편차)	F2 평균 (표준편차)
EJs의 한국어 /ʌ/	565 (103)	1052 (159)
EJs의 한국어 /o/	419 (60)	895 (123)
t검정 결과	**	**

*: 유의수준 P〈0.05, **: 유의수준 P〈0.01

표 4.88 경험자(EJs)의 한국어 /ʌ/와 /o/의 F1과 F2 평균값

〈그림 4.15〉는 경험자가 발음한 한국어 /ʌ/와 한국어 /o/의 F1과 F2의 분포 양상을 나타낸 것인데, 그림에서 /ʌ/와 /o/는 고급 학습자의 경우처럼 분포를 나타내는 타원이 겹쳐지는 부분의 면적이 좁은 편으로, 포먼트 평균값 비교 결과와 마찬가지로 경험자들은 한국어 /ʌ/와 /o/를 구분해서 조음하는 경우가 그렇지 않은 경우보다 더 빈번한 것으로 볼 수 있다.

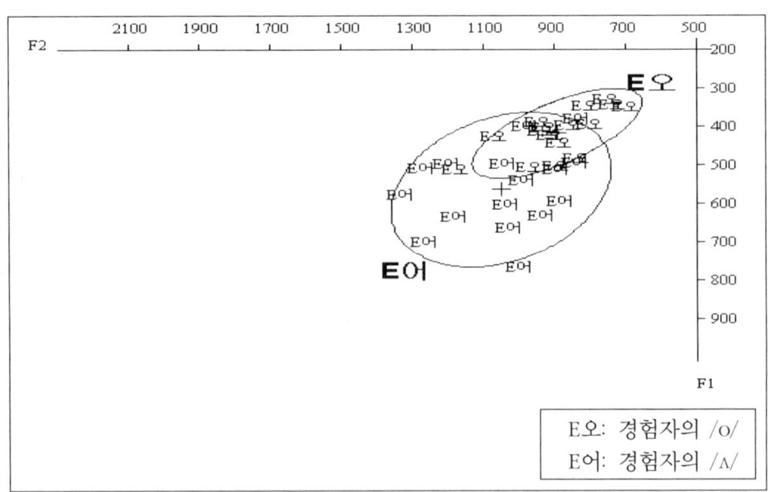

그림 4.15 경험자(EJs)의 한국어 /ʌ/와 /o/의 F1과 F2 분포도

(라) 전이 양상; 일본어 /o/로부터의 전이

3장에서 논한 바와 같이 일본어 모음 목록에 한국어 /ʌ/와 유사한 모음은 존재하지 않으며, 일본어 화자가 한국어 /ʌ/와 일본어 /o/를 혼동한다는 우인혜(1998a) 등의 선행 연구에 따르면, 일본인들이 한국어 /ʌ/를 습득하는 데 있어서 L1인 일본어의 /o/로부터의 전이가 예상된다. 이에 한국어 /ʌ/를 습득하는 데 있어서 L1인 일본어의 /o/로부터의 전이 양상을 살펴보기 위해 일본인 세 집단이 발음한 한국어 /ʌ/와 그들이 발음한 일본어 /o/의 포먼트값을 비교해 보았다.

	F1 평균 (표준편차)	F2 평균 (표준편차)
BJs의 일본어 /o/	432 (65)	885 (121)
BJs의 한국어 /ʌ/	565 (103)	1052 (159)
t검정 결과	**	**

*: 유의수준 P〈0.05, **: 유의수준 P〈0.01

표 4.89　초급 학습자(BJs)의 일본어 /o/와 한국어 /ʌ/의 F1과 F2 평균값

	F1 평균 (표준편차)	F2 평균 (표준편차)
AJs의 일본어 /o/	434 (80)	895 (148)
AJs의 한국어 /ʌ/	565 (103)	1052 (159)
t검정 결과	**	**

*: 유의수준 P〈0.05, **: 유의수준 P〈0.01

표 4.90　고급 학습자(AJs)의 일본어 /o/와 한국어 /ʌ/의 F1과 F2 평균값

	F1 평균 (표준편차)	F2 평균 (표준편차)
EJs의 일본어 /o/	426 (74)	883 (111)
EJs의 한국어 /ʌ/	565 (103)	1052 (159)
t검정 결과	**	**

*: 유의수준 P〈0.05, **: 유의수준 P〈0.01

표 4.91　경험자(EJs)의 일본어 /o/와 한국어 /ʌ/의 F1과 F2 평균값

〈표 4.89~표 4.91〉에서 보듯이 일본인 세 집단의 일본어 /o/는 그들의 한국어 /ʌ/와 F1, F2 모두에 있어서 유의수준 0.01하에서 유의미한 차이를 보인 만큼, 일본인이 한국어 /ʌ/를 발음할 때 L1인 일본어 /o/의 조음 위치의 전이가 발생하지 않는 것으로 해석된다.

(마) 분포 양상

〈그림 4.16〉의 한국인 집단과 일본인 세 집단의 한국어 /ʌ/의 F1과 F2의 분포도에서 각 집단을 비교해 보면, 먼저 일본인 세 집단의 타원이 한국인의 타원에 비해 현저하게 Y축상에서 아래쪽에 위치하고 있다. 즉, F1값이 큰 부분에 주로 분포하고 있다. 또한 일본인 세 집단의 타원도 각각 뚜렷하게 구분이 되는 편인데, 초급 학습자의 경우에 비해 고급 학습자나 경험자 집단이 F1값이 더 큰 부분까지 분포하고 있다. 한국인의 /ʌ/와 겹쳐지는 양상을 고려하면, 고급 학습자나 경험자 집단의 /ʌ/가 초급 학습자에 비해 한국인의 /ʌ/ 타원과 겹쳐지는 면적이 더 넓다.

이에 F1과 F2 평균값을 통한 분석 결과에서도 알 수 있었듯이 일본인이 한국어 /ʌ/를 습득하는 데 있어서 학습 기간이 중요한 변수로 작용하고 있다고 말할 수 있겠다. 일본인들은 한국어 /ʌ/를 습득할 때 학습 기간이 길어짐에 따라 조음 위치, 특히 Y축으로 표시된 F1, 즉 혀의 높낮이 혹은 개구도에 있어서 뚜렷한 발달이 이루어진다고 볼 수 있다.

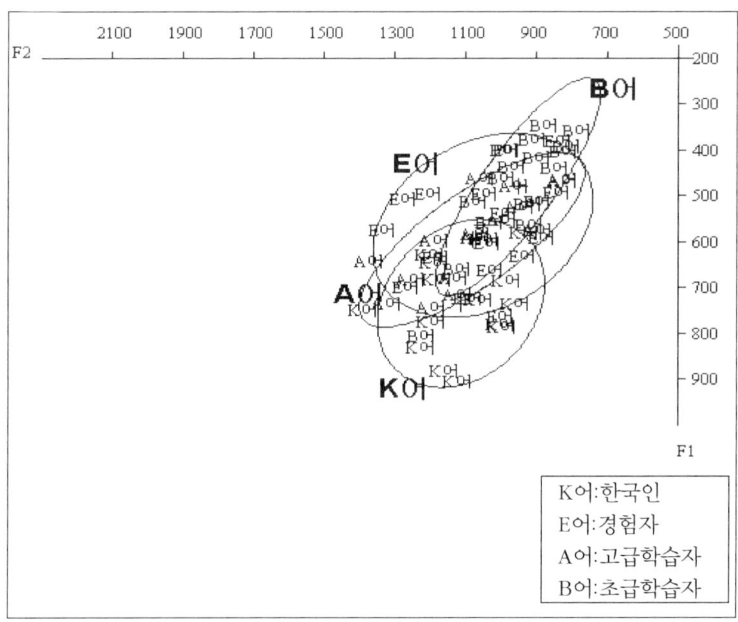

그림 4.16   일본인 세 집단과 한국인의 한국어 /ʌ/의 F1과 F2 분포도

다른 집단과 달리, 〈그림 4.16〉에서 경험자의 /ʌ/는 고급 학습자의 것에 비해 더 넓은 영역에 걸쳐 분포하고 있는 것이 관찰되는데, 이는 고급 학습자 집단에 비해 경험자 집단의 개인 편차가 더 심한 것을 보여 주는 것으로 학습 혹은 경험 기간뿐만 아니라 개인 편차도 발음 습득의 변수로 작용할 수 있음을 암시하는 것으로 볼 수 있다.106)

---

106) 산출 실험 결과로는 집단 간의 차이는 비교 가능하지만, 개인 간의 '차이'를 판단하기 힘들다. 다시 말해, 개별 피험자 중 어떤 피험자가 한국인과 같다거나 더 가깝다거나 혹은 다르다고 판단하는 것은 힘들다. 한국인과 같은 발음 구사가 가능한 개별 화자를 찾는 등 개별 화자들의 발음의 정확도를 비교하기 위해서는 외국인투 감지를 위한 청취 실험이 행해질 필요가 있다. 청취 실험을 통한 등급 매김(혹은 득점 결과)으로 개별 화자 간의 정확도에 대한 비교가 가능할 것이다.

(바) /ʌ/의 음성 습득 양상

경험 기간	I (2~6개월)	II (18~36개월)	III (6~14년)
혀의 높낮이(개구도)	×	×	×
혀의 전후 위치	×	○	○

표 4.92   한국인과 같은 한국어 /ʌ/의 조음 능력 습득 여부

경험 기간	I - II	II - III
혀의 높낮이(개구도)	○	×
혀의 전후 위치	○	×

표 4.93   한국어 /ʌ/의 학습 및 경험 기간에 따른 발달 추이

경험 기간	I (2~6개월)	II (18~36개월)	III (6~14년)
혀의 높낮이(개구도)	×	○	○
혀의 전후 위치	×	○	○

표 4.94   한국어 /ʌ/와 한국어 /o/의 변별 가능 여부

경험 기간	I (2~6개월)	II (18~36개월)	III (6~14년)
혀의 높낮이(개구도)	×	×	×
혀의 전후 위치	×	×	×

표 4.95   한국어 /ʌ/ 조음 시 일본어 /o/로부터의 전이 여부

일본인이 발음한 한국어 /ʌ/ 발음을 분석한 결과, 〈표 4.92〉에서 보듯이 일본인 세 집단의 발음은 모두 혀의 조음 위치 측면에서 한국인의 발음과 유사하지 않은 것으로 나타났다. 개구도에 있어서는 세 집단 중 어느 집단도 한국인과 유사하지 않았고, 혀의 전후 위치에 있어서는 경험 기간

이 18~36개월 되었을 때부터 한국인과 유사한 위치에서 조음을 하게 되는 것으로 나타났다.

경험 기간에 따른 발달 추이 분석 결과를 보면 일본인 집단은 6~18개월 기간에 개구도와 혀의 전후 위치에 있어서 현저하게 향상이 되는 모습을 보였으며, 한국인과 같은 발음을 하기 위해서는 개구도에 있어서 여전히 개선의 여지가 있음에도 불구하고 부가적인 경험 기간이 길어짐에 따른 발달은 관찰되지 않았다(표 4.93).

또한, 기간에 따른 한국어 /o/와 구분 가능 여부를 조사한 결과, 〈표 4.94〉에서 보듯이 경험 기간이 18~36개월일 때부터 개구도나 혀의 전후 위치에 있어서 한국어 /ʌ/와 /o/를 구분 가능한 것으로 미루어, 그 기간에 한국어 /ʌ/에 대한 습득이 활발히 이루어지는 것으로 추측된다.

한국어 /ʌ/ 발음 시 일본어의 /o/로부터의 전이 양상에 대한 분석 결과에 따르면 학습 기간이나 경험 기간에 관계없이 개구도에 있어서는 전이가 일어나지 않는 것으로 나타났다(표 4.95). 3장에서 한국어 모음과 일본어 모음의 유사성의 정도에 대한 분석 결과, 한국어 /ʌ/는 일본어 /o/와 유사성이 거의 없는 혹은 상당히 낮은 관계임이 확인되었었다. 아마도 일본인 화자들을 그것을 인지하고 있어 일본어 모음과 유사성이 낮은 한국어 /ʌ/를 발음할 때, L1인 일본어 /o/로부터 조음 방식을 전이시킨다고 보기보다는 한국어 /o/와의 혼동으로 인한 L2내에서의 전이가 일어난다고 볼 수 있을 것 같다.

결과적으로 일본인이 한국어 /ʌ/를 습득하는 데 있어서 개구도나 혀의 전후 위치에 있어서 학습 초기에 학습 기간의 길이가 큰 영향을 미치는 것으로 생각되며, 정규 학습 이 완료된 후의 부가적인 경험은 습득에 큰 영향을 미치지 못하는 것으로 해석된다. 단지 학습 기간을 포함한 경험 기간이 18개월 이상인 경우에 한국어 /o/와 같은 인접 모음과 구분할 수 있으며, 학습 기간이 6개월 미만인 일본인들에 비해서 한국인의 발음에 조금 더 유사한 발음이 가능한 것으로 나타난 점으로 미루어, 그들은 한국어 /ʌ/를 발음하는 데 있어서 한국인과 같은 조음이 가능한 것은 아니지만, 학습 초기 단계와는 구분이 되는 중간언어적 요소로 볼 수 있는 어떤 새로운 음성 영역(phonetic category)을 창조해 낸 것으로 볼 수 있다.

이러한 일본인의 /ʌ/의 습득에 대한 본 연구의 연구는 우인혜(1998a)의 연구와 상반된 결과를 보인다. 우인혜(1998a)에서는 일본인 학습자들이 'ㅗ'와 'ㅓ'를 혼동해서 나타나는 오류를 조사한 결과, 오히려 고급반에서 오류 발생률이 더 높게 나타난 점을 들어, 우인혜는 'ㅗ'와 'ㅓ'의 음운 식별력이 학습량에 따라 쉽사리 터득되는 것이 아님을 시사하였다. 이러한 우인혜(1998a)의 견해는 /ʌ/를 부가적인 경험으로 계속된 향상을 기대하기는 힘들지만 초기의 학습 기간, 혹은 학습량에 따라 발달이 기대되는 모음이라고 보는 본 연구의 견해와 상반된다.[107]

4.2 일본인이 발화한 한국어 단모음에 대한
한국인의 청취 실험

본 청취 실험의 목적은 앞서 제시된 한국어 모음의 음성 산출 실험과 마찬가지로 일본인 세 집단의 한국어 모음에 대한 습득 양상을 밝히기 위한 것이다.

---

107) 우인혜(1998a)에서는 일본인 학습자의 발음 오류를 조사함에 있어서 학습자들의 쓰기 자료를 연구 자료로 삼았다. 따라서 우인혜(1998a)에서 제시한 오류 발생률은 결과적으로 철자 오류 발생률로 생각할 수 있겠다. 우인혜(1998a)에서는 'ㅗ/ㅓ'를 혼동하는 오류 발생률은 초급반에서 2.13%(329문장 중 7개), 고급반에서 2.17%(1289문장 중 28개)로, 'ㅗ/ㅓ'의 오류 발생률 자체가 상당히 낮은 편이며, 사실상 두 집단의 차이도 미미한 것으로 나타났다. 이러한 결과는 일본인 초급 학습자를 대상으로 모음에 대한 철자 오류를 분석한 권성미(2004)에서 'ㅓ' 관련 오류율이 7.53%, 'ㅗ' 관련 오류율이 6.96%로 'ㅓ'와 'ㅗ' 관련 오류가 한국어 모음에 대한 철자 오류 가운데 가장 빈번히 발생하는 오류로 나타난 것과도 차이가 있다.

청취 실험에서는 음성 산출 실험에서 수집된 모음자료, 즉 일본인 세 집단이 발음한 한국어 모음 발음의 모음 구간만을 편집해 내 그 부분을 한국인에게 들려 주고, 들은 것에 해당하는 모음을 질문지에서 찾게 하였다. 일본인 화자들이 발음한 한국어 모음들 가운데 한국인 청자(listener)가 맞는 답을 찾아낸 비율이 높은 모음의 경우, 그렇지 않은 모음에 비해 상대적으로 정확한 발음이 가능한, 즉 습득이 잘 이루어진 모음이라고 할 수 있다.

음성 산출 실험에서는 일본인이 발음한 모음과 한국인이 발음한 모음을 포먼트값을 기준으로 한국인과 통계적으로 차이가 유의미하지 않은 경우에 한국인과 같은 조음이 가능한 것으로 간주하였었다. 음성 산출 실험의 경우와 달리, 음성 청취 실험에서는 '한국인과 같은-다른' 혹은 '외국인 같은-한국인 같은'이 아니라 한국어의 특정 모음을 그 모음으로 허용될 수 있을 정도로 발음이 가능한지 분석한 것이다.[108]

본 절에서는 먼저 음성 청취 실험의 실험 방법을 소개하고 실험 결과에 대한 분석이 이루어질 것이다.

4.2.1 실험 방법

1) 피험자

청취자(listeners)는 서울 출신의 8명의 20~30대 여성(평균 연령 32세)과 역시 서울 출신의 20~30대 남성 2명(평균 연령 34세)으로, 이 가운데 일본어를 배운 경험이 있는 사람은 없었다. 이들은 대학원생과 회사원들로, 모두 청취 능력에 이상이 없다고 응답한 사람들이다.

---

108) 따라서 음성 산출 실험의 경우 실험 결과의 해석에 있어서 음성 차원에서 접근을 하게 되는 데 비해, 음성 청취 실험은 음운 차원에서 접근을 하게 된다.

2) 실험 도구

① 청취 자료

청취 자료로는 앞서 음성 산출 실험에서 일본인 세 집단이 발음한 음성 자료가 활용되었다. 음성 산출 실험에서 일본인 세 집단을 통해 수집된 문장은 총 1,008개였으며, 각 모음별로 한 집단에 48개(16명의 피험자 X 3회 반복)의 음성 자료가 수집되었었다. 그 가운데 극한값 2개를 제외한 46개 자료 가운데 5개를 무작위로 뽑았다. 이런 식으로 한 집단에 각 모음별로 5개를 뽑아 총 35개의 음성 자료가 선택됐다. 따라서 총 105개(3 집단 X 7 모음 유형 X 5 모음 수)의 음성 자료가 평가 항목으로 준비되었다.

그리고 그 선택된 105개의 문장에서 /kVg/부분만을 잘라 내었다. 모음의 청취 실험에서 모음 부분만을 잘라내 들려주는 것이 이상적이겠지만, 모음 부분만을 들려줄 경우 모음 구간이 지나치게 짧은 경우에 청자가 판단하기 힘든 점과 모음을 편집해 내는 과정에서 모음이 손상될 것을 우려하여 선·후행하는 자음을 둔 채로 청취 실험을 실시하기로 했다. 앞서 언급하였듯 선·후행 자음이나 맥락이 모음의 인지에 영향을 미칠 수 있겠지만 음성 산출 실험에서 의미 없는 음절(nonword)이 사용되었으므로 맥락으로부터 소리를 예측하는 어떠한 '예상 효과' 같은 것을 배제할 수 있으리라 본다.[109]

다음의 〈그림 4.17〉은 일본어 화자가 읽은 한국어 문장(음성 산출 실험을 통해 수집된 것(그림 3.1))에서 /kVg/부분만을 편집해 낸 것이다.

---

[109] 우리가 음성을 인지하는 데는 음파의 음향적 자질들만이 음성 인지에 필요한 유일한 단서는 아니다. 일반 음성 상황, 즉 문맥이 인식에 영향을 준다. 조음 검사를 설명할 때 문장 조음 점수는 단어 조음 점수보다 보통 더 높다. 이는 우리가 문장을 들을 때 그 단어들을 듣고 문법, 주제 등에 근거해서 어떤 '예상'을 하기 때문이다. 독립된 단어를 들을 때 문맥적 단어를 들을 때보다 예상 능력을 발휘할 수 없으므로 이해력이 떨어지게 된다. '예상'이 음성 인지에 얼마나 강한 영향을 미치는지에 대한 예들은 일상생활에서도 빈번히 나타난다(Denes:174~5).

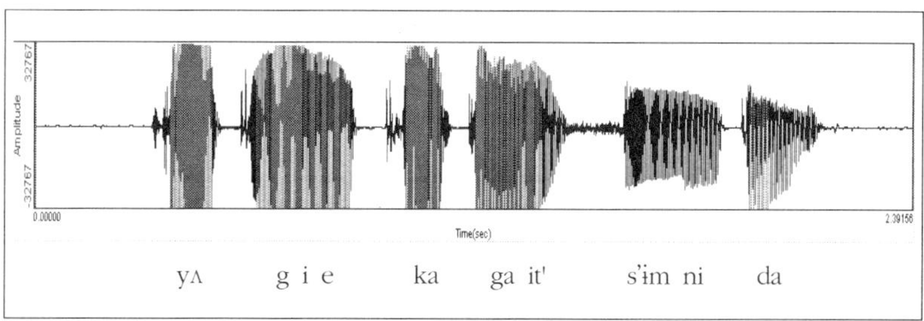

그림 3.1   한국인이 발음한 '/yʌgie kaga it's'ɨmnida/(여기에 가가 있습니다)'의 파형

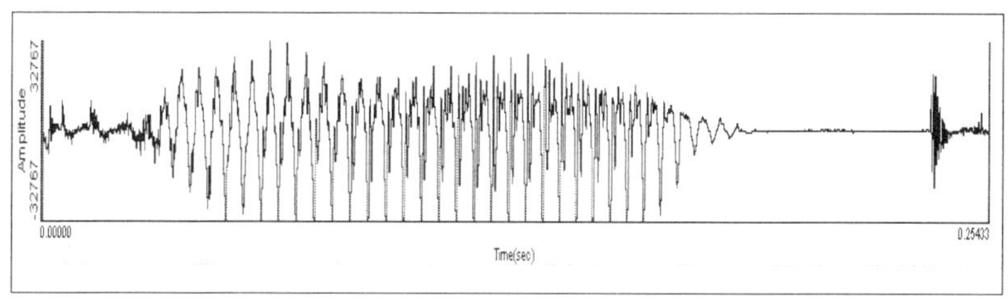

그림 4.17   /yʌgie kaga it's'ɨmnida/에서 편집해낸 /kag/의 파형

다음의 〈표 4.96〉은 청취 실험에 사용된 /kVg/에서 관찰 대상인 모음 음성 자료의 F1과 F2 평균값을 나타낸 것이다.

Group	Stimuli	n	F1 (표준편차)	F2 (표준편차)
	/i/	5	276 (42)	2287 (350)
	/e/	5	463 (79)	2183 (297)
초급	/a/	5	759 (132)	1548 (175)
학습자	/ɨ/	5	354 (54)	1682 (276)
(BJs)	/u/	5	396 (65)	1174 (224)
	/o/	5	438 (74)	749 (113)
	/ʌ/	5	521 (132)	1032 (132)

고급 학습자 (AJs)	/i/	5	296 (38)	2480 (402)
	/e/	5	447 (64)	2341 (187)
	/a/	5	784 (147)	1589 (142)
	/ɨ/	5	385 (47)	1427 (158)
	/u/	5	342 (75)	1203 (231)
	/o/	5	452 (84)	865 (137)
	/ʌ/	5	563 (104)	976 (142)
경험자 (EJs)	/i/	5	288 (42)	2389 (387)
	/e/	5	476 (77)	2250 (264)
	/a/	5	778 (131)	1602 (175)
	/ɨ/	5	373 (52)	1582 (243)
	/u/	5	327 (59)	1128 (204)
	/o/	5	428 (78)	853 (128)
	/ʌ/	5	552 (114)	1062 (141)

표 4.96 청취 실험에 사용된 일본인 세 집단의 음성 자료의 F1과 F2 평균값

마지막으로 위와 같은 과정을 거쳐 준비된 105개의 음성 자료를 무작위로 섞어 배열해, 청취자에게 들려줄 청취 목록을 완성했다.

② 평가지

일본인의 음성 자료를 듣고 답을 할 평가지는 7지선다형의 105개 객관식 문항으로 구성되었다. 청취자들은 IPA 기호에 익숙하지 않으므로 7개의 한국어 단모음 /i, e, a, ɨ, u, o, ʌ/를 한글 '이, 에, 아, 으, 우, 오, 어'로 표기해 선택으로 주었다. 이중모음을 포함한 한국어 모음 목록 전체가 아닌 단모음 7개의 선택만이 주어진 점은 한편으로 비합리적일 수 있지만, 본 실험의 목적은 일본인 세 집단을 비교하는 것이므로 세 집단의 음성 자료를 같은 조건에서 판단하게 했다는 점에서 타당성을 가진다.

③ 재생 도구

청취 실험을 위해 음성 자료를 재생하는 데에는 녹음할 때 쓰였던 CSL 4500이 사용되었다. 청취 목록의 순서대로 창을 열어 놓고, 한 창씩 클릭해 각 음성 자료를 한국인 피험자에게 들려주었다. 피험자는 헤드폰을 사용해 재생된 소리를 청취하게 했다.

3) 실험 절차

청취 실험은 피험자 한 사람씩 행해졌다. 먼저 질문지를 피험자에게 주고 준비된 연습 문제를 세 개 들려주고 답하게 하면서 응답 방식에 대해 설명하고, 헤드폰의 소리 크기를 청취자에게 맞게 조정할 수 있게 하였다. 준비된 청취 목록을 한 음성 자료씩 재생하면 피험자는 그것을 듣고 평가지에서 그에 해당하는 모음을 찾게 하였다. 재생할 때 한 음성 자료와 다음 음성 자료를 재생하는 간격(intervals)은 약 1초 정도였으므로, 청취자가 답을 할 시간이 1초 정도씩 주어진 셈이다. 한편, 청취자가 들은 모음이 어느 것인지 답하기 모호할 때는 청취자가 원하면 최대 세 번까지 다시 들려주었고, 청취자에게 평가지에 무응답 없이 가능한 한 추측을 해 답을 하게 하였다.

4.2.2 실험 결과

청취 실험을 통해 모음별로 50개(5 모음 수 X 10 청취자)의 청취자의 응답이 수집되었다. 청취자가 응답한 것을 가지고 모음별로 다음과 같은 계산 방식으로 정답률을 산출하였다.

$$\text{정답률(\%)} = \frac{\text{정답 수} - (\text{오답 수} + \text{무응답 수})}{\text{청취 문항 수}} \times 100$$

그림 4.18 청취 실험 결과의 모음별 정답률 산출 방식

다음의 〈표 4.97〉과 〈그림 4.19〉는 모음의 청취 실험 결과 모음별 정답률을 나타낸 것이다. 표를 보면, 음성 산출 실험의 분석 결과와 유사하게 대체로 유사성이 낮은 모음일수록 학습 혹은 경험 기간이 길어짐에 따라 정답률이 향상된 모습을 보이고, 유사성이 높은 모음일수록 정답률에 뚜렷한 변화가 관찰되지 않는다. 유사성이 낮은 모음인 /ʌ/의 경우에 정답률이 42−72−84%로 가장 현저하게 향상되었고, 유사성의 정도가 보통인 모음인 /u/의 경우에는 60−70−76%로 근소하나마 정답률이 상승했다. 하지만 유사성이 높은 /e, I, a, ɨ, o/에서는 학습 기간 및 경험 기간이 길어짐에 따른 어떤 향상된 모습이 관찰되지 않았다.

	동일함		유사성 높음			보통	낮음
	/e/	/i/	/a/	/o/	/ɨ/	/u/	/ʌ/
초급 학습자(BJs)	98	96	100	88	84	60	42
고급 학습자(AJs)	100	98	98	90	82	70	72
경험자(EJs)	100	98	98	86	80	76	84

표 4.97 일본인 세 집단에 대한 한국인의 청취 결과 평균 정답률

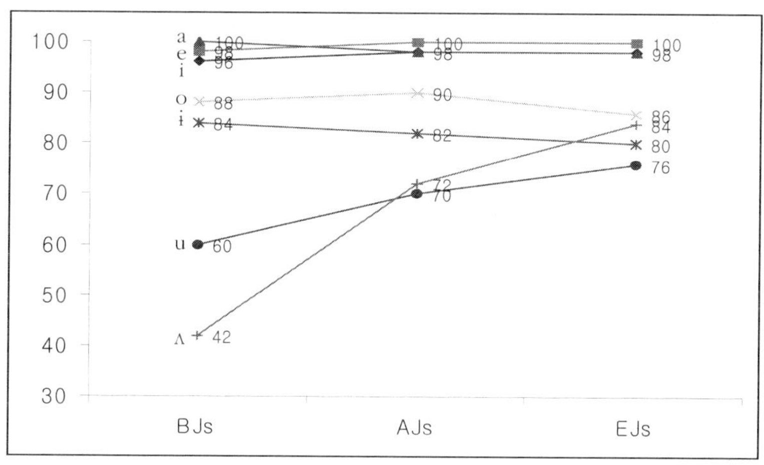

그림 4.19 일본인 세 집단에 대한 한국인의 청취 결과 평균 정답률

다음의 〈표 4.98〉은 〈표 4.97〉의 평균 정답률을 바탕으로 유사성의 정도에 따라 모음별로 세 집단의 정답률을 비교한 것이다. 비교 결과를 보면, 〈표 4.97〉에서처럼 유사성이 낮은 경우와 보통인 경우에 학습 기간 혹은 경험 기간이 길어질수록 정답률이 높아졌다. 반면에 유사성이 높은 모음의 경우에는 /e/와 /i/에서는 학습 기간이나 경험 기간이 긴 집단이 그렇지 않은 집단에 비해 정답률이 높은 것으로 나타났으나, /a/, /o/, /ɨ/에 있어서는 기간에 따른 어떠한 방향성을 보이지 않았다.

이러한 결과를 통해, 청취 실험 결과로 유사성의 정도에 따른 일본인의 한국어 모음 습득 양상을 분석하자면 대체로 유사성이 높은 경우에는 학습 기간이나 경험 기간의 영향을 크게 받지 않으며, 유사성이 낮을수록 학습 기간이나 경험 기간이 습득에 영향을 미치는 것으로 볼 수 있겠다.

유사성	모음	일본인 세 집단의 정답률
동일함	/e/	EJs, AJs 〉 BJs
	/i/	EJs, AJs 〉 BJs
높음	/a/	EJs, BJs 〉 AJs
	/o/	AJs 〉 BJs 〉 EJs
	/ɨ/	BJs 〉 AJs 〉 EJs
보통	/u/	EJs 〉 AJs 〉 BJs
낮음	/ʌ/	EJs 〉 AJs 〉 BJs

표 4.98 유사성의 정도에 따른 한국어 모음에 대한 일본인 세 집단의 정답률 비교

다음의 〈표 4.99〉는 초급 학습자가 발음한 모음에 대해 한국인 청취자의 응답을 바탕으로 어떠한 모음으로 인식하였나를 분석한 결과이다. 유사성이 낮은 모음을 난이도가 높은 모음으로 인식해서인지, 유사성의 정도성이 낮은 모음일수록 무응답률이 높았고, 유사성이 높은 /e/, /i/, /a/와 같은 모음들에서는 응답하지 않는 항목이 있는 청취자는 거의 관찰되지 않았다. 그리고 일본인이 발음한 /ʌ/를 /o/로 들은 청취자가 38%, /u/를 /ɨ/로 인식한 경우가 34%로 나타났는데, 이러한 결과는 음성 산출 실험에서 두 모음 간에 혼동하는 양상으로 나타났던 것과 상통한다.

| stimuli | 응답 (백분율 평균값) | | | | | | | |
	이/i/	에/e/	아/a/	으/ɨ/	우/u/	오/o/	어/ʌ/	무응답
/i/	96	2		2				
/e/		98	2					
/a/			100					
/ɨ/				84	10		4	2
/u/				34	60		2	4
/o/				2	2	88	6	2
/ʌ/			4	8		38	42	8

표 4.99 초급 학습자(BJs)의 모음 발음에 대한 한국인의 청취 결과

다음의 〈표 4.100〉은 고급 학습자가 발음한 각 모음을 한국인 청취자가 어떤 모음으로 인식하였는지 분석한 결과이다. 초급 학습자의 경우와 마찬가지로 유사성이 낮은 모음일수록 무응답률이 낮았다. 일본인이 발음한 /ʌ/를 /o/로 들은 청취자가 14%로 초급 학습자의 발음에 대한 응답에 비해 낮은 비율로 나타났고, /u/를 /i/로 인식한 경우가 22%로 초급 학습자에 비해서는 그 비율이 더 낮게 나타났다.

stimuli	응답							
	이/i/	에/e/	아/a/	으/ɨ/	우/u/	오/o/	어/ʌ/	무응답
/i/	98							2
/e/		100						
/a/			98	2				
/ɨ/				82	12		4	2
/u/				22	70	2	2	4
/o/				2		90	6	2
/ʌ/				8		14	72	6

표 4.100　고급 학습자(AJs)의 모음 발음에 대한 한국인의 청취 결과

다음의 〈표 4.101〉은 경험자가 발음한 한국어 모음에 대해 한국인 청취자가 어떤 모음으로 인식하였는지 분석한 결과이다. 역시 유사성이 낮은 모음일수록 무응답률이 낮은 편이었다. 그리고 일본인이 발음한 /ʌ/를 /o/로 들은 청취자가 12%로 초·고급 학습자의 발음에 비해 소폭의 차이지만 더 낮은 비율로 나타났고, /u/를 /i/로 인식한 경우가 18%로 역시 초·고급 학습자에 비해서는 그 비율이 더 낮게 나타났다.

stimuli	응답							
	이/i/	에/e/	아/a/	으/ɨ/	우/u/	오/o/	어/ʌ/	무응답
/i/	**98**	2						
/e/		**100**						
/a/			**98**	2				
/ɨ/				**80**	10		4	6
/u/				18	**76**	2	2	2
/o/		2				**86**	10	2
/ʌ/				2		12	**84**	2

표 4.101 경험자(EJs)의 모음 발음에 대한 한국인의 청취 결과

결과적으로 일본인 화자들이 발음한 한국어 모음들 가운데 상대적으로 유사성이 높은 편인 /i/, /e/, /a/, /o/, /ɨ/의 경우에 한국인 청자(listener)가 맞는 답을 찾아낸 정답률이 높게 나타났고, 상대적으로 유사성이 낮은 편인 /u/와 /ʌ/의 경우에 그에 비해 정답률이 낮게 나타났다. 또한, 유사성이 높은 모음의 경우에 학습 기간 혹은 경험 기간이 정답률에 영향을 미치지 않고, 유사성이 낮을수록 기간이 길어짐에 따라 정답률이 향상되는 모습을 보였다.

음성 산출 실험에서는 유사성이 낮은 모음의 경우에 학습 기간이 습득에 변수로 작용했지만 부가적인 경험 기간은 습득에 어떤 영향을 미치지 못하는 것으로 나타났었다. 그렇지만 음성 청취 실험 결과 유사성의 정도가 보통인 모음이나 유사성이 낮은 모음의 경우 부가적인 경험 기간에 따라 향상되는 양상을 보였다. 이러한 차이를 보이는 것은 발음의 정확성 혹은 습득 여부에 대한 판단 기준이 다르기 때문일 것이다.

앞서 언급하였듯 음성 산출 실험에서는 일본인이 발음한 모음과 한국인이 발음한 모음을 포먼트값을 기준으로 한국인과 통계적으로 차이가

유의미하지 않은 경우에 한국인과 같은 조음이 가능한 것으로 간주하였었다. 즉, 음성 산출 실험에서는 '한국인과 흡사한 혹은 한국인과 같은' 발음일 경우 그 발음을 성공적으로 습득한 것으로 본 데 반해, 음성 청취 실험에서는 한국어의 특정 모음이 그 모음으로 받아들여질 수 있는 한계 내에서 발음이 가능한지 분석한 것이기 때문에 '정확한 발음'으로 판단하는 데 있어서 음성 산출 실험보다 허용도가 높은 편이라는 기준의 차이로 인한 것으로 추측된다.

4.3 L2로서 한국어 모음의 음성 습득 양상

본 절에서는 음성 산출 실험과 음성 청취 실험의 결과를 바탕으로 일본어 화자의 한국어 단모음 습득 시 나타나는 음성 습득 양상에 대한 분석이 이루어질 것이다. 먼저 유사성의 정도에 따라 분류한 네 부류의 음성 습득 양상에 대해 각각 논할 것이다. 그리고 상대적인 유사성에 따른 음성 습득 양상에 대해 논할 것이다.

일본어 모음과의 유사성의 정도에 따른 일본어 화자의 한국어 단모음 음성 습득 양상을 조사하기 위한 일본인의 한국어 단모음에 대한 음성 산출 실험과 음성 청취 실험 결과는 다음과 같이 나타났다.

첫째, 일본어 모음과 동일한 모음인 한국어 /i/, /e/의 경우에 음성 산출 실험 결과, 학습의 아주 초기(학습 기간이 2~6개월일 때)부터 한국인과 같은 발음이 가능해 일본인에게 습득 시 난이도가 아주 낮은 모음인 것으로 나타났다. 청취 실험 결과에서도 /i/, /e/는 학습 기간이 2~6개월일 때 상당히 높은 정답률(각각 96%, 98%)을 보이는 만큼, 일본어 화자들의 /i/, /e/ 발음은 학습의 아주 초기부터 다른 모음으로 오인 받지 않을 정도로 정확하게 발음이 되는 것으로 판단된다.[110]

한국어 /i/와 /e/의 경우, 일본어와 음향학적으로 거의 차이가 없는 즉, 동일한 모음인 일본어 /i/, /e/가 존재한다. 3장의 유사성의 정도에 대한 분석 결과, 한국어 /i/, /e/와 일본어 /i/, /e/는 혀의 높낮이나 혀의 전후 위치에서 통계적으로 유의미한 차이를 보이지 않을 정도로 상당히 흡사한 것으로 나타났었다. 그로 인해 일본인 화자들은 한국어 /i/, /e/를 발음할 때 L1인 일본어의 /i/, /e/의 조음 방식을 그대로 전이시켜 결과적으로 한국인과 같은 /i/, /e/를 발음 가능한 것으로 보인다.

따라서 L1의 조음 방식과 L2의 조음 방식에 차이가 거의 없는 경우, 높은 유사성으로 인해 L1의 조음 방식을 전이시키는 것만으로도 L2 화자와 같은 정확한 발음이 가능하기 때문에 상당히 빨리 습득되는 것으로 볼 수 있다. 그리고 학습 초기부터 한국인과 같은 발음이 가능하므로 습득의 난이도가 낮은 모음으로 볼 수 있으며, 따라서 정확한 발음을 습득하기 위한 향상의 여지가 적으므로 학습 기간이나 경험 기간이 변수로 작용할 수 없는 것으로 판단할 수 있다.

둘째, 일본어 모음과 유사성이 높은 편인 한국어 /a/, /o/, /ɨ/의 경우에 음성 산출 실험 결과, 일본어 화자들은 학습 기간이나 부가적 경험 기간에 관계없이 궁극적으로 한국인과 같은 발음을 습득하지 못한 것으로 나타났다. /a/에 있어서 일본인들은 학습 기간이 2~6개월 된 화자들은 물론 학습 기간을 포함한 경험 기간이 6~14년 된 화자들까지 모두 혀의 전후 위치에 있어서는 한국인과 차이가 없었지만, 혀의 높낮이에 있어서 한국인과 차이를 보였다. /o/와 /ɨ/에 있어서는 학습 기간이 2~6개월 된 일본인들은 물론 경험 기간이 6~14년 된 화자들까지 모두 혀의 높낮이에 있어서는 한국인과 차이가 없었지만, 혀의 전후 위치에 있어서 한국인과 차이

---

110) 일반적으로 한글 자모 학습을 하는 데에 1~2주가 걸리는 것을 고려하면, 한국어 모음 /i, e/의 발음은 한글 자모 학습을 받는 동시에 정확하게 습득된 것으로 추측해 볼 수 있겠다.

를 보였다.

이렇게 /a/와 /o/, /i/의 경우 모두 학습 기간이나 경험 기간에 관계없이 L1으로부터의 전이가 그대로 일어나며, 일본인들이 한국어 /a/, /o/, /i/를 습득할 때, /a/는 혀의 높낮이(개구도)에 있어서, /o/와 /i/는 혀의 전후 위치에 있어서 향상의 여지가 있음에도 불구하고, 학습 기간이나 경험 기간이 길어짐에 따라 발달되는 모습을 보이지 않았다. 다시 말해 학습 기간이나 부가적인 경험 기간이 이들 세 모음을 습득하는 데에 영향을 미치지 않는 것으로 나타났다.

청취 실험 결과에서는 /a/, /o/, /i/는 학습 기간이 2~6개월일 때 각각 100%, 88%, 84%의 높은 정답률을 보여, 일본인 화자들이 학습 초기부터 한국인에게 정확한 발음으로 인식될 정도로 성공적인 습득이 이루어진 것으로 나타났다.

이렇게 유사성이 높은 모음인 /a/, /o/, /i/의 경우에 일본인들의 발음은 한국인의 발음과 차이가 나서 여전히 향상의 여지가 있지만, 학습 기간이나 경험 기간이 발음의 정확성이 향상되는 데에 영향을 미치지 않는 것으로 볼 수 있다. 또한, 세 모음에 대한 일본인의 발음이 한국인과 차이가 나기는 하지만, 한국인들이 인식할 때 문제없이 맞는 발음으로 허용이 될 정도로는 정확하게 발음이 가능한 것으로 나타났다.

결과적으로 유사성이 높은 모음의 경우에 음성적 차원에서 한국인의 발음과는 음성적으로 차이가 있음에도 불구하고 높은 유사성으로 인해 L1의 모음의 음성 범주에 합쳐져서 새로운 음성 범주를 형성하지 못해 궁극적으로 한국인과 같은 발음을 습득하는 것이 거의 불가능한 듯하다. 하지만 음운 차원에서는 L1과의 높은 유사성으로 인해 L1으로부터 그대로 전이시킴으로써 한국인에게 해당 음운으로 인식이 될 정도로 성공적으로 습득되는 것으로 해석된다.

셋째, 유사성의 정도가 보통인 모음인 한국어 /u/의 경우에는 산출 실험 결과, 일본인들은 /u/를 궁극적으로 한국인과 같이 발음하지 못하는 것으로 나타났다. 그렇지만 학습의 아주 초기(학습 기간이 2~6개월 되었을 때)에는 혀의 높낮이나 혀의 전후 위치에 있어서 한국인과 같은 발음이 불가능한 데 반해, 학습 기간이 길어짐에 따라 혀의 높낮이에 있어서는 습득의 발달이 진행되는 것으로 나타났다. 원순성과 관련이 있는 혀의 전후 위치에 있어서는 학습 기간이나 경험 기간에 따른 현저한 발달은 관찰되지 않았지만, L1인 일본어의 /ɯ/로부터의 전이 여부를 비교한 결과, 학습 기간이 2년 미만인 일본인 화자들은 /ɯ/로부터의 전이가 일어나는 반면에 학습 기간을 포함한 경험 기간이 6~14년 된 일본인들에게서는 더 이상 전이가 일어나지 않는 것으로 미루어, 경험 기간이 길어짐에 따른 혀의 전후 위치(원순성)에 대한 습득이 이루어졌을 가능성도 엿보였다.

/u/는 청취 실험 결과를 보자면, 학습 기간에 관계없이 유사성이 높은 모음들에 비해 대체로 정답률이 낮게 나타나, 유사성이 높은 모음들에 비해 조음의 난이도가 높다는 것을 알 수 있었다. 그러나 /u/는 학습 기간이 길어짐에 따라 정답률이 향상돼(58%−66%), 산출 실험 결과를 통한 분석과 유사하게 학습 기간이 일본인이 한국어 /u/를 습득하는 데에 영향을 미치는 것으로 나타났다. 또한 부가적인 경험 기간이 길어짐에 따라 근소하나마 정답률이 향상된 것으로 보아, 부가적인 경험 기간 역시 한국어 /u/의 습득에 영향을 미칠 가능성이 있는 것으로 보인다.[111]

---

111) 음성 산출 실험을 통한 분석 결과와 청취 실험을 통한 분석 결과를 비교하면, 유사성이 높을수록 학습 기간이나 경험 기간이 변수로 작용할 가능성이 낮고, 유사성이 높을수록 학습 기간이 변수로 작용할 가능성이 높다는 점에서는 대체로 비슷한 결론을 이끌 수 있겠다. 하지만 유사성이 높을수록 부가적인 경험 기간이 습득에 변수로 작용할 가능성에 대해서는 두 분석 결과가 서로 불일치한다. 다시 말해, 산출 실험 결과를 통한 분석과 달리 청취 실험 결과를 통한 분석은 부가적인 경험 기간이 변수로 미치는 것으로 해석이 가능한데, 이는 앞서 언급하였듯 발음의 정확성에 대한 허용도에 있어서 차이가 있기 때문인 것으로 보인다. 음성 산출 실험에서는 일본인들의 모음 발음이 '한국인과 같을 경우'에 성공적인 습득이 이루어졌다고 보는 데 반해, 청취 실험에서는 일본인이 발음한 한국어 모음 발음이 만일 한국인과는 차이가 있을지라도 한국인들이

결과적으로 일본인이 유사성의 정도가 보통인 모음인 한국어 /u/를 습득하는 데 있어서 개구도에 있어서는 학습 기간이 영향을 미치는 것으로 볼 수 있으며, 전후 위치(원순성)에 있어서는 학습 기간 혹은 경험 기간이 습득에 대체로 영향을 미치지 않지만, 습득이 진행되었을 가능성을 완전히 배제할 수는 없는 것으로 해석이 된다. 다시 말해, 일본어 화자가 유사성의 정도가 보통인 모음을 습득할 때 대응 모음 간의 음성적 차이를 인식하고 새로운 음성 범주를 형성하는 편이며, 음성적 차원에서나 음운 차원에서나 학습 기간이나 경험 기간이 습득의 발달에 영향을 미치는 것으로 해석할 수 있다.

넷째, 일본어 모음과 유사성이 아주 낮은 편인 한국어 /ʌ/의 경우에는 음성 산출 실험 결과, 학습 기간이나 경험 기간에 관계없이 일본인들은 /ʌ/를 한국인과 같이 발음하지 못하는 것으로 나타났다. 하지만 학습 초기(학습 기간이 2~6개월 되었을 때)에 혀의 높낮이와 혀의 전후 위치에 있어서 한국인과 같은 발음이 불가능한 데 반해, 학습 기간이 길어짐에 따라 혀의 전후 위치에 있어서는 습득의 발달이 진행되어 상대적으로 한국인에 더 가깝게 발음할 수 있게 되는 것으로 나타났다. 그뿐 아니라, 혀의 높낮이와 혀의 전후 위치 모두에 있어서 학습 기간이 길어짐에 따라 정확성이 현저하게 향상됐으며, 한국어 /ʌ/와 /o/의 구분 능력 역시 학습 기간이 길어짐에 따라 향상된 점으로 미루어, 일본인이 한국어 /ʌ/를 습득하는 데에 학습 기간이 영향을 미친다는 것을 알 수 있다.

청취 실험 결과에서는 /ʌ/는 학습 기간에 관계없이 /ʌ/보다 유사성이 높은 모음들에 비해 대체로 정답률이 낮게 나타나, 유사성이 높은 모음들에 비해 습득 시 난이도가 높은 것으로 추측되었으나, /ʌ/는 학습 기간과

청취했을 때 문제없이 해당 모음으로 인식 가능할 때 그 모음을 성공적으로 습득하였다고 보기 때문인 것으로 추측된다. 이에 한국어 모음을 습득할 때 유사성이 낮은 모음의 경우에 부가적인 경험 기간은 미미하나마 습득에 영향력을 미치고 있다고 추론할 수 있을 것 같다.

경험 기간이 길어짐에 따라 정답률이 향상돼(42%—72%—84%), 학습 기간과 경험 기간 모두 일본인이 한국어 /ʌ/를 습득하는 데에 영향을 미치는 것으로 판단된다.

이렇게 유사성이 낮은 모음인 /ʌ/의 경우에 일본어 화자는 한국인과 같은 발음이 불가능해 /ʌ/는 음성 습득 시 난이도가 높은 편이다. 또한, /ʌ/의 습득 과정에서 개구도와 혀의 전후 위치에 있어서 학습 기간이 영향을 미치는 것이 분명하며, 부가적인 경험 기간이 길어짐에 따라 계속적으로 습득이 진행될 가능성도 있는 것으로 해석이 된다. 이에 일본어 화자가 유사성의 정도가 아주 낮은 모음을 습득할 때 대응 모음 간의 음성적 차이를 인식하고 새로운 음성 범주를 형성함으로써 음성 습득이 계속해서 이루어지는 것으로 여겨진다.

지금까지 L1인 일본어와 동일한 한국어 모음, 유사성이 아주 높은 모음, 유사성의 정도가 보통인 모음, 유사성이 낮은 모음의 습득 양상을 살펴보았는데, 다음에서는 그 결과를 바탕으로 유사성의 정도에 따른 습득 순서나 궁극적인 발음 능력 획득 여부, 경험 기간에 따른 향상도 측면에서 한국어 모음의 습득 양상에 대해 논하고자 한다.

다음의 〈표 4.102〉는 유사성의 정도가 습득 순서, 습득 속도, 궁극적 성공 여부에 어떤 영향을 미치는지를 표로 나타낸 것이다.

	음성 차원	음운 차원
습득 순서	I〉H〉M〉L	I,H〉M〉L
습득 속도	L〉M〉H, I	L〉M〉H, I
궁극적 성공의 정도	I〉H〉M, L	I, H〉L〉M

표 4.102 유사성에 따른 한국어 모음 습득 양상

〈표 4.102〉에서 I는 L1과 음성적으로 동일한 모음(/i, e/), H는 유사성이 높은 모음(/a, ɨ, o/), M은 유사성이 보통인 모음(/u/), L은 유사성이 낮은 모음(/ʌ/)을 표시한 것이다. 표에서 음성 차원에서 제시한 분석은 음성 산출 실험 결과가 반영된 것으로, 한국인과 같은 발음에 대한 습득 여부를 기준으로 나타낸 것이고, 음운 차원에서의 결과는 청취 실험 결과가 반영된 것으로 한국인에게 정확한 발음으로 인식될 수 있을 정도로 정확한 발음의 습득이 이루어졌는가를 기준으로 나타낸 것이다. 이와 같이 유사성에 따른 한국어 모음 습득 양상에 대한 분석 결과, 다음과 같은 몇 가지 사실이 추론 가능하다.

첫째, 습득 순서에 대해 논하자면, 유사성이 높을수록 빨리 습득된다. 학습 단계상 아주 초기에 이미 한국인과 같은 정확한 발음이 습득되었거나 혹은 경험자와 같은 수준의 정확성을 보이는 경우, 그렇지 않은 모음에 비해 먼저 습득된 것으로 볼 수 있다. 즉, 습득 순서가 빠른 것으로 간주할 수 있다. 습득 순서를 분석한 결과, 음운 차원에서는 동일한 음과 유사성이 높은 경우가 차이를 보이지 않았지만, 음성 차원에서나 음운 차원에서 모두 공통적으로 유사성이 높을수록 습득이 빨리 이루어지는 것으로 나타났다.

유사할수록 습득이 빨리 이루어지는 이유는 유사성이 높을 때 L2 모음과 가장 가까운 L1 대응 모음(nearest equivalent)으로부터 긍정적 전이가 발생하기 때문인 듯하다. 반대로 유사성이 낮을 때 초기에 습득이 잘 이루어지지 않는 것은 L1으로부터 부정적 전이가 발생하기 때문으로 추측된다. 다시 말해, 음성적으로 거리가 있는 음으로부터의 전이가 발생하기 때문인 것으로 해석된다.

습득 순서에 대한 본 연구의 결론은 Eckman(1977)의 유표성 차이 가설(MDH)에서 주장하는 유표성의 정도에 따른 습득 순서와는 차이가 있다. SPE에서는 모음이 가지게 되는 보편성에 대한 8개의 유표 규약(Marking

Convention)을 설정하고, 그 유표 규약에 의해 모음들의 유표 자질을 표시하였다. 그리고 유표 자질의 합에 따라 모음체계의 복잡도(complexity)를 제시한 바 있다(Chomsky and Halle 1991:408~411).[112] 한국어 단모음 목록을 SPE에서 제시한 복잡도에 따라 나타내면 〈표 4.103〉과 같다.[113]

복잡도 (complexity)	한국어 단모음
0	a
1	i, u
2	e, o, ɨ
3	ʌ

표 4.103 유표성에 따른 한국어 단모음의 복잡도

---

112) 모음에 대한 8가지 유표 규약에 따라 자질을 부여한 결과(Chomsky and Halle 1991:409)

	a	i	u	æ	ɔ	e	o	ü	ɨ	ɔe	ö	ʌ
low	u	u	u	m	m	u	u	u	u	m	u	u
high	u	u	u	u	u	m	m	u	u	u	m	m
back	u	−	+	m	u	−	+	−	+	m	−	+
round	u	u	u	u	m	u	u	m	m	m	m	m
complexity	0	1	1	2	2	2	2	2	2	3	3	3

m: marked, u: unmarked

113) 모음의 유표성을 논함에 있어서, 여러 언어들의 모음체계를 대상으로 Eckman(1977)식의 내포 관계의 계층도를 만드는 것은 거의 불가능할 것으로 여겨진다. 따라서 모음에서 직접적으로 유표성의 정도성을 논하기는 힘들 것으로 판단하여, 이에 한국어 단모음의 유표성을 분석하는 데 있어서 Chomsky and Halle(1991)의 SPE에서 제안한 복잡도를 기준으로 삼았다. 앞서 언급하였듯 Chomsky and Halle는 유표성의 개념에 있어서 '유−무'의 이분법적 태도를 취하였으므로, 그들이 제시한 복잡도가 '유표성의 정도'를 보여 주는 것이라고 볼 수 없다. 하지만, 전상범(2004:230~231)에서 논한 것처럼 SPE는 자연 언어에서 가장 흔하게 발견되는 (/a, i, u/와 같은) 체계가 가장 경제적인 체계가 되도록 유표 규약을 만든 것으로 볼 수 있다. 그리고 그 유표 규약에 따라 유표 자질을 부과해 복잡도를 설정한 것이므로, 복잡도가 높은 경우, 자연 언어에서 덜 흔하게 관찰될 것으로 추측이 되며, 따라서 복잡도와 유표성이 관련이 있음을 간과할 수 없다.

유표성 차이 가설(MDH)에서 주장하는 대로 덜 유표적인 것이 먼저 습득이 되고 더 유표적인 것이 늦게 습득이 된다는 것을 받아들일 경우, 한국어 단모음은 a>i, u>e, o, ɨ>ʌ의 순으로 습득이 이루어져야 할 것이다.[114] 하지만 MDH가 예측한 것과 달리 본 연구의 결과는 i, e, a, o, ɨ>u>ʌ의 순으로 습득이 이루어지는 것으로 나타났다(표 4.103), 복잡도가 3등급인 /ʌ/가 가장 늦게 습득된다는 점에서는 MDH의 예측과 일치하지만, 복잡도가 1등급으로 /ʌ/보다 덜 유표적인 편인 /u/가 상대적으로 더 유표적인 모음들인 복잡도 2등급의 /e, o, ɨ/보다 더 늦게 습득된다는 점에서는 MDH가 예측하는 것과 상충되는 결과를 보였다.

둘째, 음성 및 음운 차원에서 유사성이 낮을수록 습득 속도가 빠른 것으로 나타났다. 습득 속도는 경험 기간의 길이가 변수로 작용하는지를 살펴봄으로써 판단할 수 있다. 즉, 경험 기간이 길어짐에 따라 현저하게 향상될 경우, 습득 속도가 빠르다고 볼 수 있다. 본 연구에서는 상대적으로 유사성이 낮은 /ʌ/나 /u/에서 경험 기간의 길이에 따라 향상되는 모습이 관찰된 데 반해, 상대적으로 유사성이 높은 나머지 모음들에서는 경험 기간이 길어짐에 따른 변화가 거의 관찰되지 않았다.

셋째, 궁극적 성공도(ultimate competence, level of competence) 즉, 궁극적으로 얻게 되는 정확한 발음 능력에 있어서는 음성 차원과 음운 차원에서의 결과가 차이를 보이는 것으로 나타났다. 음성 차원에서는 유사성이 아주 낮은 경우와 유사성이 보통인 경우 성공의 정도에 큰 차이는 없는

---

114) 유표성의 정도에 따른 습득 순서를 논하는 것은 유표성에 대한 개념을 받아들이는 관점에 따라 다른 해석이 있을 수 있어 설득력을 가지기 힘들다는 견해도 있다. White(1989)에서 의미론에서는 Kellerman(1979), 음운론에서는 Eckman(1977), 통사론에서는 Gass(1979) 등의 많은 학자들이 생성문법에서 정의하고 있는 유표성은 수용하지 않으면서도 유표성이 제2언어 습득과 관련된 개념이라고 주장하고 있다고 지적한 바 있다. White(1989)에 따르면 이들은 유표성의 역할에 관해서 견해를 함께 하지만, 유표성의 정의에 대해서는 서로 다른 입장을 취하고 있어, 유표성과 제2언어 습득에 관련된 연구들은 아직 발전의 도상에 있다.

것으로 나타났지만, 대체로 유사성이 높을수록 성공 가능성이 높은 것으로 나타났다.[115) 반면에 음운 차원에서 보면 유사성의 정도와 궁극적 성공의 관계가 단선적이지 않다. 상대적으로 유사성이 높은 음들은 궁극적으로 성공할 가능성이 높지만 성공 가능성이 가장 낮은 것은 유사성이 가장 낮은 음이 아니라 유사성의 정도가 보통인 음인 것으로 나타났다.

이러한 결과는 유사성의 정도보다는 2장에서 논한 바 있는 난이도의 계층도로 설명할 수 있을 것 같다(표 2.3). 난이도의 계층도는 L1과 L2 간의 차이의 종류에 따라 습득 시 난이도의 정도를 예측한 것인데, 그러한 난이도의 계층도가 제시하는 대로 일본어 화자의 한국어 모음의 난이도를 예측해 보면, 본 연구의 결과와 상통하는 부분이 있다.

난이도의 계층도에 따라 일본어 화자가 한국어 단모음을 습득할 때의 난이도를 예측하자면 한국어 모음 /i, e, a, ɨ, o/는 각각 L1인 일본어에 음운 차원에서 동일하고 음성적으로도 유사성이 높은 대응 모음이 있으므로 난이도가 가장 낮은 난이도 5등급의 '대응(correspondence)'에 해당한다. 그리고 /ʌ/의 경우, 일본어에 대응 모음이 없는 새로운 것이므로 난이도가 비교적 높은 2등급의 '새로운 것(new)'에 해당한다. 그리고 한국어 /ɨ, u/와 일본어 /ɯ/의 관계는 L1인 일본어의 /ɯ/는 그에 대응하는 한국어 모음이 /ɨ/와 /u/, 2개가 있으므로 계층도에서 난이도 1등급의 '분열(split)'의 경우와 관계가 있는 것으로 볼 수 있다. 따라서 /u/가 궁극적으로 습득하기 가장 어려운 음인 것으로 예측이 되므로, 본 연구의 분석과 일치함으로 알 수 있다.

한편, 본 연구의 결과는 음성 습득 모형에서 L1과 L2 간의 유사성이 낮을수록 새로운 음성 범주(phonetic category)를 형성하기 쉬워 궁극적으로 성공적으로 습득할 수다고 주장하는 것과 부분적으로 상충된다. 본

---

115) 궁극적 능력은 경험자 집단(EJs)의 발음의 정확성 즉, 한국인(Ks)과의 근접성을 기준으로 판단한 것이다.

연구의 결과에 따르면 SLM에서 예측하는 바와 같이 유사성이 낮을수록 습득 과정에서 습득 속도는 빠르지만, 유사할수록 모국어 화자와 같은 정확한 발음에 대한 습득이 가능한 것은 유사성이 낮은 쪽이 아닌 유사성이 높은 모음으로 나타났기 때문이다.

이렇게 궁극적인 성공 여부에 차이가 나는 것은 유사성이 낮은 모음에서 습득이 지속적으로 이루어질지라도 향상되는 속도가 점점 늦춰져서 (경험 기간이 6~14년인 시점에서) 유사성이 높은 모음이 습득된 정도를 따라잡지 못했다고도 볼 수 있다. 음성 산출 실험 결과를 통한 분석 결과를 보면 경험자 집단의 /ʌ/ 발음과 한국인의 /ʌ/는 차이가 비교적 큰 편으로 경험 기간이 더 길어지고 습득이 계속된다고 해도 완전히 한국인과 같은 발음을 습득하게 될 가능성은 희박해 보이기 때문이다.

/ʌ/의 습득 과정에서 습득 속도가 늦춰진 것은 유사성 차이 정도 가설(SDRH)와 관련시켜 생각해 볼 수 있다. /ʌ/의 경우에 아마도 SDRH에서 주장하는 바와 같이 유사성이 낮은 모음 습득 시 초기에 습득 속도가 빨라 현저한 향상이 이루어지지만, 높은 유표성으로 인해 습득 속도가 늦춰져 궁극적으로 목표어 화자와 같은 발음 능력을 획득하지 못하는 것으로 해석된다.

또한 /u/의 경우는 /u/보다 유사성이 높은 모음들에 비해 습득 속도가 비교적 빠른 편이고 그들보다 덜 유표적임에도 불구하고, 그들에 비해 성공 정도가 낮은 것으로 나타났다.[116] 이렇게 /u/가 습득 과정에서 다른 모음들과 달리 유사성이나 유표성과의 단선적인 관계로는 설명이 되지 않는 현상은 두 가지 추측을 가능케 한다.

첫째, /u/ 습득 시 궁극적인 성공 정도가 유사성이나 유표성만으로는 설명될 수 없음을 뜻하며, 앞서 언급하였듯 차이의 유형과 관련이 있다.

---

116) /u/는 /u/보다 유사성이 상대적으로 더 높고, /u/보다 더 유표적인 /e, o, i/보다도 궁극적 성공 정도가 낮은 것으로 나타났다(표 4.102, 표 4.103).

둘째, /u/보다 더 유표적이지만 /u/보다 유사성이 낮아 습득 속도가 더 빠른 편인 /ʌ/에 추월을 당한 것일 수 있다. 이러한 맥락에서, 유사성이 상대적으로 낮은 편인 /u/나 /ʌ/의 습득에 있어서는 유표성의 정도보다는 유사성의 정도가 미치는 영향이 더 큰 편이라고 할 수 있다.

결과적으로 L1-L2 간 유사성의 정도에 따른 음성 습득 양상에 논하자면, 먼저 습득 순서는 유사성의 정도와 밀접한 관련이 있다. 유사할수록 먼저 습득이 된다. 습득 속도 역시 유사성과 관련이 있다. 유사성이 낮을수록 습득 속도가 빠르다. 그러므로 습득 순서나 습득 속도에 있어서 유사성을 발음 습득 시 난점을 예측하기 용이한 판단 기준으로 간주할 수 있겠다. 궁극적인 성공도에 있어서는 유사성이 낮은 경우에 비해 유사성이 높을 때 성공적일 가능성이 높지만, 그 이외의 경우에 유표성이나 차이의 유형 등이 변수로 작용한다. 따라서 유사성의 정도와 단선적인 관계를 보이지 않으며, 유사성의 정도와 유표성, 차이의 종류 등이 복합적으로 작용을 하게 되는 것으로 해석할 수 있다.

5. 결론 및 논의점

본 연구는 실험음성학적인 대조분석을 통해 한국어와 일본어 단모음 간의 유사성의 정도를 밝히고, 일본어 화자들을 대상으로 L1인 일본어와 L2인 한국어의 모음의 음성적 유사성이 한국어 모음의 음성 습득에 어떠한 영향을 미치는지와 유사성의 정도에 따라 학습 기간이나 부가적인 경험 기간이 L2 모음인 한국어 모음을 습득하는 데에 어떠한 영향을 미치는지에 대해 조사하는 것을 연구의 목적으로 삼았다.

본 연구에서는 각 장에서 다음과 같은 연구가 행해졌다. 먼저 1장에서는 연구의 목적을 제시하고, 선행 연구 검토를 통해 연구의 필요성을 밝혔다. 2장에서는 L2 음성 습득에 영향을 미치는 변인들을 살펴보고 모음의 실험음성학적 연구에 바탕이 되는 이론적 배경에 대해 기술함으로써 실험 방법의 토대를 확보하고 실험 결과를 분석할 기준을 마련하고자 하였다.

3장에서는 한국어와 일본어 단모음 간의 유사성의 정도를 분석하기 위해 일본인 16명과 한국인 16명을 대상으로 한국어 단모음 /i/, /e/, /a/, /ɨ/, /u/, /o/, /ʌ/와 일본어의 단모음 /i/, /e/, /a/, /ɯ/, /o/의 음성 산출 실험이 행해졌다. 그리고 실험 결과를 통해 한국어 단모음과 일본어 단모음 간의 조음음성학적 특징 및 음향음성학적 특징을 대조분석함으로써 두 언어의 모음 간의 유사성의 정도를 분석하였다.

4장에서는 L1인 일본어 모음과의 유사성의 정도에 따른 일본어 화자의 한국어 단모음 음성 습득 양상을 조사하기 위해 일본어 화자들이 발음한 한국어 모음에 대한 음성 산출 실험과 음성 청취 실험이 행해졌다. 피험자는 한국어 학습 기간이 6개월 미만인 초급 학습자 16명과 한국어 학습 기간이 1년 6개월에서 2년 미만인 고급 학습자 16명과 한국어를 배운 기간이 1년 이상이며 학습이 끝난 후 한국어에 대한 부가적인 경험 기간이 5년~12년 된 경험자로 구성되었다. 음성 산출 실험과 음성 청취 실험 결과를 바탕으로 L1인 일본어 모음과의 유사성의 정도에 따른 한국어 단모음 음성 습득 양상에 대해 분석하였다.

본 연구의 연구 결과를 요약해 보면, 먼저 한국어 모음과 일본어 모음 간의 유사성의 정도에 대한 결과는 다음과 같이 나타났다. 서로 대응되는 모음 간의 유사성의 정도를 조사함에 있어서 IPA 기호의 공유 여부, F1 및 F2의 평균값의 통계적인 차이 유무, F1과 F2 분포도상에서 분포 양상이 유사성의 판단 기준으로 종합적으로 활용되었다.

이러한 기준들에 따라 한국어와 일본어 단모음을 비교한 결과, IPA 기호를 공유하는 모음이 일본어에 존재하는 한국어의 /i/와 /e/의 경우, F1과 F2 수치에 있어서도 대응 모음 간의 차이가 통계적으로 유의미하게 나타나지 않았다. F1과 F2의 분포도상에서도 대응하는 모음의 대부분이 서로 겹쳐지게 나타나, 한국어 /i, e/와 일본어 /i, e/는 음성적으로 거의 동일한 것으로 분석되었다.

그리고 L1인 일본어에 IPA를 공유하는 모음이 존재하는 한국어의 /a/와 /o/의 경우는 그에 대응하는 모음인 일본어의 /a/, /o/와 F1과 F2의 수치에 있어서 대응하는 모음 간에 통계적으로 유의미한 차이를 보였지만, 분포도상에서 두 모음은 각각 대응 모음에 거의 전 영역이 겹쳐져 나타났다. 따라서 한국어 /a/와 /o/는 일본어 모음과 유사성이 높은 모음으로 간주되었다. 한국어의 /i/의 경우도 그에 대응하는 일본어 모음인 일본어의 /ɯ/

와 F1과 F2값에 있어서 부분적으로 차이를 보였지만, 분포도상에서 한국어 /i/는 일본어의 대응 모음인 /ɯ/와 거의 전 영역이 겹쳐지게 나타나, 한국어의 /ɨ/ 역시 일본어 모음 목록에 유사한 모음이 존재하는 유사성이 높은 모음으로 분류되었다.

일본어 모음과 IPA를 공유하지 않는 한국어 /u/는 그에 대응하는 일본어 모음인 /ɯ/와 F1값과 F2값 모두에 있어서 뚜렷한 차이가 있고, 분포도상에서 두 모음이 서로 반 정도가 겹쳐져 겹쳐지는 영역이 유사성이 높은 모음에 비해 현저하게 좁게 나타났다. 이에 한국어의 /u/는 일본어에 어느 정도 유사성을 가지고 있는 일본어 모음 /ɯ/가 존재하므로 유사하다고도 말할 수 없고, 유사하지 않다고 단정하기도 힘든 어느 정도 유사성을 가진 유사성의 정도가 보통인 모음으로 분류하였다.

역시 일본어 모음 목록에 IPA 기호를 공유하는 모음이 존재하지 않는 한국어 /ʌ/의 경우, F1값과 F2값에 있어서 차이가 통계적으로 유의미하고, 분포도에서도 전혀 겹쳐지는 부분이 없어, 일본어 모음과 유사성이 아주 낮은 모음으로 분류되었다.

유사성의 정도에 따른 일본인 화자의 한국어 모음의 음성 습득 양상에 대한 연구 결과는 다음과 같이 나타났다. 먼저, 일본인이 발음한 한국어 모음에 대한 음성 산출 실험 결과로 음성 습득 양상을 논하는 데에 기준이 된 것은 다음의 네 가지이다. 첫째, 일본인 세 집단의 한국어 모음 발음을 한국인의 발음과 비교함으로써 한국어 모음에 대한 습득이 얼마나 진행되었는지를 판단하였다. 둘째, 일본인이 혼동하는 한국어 모음의 경우에 혼동이 되는 두 모음을 구분하는 정도를 살펴보았다. 셋째, 일본인 세 집단이 발음한 한국어 모음 발음을 비교함으로써 학습 기간이나 경험 기간에 따른 발달 추이를 분석하였다. 넷째, L1인 일본어에서 L2인 한국어로의 전이 현상을 관찰하였다.

한국어 모음의 음성 산출 실험 결과, /i/, /e/의 경우, 일본어 모음 목록에 그와 유사한 모음(일본어 /i/, /e/)이 존재한다. 두 대응 모음 간의 유사성에 대한 분석 결과, 한국어 /i/ – 일본어 /i/, 한국어 /e/ – 일본어 /e/는 혀의 높낮이나 혀의 전후 위치에서 상당히 흡사하며, 그로 인해 일본인 화자들은 한국어 /i/, /e/를 발음할 때 L1인 일본어의 /i/, /e/의 조음 방식을 그대로 전이시킨 결과, 성공적으로 한국인과 같은 /i/, /e/를 발음 가능한 것으로 나타났다. 따라서 L1의 조음 방식과 L2의 조음 방식에 차이가 거의 없는 경우, L1의 조음 방식을 전이시키는 것만으로도 L2 화자와 같은 정확한 발음이 가능하기 때문에 습득의 난이도가 낮다고 볼 수 있다. 또한, 조음 습득의 난이도가 낮아 학습 초기부터 한국인과 같은 발음이 가능해, 정확한 발음을 습득하기 위한 향상의 여지가 적으므로 학습 기간이나 경험 기간이 변수로 작용할 수 없는 것으로 판단되었다.

일본어와 유사성이 높은 것으로 나타난 한국어 /a/, /o/, /ɨ/의 경우에도 학습 기간이나 경험 기간에 관계없이 한국인과 같은 발음을 습득하지 못한 것으로 나타났다. 일본인들의 한국어 /a/는 혀의 높낮이(개구도)에 있어서, /o/와 /ɨ/는 혀의 전후 위치에 있어서 향상의 여지가 있음에도 불구하고, /a/와 /o/, /ɨ/의 모두 학습 기간이나 경험 기간에 관계없이 L1으로부터의 전이가 그대로 일어나며 학습 기간이나 경험 기간이 길어짐에 따라 발달되는 모습을 보이지 않았다. 즉, 이들 세 모음의 습득에 학습 기간이나 부가적인 경험 기간이 거의 영향을 미치지 않는 것으로 나타났다.

유사성의 정도가 보통인 /u/의 경우에는 일본인들은 혀의 높낮이나 전후 위치에 있어서 /u/를 한국인과 같이 발음하지 못하는 것으로 나타났다. 하지만, 학습 기간이 /u/의 습득에 변수로 작용하는 것으로 나타났다. 혀의 높낮이에서와 같이 현저한 발달 양상이 관찰되지는 않았지만 원순성과 관련이 있는 혀의 전후 위치에 있어서도 L1인 일본어의 /ɯ/로부터의 전이 여부를 비교한 결과, 초·고급 학습자들은 /ɯ/로부터의 전이가 일어나는 반면에 경험자에서는 더 이상 전이가 일어나지 않는다는 점에서, 경험 기간이 길어짐에 따른 혀의 전후 위치(원순성)에 대한 습득 가능성이 엿보였다.

유사성의 정도가 낮은 /ʌ/의 경우 일본인들은 /ʌ/를 혀의 높낮이나 전후 위치에 있어서 한국인과 같이 발음하지 못하는 것으로 나타났으며, 학습 기간이 길어짐에 따라 혀의 높낮이와 혀의 전후 위치 모두에 있어서 학습 기간이 길어짐에 따라 정확성이 현저하게 향상되어, 일본인이 한국어 /ʌ/를 습득하는 데에 학습 기간이 영향을 미치는 것으로 분석됐다. 하지만, 학습 기간이 완료된 후 부가적인 경험은 습득에 큰 영향을 미치지 못하는 것으로 나타났다.

음성 청취 실험의 결과는 음운 차원에서의 발음 습득 양상을 반영하는 것으로, 청취자의 정답률을 그 분석 기준으로 삼았다. 실험 결과에 따르면, 한국어 모음 가운데 일본어와 음성적으로 동일하거나 유사성이 높은 편에 속하는 /i, e, a, ɨ, o/에 있어서 높은 정답률을 보였고, /u, ʌ/는 그에 비해 정답률이 낮았다. 반면에 낮은 정답률을 보인 /ʌ/와 /u/의 경우에 경험 기간이 길어짐에 따라 현저하게 향상되는 모습을 보였으며, 유사한 모음들에서는 학습 기간이나 경험 기간이 변수를 작용하지 않았다.

결론적으로 일본인들의 한국어 모음에 대한 음성 산출 실험 결과와 음성 청취 실험 결과를 바탕으로 습득 순서, 습득 속도, 궁극적 성공도 측면에서 L1−L2 유사성에 따른 한국어 모음 습득 양상에 대해 논하자면 다음과 같다.

첫째, 습득 순서에 있어서 L1과 L2 간의 유사성이 높을수록 먼저 습득이 된다. 일본어와 음성적으로 동일한 /i, e/의 경우 학습 단계의 아주 초기에 한국인과 같은 정확한 발음이 습득되었고, 유사성이 높은 편인 /a, ɨ, o/의 경우에도 초기에 경험자와 같은 수준의 정확성을 보였다.

둘째, 습득 속도에 있어서 유사성이 낮을수록 학습 기간이나 경험 기간이 변수로 작용할 가능성이 높다. 다른 모음들에 비해 유사성이 낮은 편인

/ʌ/와 /u/의 경우에 경험 기간이 길어짐에 따라 현저하게 향상되는 모습을 보였으며, 상대적으로 이들보다 유사성이 높은 모음들의 경우는 경험 기간의 길이가 습득의 변수로 작용하지 않는 것으로 나타났다. 따라서 유사성이 낮을수록 습득 속도가 빠르다고 할 수 있겠다.

셋째, 습득 순서나 습득 속도는 주로 유사성의 정도와 단선적인 관계에 있는 데 반해 궁극적 성공도(ultimate competence)는 유사성의 정도뿐만 아니라 유표성 및 차이의 유형 등의 변인들이 함께 작용하는 것으로 추측된다. 유사성이 높을 때 성공도가 높을 가능성이 크기는 하지만, 성공 가능성이 가장 낮은 것은 유사성이 가장 낮은 /ʌ/가 아니라 그보다 상대적으로 유사성이 더 높은 /u/로 나타났다.

/u/가 성공적으로 습득하기 가장 어려운 음으로 나타난 것은 차이의 유형에 따른 난이도에서 난이도 1등급에 해당하는 '분열(split)'의 경우에 해당하는 것과 관련시켜 해석해 볼 수 있다. 또한 유사성이 아주 낮은 모음인 /ʌ/의 경우 습득 속도가 빠름에도 불구하고 유표성이 높아 습득 속도가 늦춰져 궁극적으로 목표어 화자와 같은 발음 능력을 획득하지 못하는 것으로 조사되었다.

따라서 습득 순서나 습득 속도에 있어서 유사성이 발음 습득 시 난점을 예측하기 용이한 판단 기준이 되는 것으로 볼 수 있겠다. 하지만 궁극적인 성공도에 있어서는 유사성뿐만 아니라 유표성이나 차이의 종류 등의 변인도 함께 고려되어야 할 것이다.

이러한 유사성의 정도에 따른 습득 양상에 대한 본 연구의 결론은 기존의 가설들이 주장하는 바와 부분적으로 상충된다.

먼저 Flege의 L2 음에 대한 습득은 평생에 걸쳐 계속 진행되며, 새로운 음, 즉 유사성이 낮은 음의 경우에 새로운 음성 범주를 형성하기 쉬워 궁극적으로 모국어 화자와 같은 발음을 습득할 수 있다고 한 음성 습득 모형(SLM)의 주장과 일치하는 부분도 있지만 부분적으로 충돌이 있다.

SLM에서 제시한 것과 같이 본 연구에서도 유사한 모음의 경우에 L2의 음이 L1 음과 합쳐지는(merging) 현상, 즉 SLM의 기제 중 음성 범주 동화가 주로 관찰된 점이나 유사성이 낮은 모음의 경우에는 습득 속도가 빨라지는 등 새로운 음성 범주를 형성하는 데 성공한 점에서는 본 연구 결과는 SLM이 제시하는 것과 일치하는 것으로 보인다.

그럼에도 불구하고 궁극적인 습득 성공 여부에 있어서는, L2로서 SLM의 주장과는 달리, 본 연구에서는 L1과 음성적으로 동일한 L2 음만이 성공적으로 습득이 되었고, 유사성이 낮은 음들은 습득 속도가 빠르고 새로운 음성 범주가 형성이 되기는 하였으나, 유사성이 높은 음들에 비해 대체로 성공도가 낮은 것으로 나타났다. 이는 SLM에서 제시하는 바와 같이 유사성만으로 음성 습득의 난이도를 예측하는 데에는 무리가 있음을 보여 준다.

또한, 본 연구 결과에서 /i/나 /e/와 같은 L1과 동일한 모음의 경우를 제외하고는 궁극적으로 한국인과 같은 발음을 습득하는 데에 성공적인 모음은 없었으므로, 따라서 본 연구의 연구 결과는 결정적 시기 가설(CPH)이 주장하는 바와 상통한다.

덧붙여 본 연구의 결과에 따라 일본인 학습자를 대상으로 한국어 단모음을 교수할 때 고려되어야 할 교육학적 시사점을 제시하면 다음과 같다.

첫째, 일본어 모음과 유사성이 높지 않은 /u/나 /ʌ/의 경우, 처음 그 모음을 학습한 이후에 학습 기간이 길어짐에 따라 현저하게 향상될 가능성이 높은 것으로 나타났다. 따라서 학습의 아주 초기에 새로운 문자를 가르치는 차원에서 모음의 조음 방식을 교수한 후, 중·고급 단계에서도 모음의 정확한 조음 방식에 대한 지속적인 지도가 필요하다.

둘째, 외국인투의 발음을 줄이기 위해서는 일본어의 대응 모음과 조음 위치가 거의 일치할 정도로 유사성이 높은 /i/, /e/를 제외한 모든 모음에 있어서 한국인의 발음과 차이가 나게 하는 원인이 되는 개구도나 혀의 전후 위치에 대한 부분이 강조가 되어야 할 것이다. 예를 들어, 일본인이 발음했을 때 다른 모음으로 오인 받을 가능성이 낮아 의미 전달 차원에서 문제가 없는 /a/의 경우, 개구도를 더 크게 해서 발음하도록 지도해야 할 것이다. 또한 외국인투의 발음이 나타날 가능성이 높을 뿐만 아니라 의미 전달 차원에서도 문제가 생길 수 있는 /u/나 /ʌ/의 경우에도 발음 지도 시 각각 원순성과 개구도에 대한 정확한 정보가 주어져야 할 것이다.

셋째, 일본인 학습자에게 처음 자모를 교수할 때, 한국어 /우/가 일본어 /う/와 같지 않음을 명시적으로 인지시키고, 오히려 /으/를 일본어 /う/와 유사한 것으로 제시하는 것이 학습에 효과적일 것으로 여겨진다. 그렇게 함으로써 한국어 /우/를 일본어 /う/와 동일한 음성 영역에서 합쳐지게 조음하는 현상을 예방하고, /우/가 가진 원순성을 강조하기 용이할 것이다.

본 연구는 일본어 단모음과 한국어 단모음 간의 유사성의 정도와 한국어 학습자의 발음 습득 과정에 나타나는 중간언어적 요소를 분석함에 있어서 실험음성학적 연구 방법을 도입한 실증적인 연구라는 점에 의의가 있다. 또한, 한국어 발음 습득에 관한 기존의 논의들은 주로 학습자들의 오류를 분석하는 차원에서 이루어졌으며, 이에 기존 연구들은 학습자들의 특정 발음이 한국어 화자에게 다른 발음으로 오인되는 경향이 있는지 없는지를 기준으로 습득이 성공적으로 이루어졌는지를 판단하였다. 본 연구는 기존 연구들처럼 음성 청취 실험을 통해 학습자의 발음이 한국어 화자에게 해당 모음으로 정확하게 인식이 되는지를 조사했을 뿐만 아니라, 음성 산출 실험을 통해 그들의 발음이 한국인의 발음에 얼마나 근접했는지 등에 대한 실질적인 분석이 실시됨으로써 외국인투의 발음이 어디에서 기인하는지를 객관적으로 관찰한 연구라는 데에서 의의를 찾을 수 있겠다. 덧붙여 본 연구는 외국인투 발음의 증거를 가시적으로 제시함으로써 외국인투 발음을 줄일 수 있는 발음 교수 방법을 제시할 수 있는 기본을 마련한 연구라는 점에서 교육학적 측면에서도 의미가 있는 연구라고 할 수 있겠다.

본 연구에서는 한국어를 사용하는 일본인 화자를 대상으로 연구가 행해졌는데, 일본인들의 머릿속 음성 영역에서의 L1-L2 간 동화나 이화, 또 그러한 인식이 조음에 어떠한 영향을 미치는지를 연구하기 위해서는 일본인의 한국어 음성 인식에 대한 연구가 뒤따라야 할 것이다. 또한, L2 음성에 대한 습득이 평생에 걸쳐 진행되는지에 대해 좀 더 명확한 결론을 내리기 위해서는 경험 기간이 수십 년이 되는 피험자들을 대상으로 한 후속 연구도 행해져야 할 것이다. 또한, 유사성의 정도에 따른 음성 습득에 대한 본 연구의 결론을 일반화하기 위해서는 일본어권 이외의 다른 언어권 화자를 대상으로 한 연구가 수반되어야 할 것이다.

참고문헌

곽충구(2003). 현대국어의 모음체계와 그 변화의 방향, 국어학 41, 59~411.

권성미(2004). 일어권 초급 한국어 학습자의 철자 오류 분석; L1과 L2 발음체계 차이에서 기인한 오류를 중심으로, 이화여자대학교 석사학위 논문.

권재선(2002). 한·일어 모음체계 변천의 비교연구, 한민족어문학 40, 5~39.

김영송(1975). 우리말 소리의 연구, 샘문화사.

김윤경(1996). 응용언어학과 통계학, 한국문화사.

김평원(2004). 포먼트(formant) 및 〈표준 발음법〉을 통한 국어 발음 교육 연구, 서울대학교 대학원 교육학석사학위논문.

梅田博之(1983). 한국어의 음성학적 연구; 일본어와의 대조를 중심으로, 형설출판사.

박진원(2001). 한·중 여성화자의 한국어 발음의 실험음성학적 대조 분석, 연세대학교 대학원 석사학위 논문.

박창원(1986). 국어 모음체계에 대한 한 가설, 국어국문학 95, 313~343.

박창원, 오미영, 오은진(2004). 한·영·일 음운대비, 한국문화사.

배주채(1996). 국어음운론개설, 신구문화사.

배주채(2003). 한국어의 발음, 삼경문화사.

백윤정(2007). 일본어 학습 능력에 따른 모음의 무성화 현상의 일고찰, 일본학보 70, 57~68.

서정목(2002). 대조 분석이론에 관한 연구: 음성·음운측면을 중심으로, 언어과학연구 23, 67~88.

송창헌(2005). 한국어 모음 '—'의 음가 변화에 관한 실험음성학적 연구, 서울대학교 대학원 석사학위논문.

신지영(2000). 말소리의 이해: 음성학 음운론 연구의 기초를 위하여, 한국문화사.

양병곤(1993). 한국어 이중모음의 음향학적 연구, 말소리 25 · 26, 3~26.

양병곤(1997). 영어 모음 발음의 이론과 실제, 영어교육연구 7, 127~137.

양순임(2003). 한국어 모음의 인지 및 발음 교육 방안, 이중 언어학 23, 187~209.

양원석(1985). 일본어의 모음에 대하여, 일어교육 1, 1~25.

오정란(1993). 현대국어음운론, 형설출판사.

우인혜(1998a). 일본인 한국어 학습자의 오류 연구, 새국어교육 56, 47~71.

우인혜(1998b). 한일 언어 비교를 통한 발음 교수법, 이중 언어학 15, 319~347.

이경희 · 정명숙(1999). 일본인을 위한 한국어 파열음의 발음 및 인지 교육, 한국어교육 10(2), 233~255.

이병근 · 박경래(1988). 경기방언의 연구와 특징, 국어생활 12, 국립국어원.

이윤희(2003). 일본어 모어 화자를 위한 한국어 발음 지도 방안; 자모의 형태와 발음의 접목을 통하여, 이화여자대학교 교육대학원 석사학위논문.

이재강(1997a). 한국인 화자의 한국어 모음에 관한 실험음성학적 연구, 언어 연구 17, 41~57.

이재강(1997b). 일본인 화자의 일본어 모음에 관한 실험음성학적 분석, 말소리 33 · 34, 57~69.

이재강(1998a). 한국어와 일본어의 모음에 대한 실험음성학적 대조 분석, 서울대학교 대학원 박사학위논문.

이재강(1998b). 한국어 모음에 대한 한국인과 일본인의 대조 연구, 언어학 22, 347~369.

이정희(2003). 한국어 학습자의 오류 연구, 박이정.

이한섭(1989). 일어학 개설, 한신문화사.

이현복(2006). 한국어의 표준 발음, 국외 한국어 교사 연수회.

이호영(1996). 국어 음성학, 태학사.

전상범(2004). 음운론, 서울대학교 출판부.

정미지(2000). 일본인 한국어 학습자의 평음 · 격음 · 경음 발음에 관한 연구, 이화여자대학교 교육대학원 석사학위논문.

조강희(2002). 일본어 음성표현, J&C.

조남성(2001). 대조 분석과 오용분석, 일본어문학연구 39, 233~250.

조성문(2003). 현대 국어의 모음 체계에 대한 음향음성학적인 연구, 한국언어문화 24, 427~441.

조성문(2003). 효율적인 한국어 발음 교육을 위한 연구, 한민족문화연구 6, 229~249.

조성문(2004). 일본인 학습자의 한국어 모음 발음에 대한 연구, 음성과학 11(3), 69~81.

조성문(2005). 산포이론에 의한 국어 모음체계의 변이 고찰, 언어학 13 (4), 131~158.

최용재(1984). 대조 분석의 범위, 영어교육 28, 55~71.

Paradowska, A.(2002). 폴란드인의 한국어 모음의 발음과 청취에 대한 실험음성학적 연구, 서울대학교 대학원 박사학위논문.

허웅(1965). 국어음운학, 샘문화사.

허용(2003). 한국어교육을 위한 중간 언어 음운론 기초연구: 지배음운론적 관점에 입각한 한국어 모음현상 분석, 언어과학 연구 25, 277~298.

康永富 外(1998). 日本語學 要說, Pagijong Press.

城生佰太郎(1998). 일본어음성과학. 김선희 역. J&C. 원전:日本語音声学.

小泉保(1993). 日本語教師のための日語学入門, 大修館書店.

天沼寧 外(1978). 日本語 音声学, 學士院.

Aoyama, K., Flege, J., Guion, S., Akahane-Yamada, R., and Yamada, T.(2004). Perceived phonetic dissimilarity and L2 speech learning: the case of Japanese /r/ and English /i/ and /r/, *Journal of Phonetics* 32, 233~250.

Archibald, J. and Young-Scholten, M.(2003). The second language segment revisited, *Second Language Research* 19(3), 163~167.

Bak, I. and Jo, C.(2004). Vowel training method using formant space information, *Speech Science* 11, 7~15.

Baker W. and Trofimovich B.(2005). Interaction of native- and second-language vowel system(s) in early and late bilinguals. *Language and Speech* 48(1), 1~27.

Best, C.(1994). The emergence of native-language phonological influences in infants: A perceptual assimilation model, in Goodman, J. and Nusbaum,

H.C.(Eds.), *The Development of Speech Perception: The Transition from Speech Sounds to Spoken Words*, MIT Press.

Best, C.(1995). A direct realist view of cross-language speech perception, in Strange, W.(Eds.) *Speech Perception and Linguistic Experience: Theoretical and Methodological Issues in Cross-language Speech Research*, 171~206, York Press.

Best, C. and Strange, W.(1992). Effects of phonological and phonetic factors on cross-language perception of approximants, *Journal of Phonetics 20*, 305~330.

Best, C., McRoberts, G., and Gooddell, E.(2001). Discrimination of non-native consonant contrasts varying in perceptual assimilation to the listener's native phonological system, *Journal of the Acoustical Society of America*, 109, 775~793.

Bever, T.(1981). Normal acquisition precesses explain the critical period for language learning, in Diller, K.(Eds.) *Individual Differences and Universals in Language Learning Aptitude*, 176~198, Newbury House.

Bohn, O. and Flege, J.(1992). The production of new and similar vowels by adult German learners of English, *Studies in Second Language Acquisition 14*, 131~158.

Bohn, O. and Flege, J.(1996). Perception and production of a new vowel category by adult second language learners, in James, A. and Leather, J.(Eds.) *Second Language Speech: Structure and Process*, 53~73, Mouton de Gruyter.

Bongaerts, T., van Summeren, C., Planken, B., and Schils, E.(1997). Age and ultimate attainment in the pronunciation of a foreign language, *Studies in Second Language Acquisition 19*, 447~465.

Borden, G., Harris, K., and Raphael, L.(1994). 음성과학, 김기호 · 양병곤 · 고도흥 · 구희산 공역, 한국문화사. (원전: *Speech Science Primer*).

Bosch, L., Costa, A., and Sebastian-Galles, N.(2000). First and second language vowel perception in early bilingual, *European Journal of Cognitive*

Psychology 12(2), 189~221.

Carlisle, R.(1991). The influence of environment on vowel epenthesis in Spanish/English interphonology, *Applied Linguistics* 12, 76~95.

Chomsky, N. and Halle, M.(1991). *The Sound Pattern of English,* (originally published in 1968), The MIT Press.

Denes, P. and Pinson, E.(1993). The Speech Chain (2nd Edition), W.H. Freeman and Company.

Disner, S.(1986). On describing vowel quality, in Ohala, J. and Jaeger, J.(Eds.) *Experimental Phonology*, 69~79, Academic Press.

Eckman, F.(1977). Markedness and the contrastive analysis hypothesis, *Language Learning* 27, 315~330.

Eckman, F.(1991). The structural conformity hypothesis and the acquisition of consonant cluster in the interlanguage of ESL learners, *Studies in Second Language Acquisition* 13, 23~41.

Eckman, F. and Elreyers, A.(2003). Some principles of second language phonology, *Second Language Research* 19(3), 169~208.

Ellis, R.(1994). *The study of second language acquisition,* Oxford University Press.

Ervin-Tripp, S.(1974). Is second language learning like the first?, *TESOL Quarterly* 8, 111~127.

Fathman, A.(1975). The relationship between age and second language productive ability, *Language Learning* 25, 245~253.

Flege, J.(1987). The production of "new" and "similar"phones in a foreign language: evidence for the effect of equivalence classification, *Journal of Phonetics* 15, 47~65.

Flege, J.(1995). Second-language speech learning: Theory, findings, and problems, in Strange, W.(Eds.) *Speech Perception and Linguistic Experience: Theoretical and Methodological Issues*, 229~273, York Press.

Flege, J.(1996). English vowel productions by Dutch talkers: More evidence for the "similar" vs "new" distinction, in James, A. and Leather, J. (Eds.)

Second Language Speech: Structure and Process, 11~52, Mouton de Gruyter.

Flege, J.(1999). Age of learning and second-language speech, in Birdsong, D.(Eds.), *Second Language Acquisition and the Critical Period Hypothesis*, 101~132, Erlbaum Press.

Flege, J.(2005). Origins and development of the Speech Learning Model, Unpublished paper for the presentation at ASA Workshop on L2 Speech Learning, Simon Fraser University.

Flege, J. and Hillenbrand, J.(1984). Limits on Phonetic Accuracy in Foreign Language Speech Production. *Journal of Acoustical Society of America* 76(3), 706~719.

Flege, J. and Eefting, W.(1987). The production and perception of English stops by Spanish speakers of English. *Journal of Phonetics* 15, 67~83.

Flege, J., Munro, M. and Mackay, I.(1995). The effect of age of second language learning on the production of English consonants, *Speech Communication* 16. 1~26.

Flege, J., Bohn, O. and Jang, S.(1997). Effects of experience on non-native speakers'production and perception of English vowels, *Journal of Phonetics* 25, 437~470.

Flege, J., Frieda, E., and Nozawa, T.(1997). Amount of native-language (L1) use affects the pronunciation of an L2, *Journal of Phonetics* 25, 169~186.

Flege, J., Yeni-Komshian, G., and Liu, S.(1999). Age constraints on second-language acquisition, *Journal of Memory and Language* 41, 78~104.

Flege, J., Schirru, C., and MacKay, I.(2003). Interaction between the native and second language phonetic subsystems, *Speech Communication* 40, 467~491.

Flege, J. and MacKay, I.(2004). Perceiving vowels in a second language, *Studies in Second Language Acquisition* 26(1), 1~34.

Flege, J., Birdsong, D., Bialystock, E., Mack, M, Sung, H., and Tsukada, K.(2006). Degree of foreign accent in English sentences produced by

Korean children and adults, *Journal of Phonetics* 34, 153~175.

Gass, S. and Selinker, L.(1999). 제2언어 습득론, 한신문화사, 박의재 · 이정원 공역.(원전: *Second Language Acquisition; An Introductory Course*).

Guion, S., Flege, J., and Loftin, J.(2000). The effect of L1 use on pronunciation in Quichua-Spanish bilinguals, *Journal of Phonetics* 28, 27~42.

Gussenhoven, C. and Jacobs, H.(1998). *Understanding Phonology*, Arnold.

Honda, K. (1996). Organization of tongue articulation for vowels, *Journal of Phonetics* 24, 39~52.

Huang, J.(1970). A Chinese child's acquisition of English syntax, MA TESL thesis, University of California at Los Angeles.

Hurfold, J. R.(1991). The evolution of the critical period for language acquisition, *Cognition* 40, 159~201.

Hyman, L. M.(1975). *Phonology: Theory and Analysis*, Holt, Rinehart and Winston.

Ingram, J. and Park, S.(1997). Cross-language vowel perception and production by Japanese and Korean learners of English, *Journal of Phonetics* 25, 343~370.

James, A.(1986). Phonic transfer and phonological explanation: Some theoretical and methodological issues, in Kellerman, E. and Smith, M.(Eds.) *Crosslinguistic Influence in Second Language Acquisition*, 134~149, Pergamon Press.

Johnson, K.(2003). *Acoustics and Auditory Phonetics* (Second edition), Blackwell Publishing.

Johnson, L. and Newport, E.(1989). Critical period effects in second language learning: the influence of maturational state on the acquisition of English as a second language, *Cognitive Psychology* 21, 60~99.

Kang, Jimin(2006). The effect of pronunciation training Korean adult learners' perception and production of English vowels, /i/, /ɪ/, /u/, and /ʊ/, *Foreign Language Education* 13(1), 45~65.

Keller-Cohen, D.(1979). Systematicity and variation in the non-native child's acquisition fo conversational skills, *Language Learning* 29(1), 27~44.

Kent, R., Dembowski, J., and Lass, N.(1996). The acoustic characteristics of American English, in Lass, N.(Eds.) *Principles of Experimental Phonetics*, 185~225.

Kim, Hyungi(1994). Acoustic studies of devoiced vowels in Korean, *Malsori* 27, 1~10.

Kim, Hyungi and Niimi, S.(2003). Acoustic, intraoral air pressure and EMG studies of vowel devoicing in Korean, *Speech Sciences* 10, 3~13.

Kuhl, P.(1991). Human adults and human infants show a "perceptual magnet effect" for the prototypes of speech categories, monkeys do not. *Perception and Psychophysics* 50, 93~107.

Kuhl, P.(1993). Early linguistic experience and phonetic perception: Implications for theories of developmental speech perception, *Journal of Phonetics* 21, 125~139.

Kwon, Sungmi(2006). Effects of similarity or dissmilarity of the phones in acquiring L2 phones, *Proceedings of the International Conference of Applied Linguistics Associations of Korea*, 114~116.

Kwon, Sungmi(2007). A Study of the effects of similarity on L2 phone acquisition: An experimental study of the Korean vowels produced by Japanese learners, *The Korean Journal of Speech Sciences* 14(1), 93~103.

Ladefoged, P.(2001a*). A Course in Phonetics*(fourth edition), Heinle & Heinle.

Ladefoged, P.(2001b). *Vowels and Consonants*, Blackwell.

Ladefoged, P.(2003). *Phonetic Data Analysis*, Blackwell Publishing.

Larsen-Freeman, D. and Long, M.(1991). *An Introduction to Second Language Acquisition Research*, Longman.

Lee Hyunbok(1980). A Phonetic description of Korean vowels, *Malsori* 1, 56~70.

Lenneberg, E.(1967). *Biological Foundations of Language*, New York: Wiley and Sons.

Long, M.(1990). Maturational constraints on language development, *Studies in*

Second Language Acquisition 12, 251~286.

Mack, M., Bott, S., and Boronat, C.(1995). Mother I'd rather do it myself, maybe: an analysis of voice-onset time produced by early French-English bilinguals. *Issues Develop. English Applied Linguistics* 8, 23~55.

MacKay, I., Meador, D., and Flege, J.(2001). The identification of English consonants by native Italian, *Phonetica* 58(1/2), 103~125.

MacKay, I., Felge, J., and Imai, S.(2006). Evaluating the effects of chronological age and sentence duration on degree of perceived foreign accent, *Applied Psycholinguistics*, 27(2), 157~183.

Major, R.(1998). Interlanguage phonetics and phonology, *Studies in Second Language Acquisition* 20, 131~137.

Major, R. and Faudree, M.(1996). Markedness universals and the acquisition of voicing contrasts in Korean speakers of English, *Studies in Second Language Acquisition* 18, 69~90.

Major, R. and Kim, E.(1999). The similarity differential rate hypothesis, *Language Learning* 49(1), 151~183.

Munro, M.(1993). Productions of English vowels by native speakers of Arabic: Acoustic measurements and accentedness ratings, *Language and Speech* 36(1), 39~66.

Munro, M., Flege, J., and Mackay, I.(1996). The effect of second-language learning on the production of English vowels, *Applied Psycholinguistics* 17, 313~334.

Neufeld, G.(1978). On the acquisition of prosodic and articulatory features in adult language learning, *Canadian Modern Language Review* 34, 163~174.

Ohala, J. and Jaeger, J.(1986). *Experimental Phonology*, Academic Press.

Oller, J. and Ziahosseiny, S.(1970). The contrastive analysis hypothesis and spelling errors, *Language Learning* 20, 183~189.

Oyama, S.(1976). A sensitive period for the acquisition of nonnative phonological system. *Journal of Psychological Research* 5, 261~283.

Patkowski, M.(1990). Age and accent in a second language: A reply to James Emil Flege, *Applied Linguistics* 11(1), 73~89.

Piske, T., MacKay, I., and Flege, J.(2001). Factors affecting degree of foreign accent in an L2: A review, *Journal of Phonetics* 29, 191~215.

Piske, T., Flege, J., MacKay, I., and Meador, D.(2002). The production of English vowels by fluent early and late Italian-English bilinguals, *Phonetica* 59, 49~71.

Sakayori, S., Kitama, T., Chimoto, S., Qin, Y., and Sato, Y.(2002). Critical spectral regions for vowel identification, *Neuroscience Research* 43, 155~162.

Scovel, T.(1969). Foreign accents, language acquisition, and cerebral dominance. *Language Learning* 28, 245~254.

Seliger, W.(1978). Implications of a multiple critical periods hypothesis for second language Iearning, in Ritchie, W.(Eds.) editor *In Second language acquisition research: Issues and Implications* 11~19. Academic Press.

Simpson, A.(2002). Gender-specific articulatory-acoustic relations in vowel sequences, *Journal of Phonetics* 30, 417~435.

Snow, C. and Hoefnagel-Höhle, M.(1978). The critical age for language acquisition: evidence from second language learning, *Child Development* 49, 1114~1128.

Stockwell, R., Bowen, D., and Martin, J.(1965). *The Grammatical Structures of English and Spanish*, The University of Chicago Press.

Strange, W., Yamada, R., Kubo, R., Trent, S.A., Nishi, K., and Jenkins, J.(1998). Perceptual assimilation of American English vowels by Japanese listeners. *Journal of Phonetics*, 26, 311~344.

Tsukada, K., Birdsong, D., Bailystok, E., Mack, M., Sung, H., Flege, J.(2005). A developmental study of English vowel production and perception by native Korean adults and children, *Journal of Phonetics* 33(3), 263~290.

Varden, J. and Sato, T.(1996). Devoicing of Japanese vowels by Taiwanese learners of Japanese, *Proceedings of the 4th International Conference on Spoken Language Processing*, 618~621.

Weinreich(1968). *Language in contact*, Mounton & Co.

White, L.(1989). *Universal Grammar and Second Language Acquisition*, J. Benjamins.

Yamada, R.(1995). Age and acquisition of second language speech sounds: Perception of American English /ɹ/ and /l/ by native speakers of Japanese, in Strange, W.(Eds.), *Speech Perception in Linguistics Experience, Issues in Cross-Language Research*, 305~320, York Press.

Yang, Byunggon(1990). An acoustical study of Korean monothongs produced by male and female speakers, *Journal of Acoustical Society of America* 91(4), 2280~2283.

Yang, Byunggon(1996). A comparative study of American English and Korean vowels produced by male and female speakers, *Journal of Phonetics* 24, 245~261.

Yeni-Komshian, G., Flege, J. and Lui, S.(2000). Pronunciation proficiency in the first and second languages of Korean-English bilinguals, *Bilingualism: Language and Cognition* 3, 131~150.

<부록 1> 피험자의 인구통계학적 정보

한국인(Ks)

피험자	나이
K-1	34
K-2	29
K-3	35
K-4	33
K-5	30
K-6	29
K-7	30
K-8	34
K-9	35
K-10	31
K-11	31
K-12	35
K-13	33
K-14	27
K-15	26
K-16	35

※성별: 여성, 출신지: 서울, 직업: 대학원생

일본인(Js)

피험자	나이	직업	한국 체류 기간	한국 체류 이유
J-1	37	주부	3개월	남편이 주재원
J-2	32	주부	6개월	남편이 주재원
J-3	41	주부	6개월	남편이 주재원
J-4	31	주부	3개월	남편이 주재원
J-5	28	회사원	1주일 미만	친지 방문
J-6	36	주부	3개월	남편이 주재원
J-7	35	주부	3개월	남편이 주재원
J-8	35	주부	3개월	남편이 주재원
J-9	28	회사원	1주일 미만	친지 방문
J-10	32	주부	6개월	남편이 주재원
J-11	36	주부	6개월	남편이 주재원
J-12	38	주부	1주일 미만	친지 방문
J-13	33	회사원	1주일 미만	친지 방문
J-14	27	대학원생	1주일 미만	친지 방문
J-15	39	주부	1개월	남편이 주재원
J-16	40	주부	5개월	남편이 주재원

※성별: 여성, 출신지: 동경

초급학습자(BJs)

피험자	나이	직업	한국어 학습 기간	한국 거주 기간	학습 동기
BJ-1	21	대학생	2개월	2개월	한국 대학교에 진학하고 싶어서
BJ-2	32	주부	5개월	6개월	배우자가 한국인
BJ-3	27	간호사	2개월	2개월	한국에 관심이 있어서
BJ-4	33	기자	2개월	2개월	한국에 관심이 있어서
BJ-5	38	일본어 강사	2개월	2개월	한국에 관심이 있어서
BJ-6	30	대학원생	2개월	2개월	한국에 관심이 있어서
BJ-7	28	유치원 교사	5개월	5개월	한국에 관심이 있어서
BJ-8	29	판매원	2개월	2개월	한국에 관심이 있어서
BJ-9	23	대학생	2개월	2개월	한국 대학원에 진학하고 싶어서
BJ-10	21	대학생	5개월	6개월	한국 대학교에 진학하고 싶어서
BJ-11	27	회사원	2개월	3개월	한국에 관심이 있어서
BJ-12	25	대학생	5개월	6개월	남자친구가 한국인
BJ-13	30	회사원	2개월	2개월	남자친구가 한국인
BJ-14	31	간호사	5개월	5개월	한국에 관심이 있어서
BJ-15	33	주부	4개월	4개월	배우자가 한국인
BJ-16	20	대학생	5개월	6개월	할머니가 한국인이어서

※성별: 모두 여성, 출신지: 모두 동경

고급학습자(AJs)

피험자	나이	직업	한국어 학습 기간	한국 거주 기간	학습 동기
AJ-1	26	회사원	18개월	18개월	한국에 관심이 있어서
AJ-2	25	판매원	18개월	18개월	한국에 관심이 있어서
AJ-3	23	대학생	19개월	19개월	한국 대학에 진학하고 싶어서
AJ-4	38	회사원	18개월	18개월	한국에 관심이 있어서
AJ-5	42	주부	24개월	36개월	배우자가 한국인이어서
AJ-6	28	판매원	18개월	18개월	남자친구가 한국인이어서
AJ-7	27	대학원생	22개월	26개월	한국학 전공
AJ-8	23	대학생	21개월	21개월	한국학 전공
AJ-9	29	간호사	18개월	18개월	한국에 관심이 있어서
AJ-10	36	주부	18개월	26개월	남편이 주재원이어서
AJ-11	35	교사	18개월	18개월	한국에 관심이 있어서
AJ-12	24	대학생	18개월	20개월	한국 대학교에 진학하고 싶어서
AJ-13	23	대학생	19개월	24개월	남자친구가 한국인이어서
AJ-14	22	학생	18개월	18개월	한국 대학에 진학하고 싶어서
AJ-15	29	회사원	20개월	20개월	한국 회사에 근무
AJ-16	25	회사원	19개월	19개월	한국에 관심이 있어서

※성별: 여성, 출신지: 동경

경험자(EJs)

피험자	나이	직업	한국어 학습기간	한국 거주기간	비고
EJ-1	27	대학원생	1.5~2년	6년	
EJ-2	33	주부	1.5년	7년	배우자가 한국인
EJ-3	38	일본어 강사	1.5~2년	9년	한국학 전공
EJ-4	34	대학원생	2년	7년	한국학 전공
EJ-5	30	대학원생	1.5~2년	7년	
EJ-6	29	대학원생	1.5년	9년	
EJ-7	27	대학원생	3년	6년	
EJ-8	25	대학생	2~2.5년	5년	남자친구가 한국인
EJ-9	35	주부	2년	10년	배우자가 한국인
EJ-10	31	대학원생	1.5~2년	7년	한국학 전공
EJ-11	26	대학생	1.5~2년	5년	
EJ-12	28	주부	2~2.5년	8년	배우자가 한국인
EJ-13	29	대학원생	4년	6년	
EJ-14	28	대학생	1.5~2년	6년	
EJ-15	37	주부	1.5~2년	13년	배우자가 한국인
EJ-16	33	주부	2년	9년	배우자가 한국인

※ 성별: 여성, 출신지: 동경

〈부록 2〉 읽기 목록

□ 2장의 예비 실험에서 사용된 읽기 목록(한국어)

1. 여기에 디가 있습니다.
2. 여기에 바가 있습니다.
3. 여기에 버가 있습니다.
4. 여기에 부가 있습니다.
5. 여기에 수가 있습니다.
6. 여기에 하가 있습니다.
7. 여기에 기가 있습니다.
8. 여기에 두가 있습니다.
9. 여기에 시가 있습니다.
10. 여기에 후가 있습니다.
11. 여기에 히가 있습니다.
12. 여기에 스가 있습니다.
13. 여기에 비가 있습니다.
14. 여기에 서가 있습니다.
15. 여기에 보가 있습니다.
16. 여기에 드가 있습니다.
17. 여기에 데가 있습니다.
18. 여기에 다가 있습니다.
19. 여기에 그가 있습니다.
20. 여기에 가가 있습니다.
21. 여기에 사가 있습니다.
22. 여기에 브가 있습니다.
23. 여기에 허가 있습니다.
24. 여기에 소가 있습니다.
25. 여기에 호가 있습니다.

26. 여기에 더가 있습니다.
27. 여기에 구가 있습니다.
28. 여기에 세가 있습니다.
29. 여기에 베가 있습니다.
30. 여기에 거가 있습니다.
31. 여기에 도가 있습니다.
32. 여기에 헤가 있습니다.
33. 여기에 흐가 있습니다.
34. 여기에 게가 있습니다.
35. 여기에 고가 있습니다.

❑ 2장의 예비 실험에서 사용된 읽기 목록(일본어)

1. ここに さが あります。
2. ここに ぷが あります。
3. ここに きが あります。
4. ここに たが あります。
5. ここに とが あります。
6. ここに ひが あります。
7. ここに はが あります。
8. ここに ほが あります。
9. ここに ぽが あります。
10. ここに ぱが あります。
11. ここに すが あります。
12. ここに ちが あります。
13. ここに ふが あります。
14. ここに こが あります。
15 ここに けが あります。
16. ここに そが あります。
17. ここに ぺが あります。

18. ここに てが あります。
19. ここに へが あります。
20. ここに つが あります。
21. ここに しが あります。
22. ここに くが あります。
23. ここに せが あります。
24. ここに ぴが あります。
25. ここに かが あります。

❑ 3장의 본실험에서 사용된 읽기 목록(한국어)

1. 여기에 기가 있습니다.
2. 여기에 거가 있습니다.
3. 여기에 고가 있습니다.
4. 여기에 기가 있습니다.
5. 여기에 구가 있습니다.
6. 여기에 구가 있습니다.
7. 여기에 고가 있습니다.
8. 여기에 그가 있습니다.
9. 여기에 기가 있습니다.
10. 여기에 게가 있습니다.
11. 여기에 거가 있습니다.
12. 여기에 그가 있습니다.
13. 여기에 거가 있습니다.
14. 여기에 가가 있습니다.
15. 여기에 구가 있습니다.
16. 여기에 가가 있습니다.
17. 여기에 가가 있습니다.
18. 여기에 고가 있습니다.
19. 여기에 게가 있습니다.

20. 여기에 그가 있습니다.
21. 여기에 게가 있습니다.

❏ 3장의 본실험에서 사용된 읽기 목록(일본어)

1. ここに こが あります。
2. ここに けが あります。
3. ここに きが あります。
4. ここに けが あります。
5. ここに かが あります。
6. ここに くが あります。
7. ここに くが あります。
8. ここに かが あります。
9. ここに きが あります。
10. ここに こが あります。
11. ここに かが あります。
12. ここに けが あります。
13. ここに きが あります。
14. ここに くが あります。
15. ここに こが あります。

〈부록 3〉 한국어 단모음의 F1과 F2

한국어 /i/의 F1과 F2

K-/i/	F1	F2	K-/i/	F1	F2
K-1	358	2507	AJ-1	284	2533
K-2	342	2838	AJ-2	324	2109
K-3	298	1899	AJ-3	241	2487
K-4	285	2632	AJ-4	247	2831
K-5	278	2310	AJ-5	297	2798
K-6	365	2772	AJ-6	286	2541
K-7	285	1876	AJ-7	262	2495
K-8	292	2589	AJ-8	369	2651
K-9	362	2561	AJ-9	273	1913
K-10	287	2387	AJ-10	301	2886
K-11	288	2797	AJ-11	314	2230
K-12	292	2573	AJ-12	278	2670
K-13	319	2691	AJ-13	357	2063
K-14	289	2448	AJ-14	290	2312
K-15	282	2494	AJ-15	228	2695
K-16	356	2650	AJ-16	254	2135

K-/i/	F1	F2	K-/i/	F1	F2
EJ-1	231	1958	BJ-1	353	2870
EJ-2	283	2581	BJ-2	238	1922
EJ-3	298	2684	BJ-3	243	1809
EJ-4	289	2399	BJ-4	271	1899
EJ-5	243	1845	BJ-5	288	2733
EJ-6	252	2231	BJ-6	260	2704
EJ-7	266	2401	BJ-7	255	2668
EJ-8	357	2733	BJ-8	250	2713
EJ-9	293	2704	BJ-9	328	2573
EJ-10	257	2269	BJ-10	368	2795
EJ-11	257	2713	BJ-11	318	2684
EJ-12	279	2668	BJ-12	276	2704
EJ-13	335	2573	BJ-13	296	2423
EJ-14	364	2918	BJ-14	283	2468
EJ-15	292	2795	BJ-15	328	2321
EJ-16	346	2531	BJ-16	293	2008

한국어 /e/의 F1과 F2

K−/e/	F1	F2	K−/e/	F1	F2
K−1	433	2459	AJ−1	513	2233
K−2	401	2135	AJ−2	518	2543
K−3	338	1970	AJ−3	532	2632
K−4	359	2381	AJ−4	509	2022
K−5	455	2323	AJ−5	453	1826
K−6	406	2463	AJ−6	410	2085
K−7	516	2292	AJ−7	562	2495
K−8	505	2416	AJ−8	496	2651
K−9	650	2007	AJ−9	500	2413
K−10	521	1838	AJ−10	436	2459
K−11	518	2656	AJ−11	556	2203
K−12	504	2284	AJ−12	501	2579
K−13	612	2355	AJ−13	547	2195
K−14	461	2421	AJ−14	495	2604
K−15	426	2354	AJ−15	457	2063
K−16	371	2373	AJ−16	298	1876

K−/e/	F1	F2	K−/e/	F1	F2
EJ−1	382	2009	BJ−1	495	1912
EJ−2	494	2297	BJ−2	484	2180
EJ−3	440	2463	BJ−3	471	1877
EJ−4	470	2510	BJ−4	453	2530
EJ−5	424	1945	BJ−5	698	2698
EJ−6	356	2680	BJ−6	388	2649
EJ−7	506	2617	BJ−7	503	2567
EJ−8	516	1821	BJ−8	385	2042
EJ−9	527	2314	BJ−9	538	2374
EJ−10	597	2113	BJ−10	566	2440
EJ−11	578	2709	BJ−11	474	2415
EJ−12	296	2280	BJ−12	425	2137
EJ−13	600	2165	BJ−13	371	2147
EJ−14	540	2200	BJ−14	431	2722
EJ−15	450	1976	BJ−15	570	2468
EJ−16	593	2215	BJ−16	584	2767

한국어 /a/의 F1과 F2

K-/a/	F1	F2	K-/a/	F1	F2
K-1	983	1704	AJ-1	939	1825
K-2	712	1342	AJ-2	1030	1750
K-3	890	1489	AJ-3	769	1680
K-4	826	1655	AJ-4	986	1659
K-5	658	1483	AJ-5	752	1403
K-6	1002	1627	AJ-6	761	1568
K-7	1021	1743	AJ-7	761	1728
K-8	837	1586	AJ-8	926	1502
K-9	1101	1875	AJ-9	866	1818
K-10	953	1505	AJ-10	791	1774
K-11	937	1563	AJ-11	769	1488
K-12	850	1450	AJ-12	804	1420
K-13	867	1501	AJ-13	1021	1606
K-14	997	1340	AJ-14	559	1543
K-15	789	1436	AJ-15	569	1382
K-16	960	1828	AJ-16	518	1431

K-/a/	F1	F2	K-/a/	F1	F2
EJ-1	773	1858	BJ-1	726	1569
EJ-2	865	1576	BJ-2	934	1773
EJ-3	877	1794	BJ-3	683	1420
EJ-4	968	1409	BJ-4	975	1615
EJ-5	965	2083	BJ-5	812	1864
EJ-6	653	1806	BJ-6	804	1728
EJ-7	714	1509	BJ-7	978	1873
EJ-8	807	1604	BJ-8	769	1691
EJ-9	684	1501	BJ-9	917	1709
EJ-10	661	1639	BJ-10	909	1520
EJ-11	726	1849	BJ-11	878	1629
EJ-12	805	1527	BJ-12	850	1429
EJ-13	756	1452	BJ-13	519	1516
EJ-14	708	1538	BJ-14	652	1430
EJ-15	924	1664	BJ-15	455	1542
EJ-16	808	1539	BJ-16	829	1609

한국어 /ɨ/의 F1과 F2

K−/ɨ/	F1	F2	K−/ɨ/	F1	F2
K−1	435	1255	AJ−1	390	1283
K−2	289	1184	AJ−2	408	1271
K−3	464	1304	AJ−3	415	1175
K−4	382	1490	AJ−4	329	1061
K−5	310	1468	AJ−5	419	1716
K−6	425	1342	AJ−6	341	960
K−7	348	1657	AJ−7	460	1357
K−8	325	1280	AJ−8	372	1214
K−9	461	1469	AJ−9	380	1390
K−10	422	1309	AJ−10	381	1264
K−11	481	1344	AJ−11	487	1509
K−12	337	1520	AJ−12	373	1544
K−13	401	1820	AJ−13	355	1192
K−14	369	1280	AJ−14	434	1403
K−15	390	1433	AJ−15	348	1083
K−16	341	1114	AJ−16	420	1565

K−/ɨ/	F1	F2	K−/ɨ/	F1	F2
EJ−1	351	1388	BJ−1	401	1151
EJ−2	350	1224	BJ−2	423	1214
EJ−3	400	1290	BJ−3	353	1303
EJ−4	409	1417	BJ−4	395	1352
EJ−5	425	1480	BJ−5	352	1015
EJ−6	497	1592	BJ−6	385	1442
EJ−7	395	1490	BJ−7	361	1231
EJ−8	362	1016	BJ−8	420	1114
EJ−9	392	1460	BJ−9	404	1507
EJ−10	290	978	BJ−10	312	987
EJ−11	445	1108	BJ−11	429	1328
EJ−12	452	1153	BJ−12	391	1073
EJ−13	428	1227	BJ−13	439	1653
EJ−14	375	1065	BJ−14	442	1356
EJ−15	419	1389	BJ−15	431	1161
EJ−16	354	1204	BJ−16	410	1460

한국어 /u/의 F1과 F2

K-/u/	F1	F2	K-/u/	F1	F2
K-1	281	690	AJ-1	288	923
K-2	293	1170	AJ-2	345	1053
K-3	315	988	AJ-3	294	1164
K-4	306	981	AJ-4	425	926
K-5	281	755	AJ-5	306	970
K-6	293	688	AJ-6	289	1062
K-7	320	1007	AJ-7	376	1130
K-8	312	897	AJ-8	274	1522
K-9	357	872	AJ-9	270	890
K-10	394	848	AJ-10	309	1175
K-11	277	757	AJ-11	448	1002
K-12	310	829	AJ-12	302	985
K-13	282	609	AJ-13	328	1282
K-14	289	809	AJ-14	289	886
K-15	208	724	AJ-15	328	1485
K-16	250	1081	AJ-16	297	1270

K-/u/	F1	F2	K-/u/	F1	F2
EJ-1	291	925	BJ-1	520	1116
EJ-2	297	858	BJ-2	349	984
EJ-3	338	830	BJ-3	398	1282
EJ-4	284	897	BJ-4	332	1028
EJ-5	310	1159	BJ-5	360	1191
EJ-6	259	1212	BJ-6	389	1056
EJ-7	300	1190	BJ-7	413	828
EJ-8	260	1033	BJ-8	307	1353
EJ-9	381	1172	BJ-9	303	1466
EJ-10	315	1257	BJ-10	297	1376
EJ-11	350	1330	BJ-11	306	1166
EJ-12	348	996	BJ-12	307	1363
EJ-13	357	1218	BJ-13	370	1100
EJ-14	386	1001	BJ-14	430	1151
EJ-15	378	973	BJ-15	330	1134
EJ-16	436	1278	BJ-16	470	1663

한국어 /o/의 F1과 F2

K−/o/	F1	F2	K−/o/	F1	F2
K−1	448	987	AJ−1	340	951
K−2	431	869	AJ−2	511	805
K−3	375	654	AJ−3	334	846
K−4	340	890	AJ−4	506	940
K−5	496	945	AJ−5	405	905
K−6	408	842	AJ−6	371	1044
K−7	360	799	AJ−7	354	790
K−8	278	609	AJ−8	465	973
K−9	452	832	AJ−9	328	785
K−10	304	725	AJ−10	485	922
K−11	324	605	AJ−11	509	887
K−12	386	909	AJ−12	322	862
K−13	258	689	AJ−13	498	1004
K−14	402	807	AJ−14	306	807
K−15	423	739	AJ−15	410	967
K−16	410	924	AJ−16	487	716

K−/o/	F1	F2	K−/o/	F1	F2
EJ−1	358	806	BJ−1	446	1098
EJ−2	349	818	BJ−2	492	906
EJ−3	415	942	BJ−3	373	785
EJ−4	406	937	BJ−4	453	769
EJ−5	426	919	BJ−5	555	953
EJ−6	507	900	BJ−6	396	938
EJ−7	481	1077	BJ−7	497	855
EJ−8	334	760	BJ−8	302	737
EJ−9	316	742	BJ−9	468	806
EJ−10	520	978	BJ−10	343	920
EJ−11	322	705	BJ−11	318	980
EJ−12	547	1187	BJ−12	432	862
EJ−13	466	894	BJ−13	530	843
EJ−14	487	842	BJ−14	312	903
EJ−15	373	952	BJ−15	354	1002
EJ−16	402	870	BJ−16	435	769

한국어 /ʌ/의 F1과 F2

K−/ʌ/	F1	F2	K−/ʌ/	F1	F2
K−1	731	1068	AJ−1	484	970
K−2	598	1054	AJ−2	595	1076
K−3	687	1184	AJ−3	685	1260
K−4	633	1208	AJ−4	683	1139
K−5	909	1128	AJ−5	739	1328
K−6	740	965	AJ−6	586	1078
K−7	585	938	AJ−7	465	1064
K−8	754	1395	AJ−8	646	1377
K−9	790	1002	AJ−9	720	1125
K−10	836	1232	AJ−10	529	950
K−11	690	988	AJ−11	600	1192
K−12	784	1007	AJ−12	468	830
K−13	648	1195	AJ−13	555	1002
K−14	778	1200	AJ−14	471	833
K−15	728	1097	AJ−15	747	1200
K−16	885	1165	AJ−16	580	901

K−/ʌ/	F1	F2	K−/ʌ/	F1	F2
EJ−1	500	1050	BJ−1	406	829
EJ−2	498	848	BJ−2	561	1037
EJ−3	597	890	BJ−3	522	928
EJ−4	580	1341	BJ−4	516	1082
EJ−5	516	902	BJ−5	663	1129
EJ−6	607	1043	BJ−6	361	790
EJ−7	511	1281	BJ−7	810	1228
EJ−8	768	1008	BJ−8	395	818
EJ−9	500	1211	BJ−9	440	971
EJ−10	404	990	BJ−10	443	852
EJ−11	637	1190	BJ−11	422	900
EJ−12	704	1271	BJ−12	383	915
EJ−13	667	1036	BJ−13	403	992
EJ−14	635	942	BJ−14	350	880
EJ−15	385	842	BJ−15	466	1002
EJ−16	543	997	BJ−16	567	924

〈부록 4〉 일본어 단모음의 F1과 F2

일본어 /i/의 F1과 F2

J−/i/	F1	F2	J−/i/	F1	F2
J−1	261	2074	AJ−1	319	2278
J−2	280	1930	AJ−2	327	2888
J−3	241	1988	AJ−3	307	2489
J−4	301	2430	AJ−4	304	2844
J−5	252	2450	AJ−5	226	2385
J−6	298	2002	AJ−6	213	2211
J−7	218	1903	AJ−7	237	2230
J−8	370	1762	AJ−8	301	2886
J−9	302	2387	AJ−9	352	3121
J−10	284	2979	AJ−10	298	2360
J−11	330	3129	AJ−11	375	3033
J−12	275	2418	AJ−12	342	2586
J−13	229	2947	AJ−13	253	2437
J−14	237	2610	AJ−14	350	2231
J−15	381	2561	AJ−15	244	1897
J−16	267	3120	AJ−16	235	1975

J−/i/	F1	F2	J−/i/	F1	F2
EJ−1	327	2353	BJ−1	233	1907
EJ−2	270	2786	BJ−2	273	2206
EJ−3	242	1903	BJ−3	221	1843
EJ−4	230	1723	BJ−4	296	2411
EJ−5	319	2777	BJ−5	267	2751
EJ−6	264	2589	BJ−6	289	2834
EJ−7	260	1902	BJ−7	347	3086
EJ−8	368	3020	BJ−8	329	2962
EJ−9	338	2985	BJ−9	272	2573
EJ−10	359	2880	BJ−10	298	2403
EJ−11	272	2660	BJ−11	270	2143
EJ−12	250	2217	BJ−12	258	1823
EJ−13	281	2401	BJ−13	261	2713
EK−14	314	2780	BJ−14	362	3104
EJ−15	261	2104	BJ−15	338	2580
EJ−16	295	2881	BJ−16	242	2342

일본어 /e/의 F1과 F2

J-/e/	F1	F2	J-/e/	F1	F2
J-1	503	2739	AJ-1	490	1912
J-2	462	2318	AJ-2	479	2279
J-3	487	2409	AJ-3	494	2051
J-4	629	2491	AJ-4	580	2278
J-5	591	2539	AJ-5	555	2161
J-6	550	1839	AJ-6	390	2412
J-7	602	1709	AJ-7	528	2265
J-8	535	2614	AJ-8	570	2410
J-9	550	2522	AJ-9	466	2564
J-10	433	2143	AJ-10	389	2498
J-11	498	2310	AJ-11	522	2329
J-12	395	2009	AJ-12	630	2537
J-13	383	1993	AJ-13	364	2255
J-14	452	2090	AJ-14	444	2512
J-15	489	2260	AJ-15	498	2405
J-16	576	2594	AJ-16	531	1821

J-/e/	F1	F2	J-/e/	F1	F2
EJ-1	470	2168	BJ-1	548	2138
EJ-2	466	2447	BJ-2	581	2601
EJ-3	608	2233	BJ-3	476	1831
EJ-4	424	2573	BJ-4	445	2299
EJ-5	373	1890	BJ-5	496	2589
EJ-6	552	2171	BJ-6	458	2005
EJ-7	603	2507	BJ-7	574	2542
EJ-8	547	2380	BJ-8	472	2315
EJ-9	533	2685	BJ-9	451	1890
EJ-10	446	2609	BJ-10	485	2487
EJ-11	655	2577	BJ-11	685	2702
EJ-12	574	1730	BJ-12	591	2730
EJ-13	533	2485	BJ-13	432	2191
EK-14	409	2801	BJ-14	507	2040
EJ-15	514	1952	BJ-15	421	2451
EJ-16	576	2109	BJ-16	389	2149

일본어 /a/의 F1과 F2

J-/a/	F1	F2	J-/a/	F1	F2
J-1	813	1519	AJ-1	559	1543
J-2	1075	1571	AJ-2	836	1697
J-3	576	1421	AJ-3	851	1749
J-4	802	1587	AJ-4	451	1631
J-5	687	1858	AJ-5	784	1589
J-6	608	1705	AJ-6	760	1498
J-7	594	1440	AJ-7	772	1632
J-8	642	1526	AJ-8	368	1584
J-9	765	1420	AJ-9	916	1809
J-10	512	1870	AJ-10	944	1692
J-11	984	1728	AJ-11	751	1265
J-12	783	1515	AJ-12	856	1775
J-13	938	1535	AJ-13	802	1782
J-14	904	1625	AJ-14	749	1487
J-15	1061	1986	AJ-15	798	1697
J-16	884	1509	AJ-16	525	1458

J-/a/	F1	F2	J-/a/	F1	F2
EJ-1	786	1748	BJ-1	749	1776
EJ-2	599	1499	BJ-2	961	1757
EJ-3	804	1640	BJ-3	636	1329
EJ-4	918	1541	BJ-4	924	1659
EJ-5	948	2025	BJ-5	507	1705
EJ-6	902	1876	BJ-6	788	1469
EJ-7	782	1653	BJ-7	858	1801
EJ-8	856	1820	BJ-8	732	1758
EJ-9	607	1539	BJ-9	829	1926
EJ-10	701	1434	BJ-10	993	1819
EJ-11	525	1652	BJ-11	711	1553
EJ-12	787	1711	BJ-12	1002	1642
EJ-13	807	1675	BJ-13	942	1754
EK-14	813	1593	BJ-14	728	1506
EJ-15	770	1438	BJ-15	523	1420
EJ-16	707	1539	BJ-16	705	1597

일본어 /ɯ/의 F1과 F2

J−/ɯ/	F1	F2	J−/ɯ/	F1	F2
J−1	329	1160	AJ−1	302	1009
J−2	509	1309	AJ−2	463	1091
J−3	438	930	AJ−3	412	1307
J−4	428	1205	AJ−4	311	1592
J−5	278	1299	AJ−5	308	1168
J−6	269	1533	AJ−6	270	920
J−7	239	1333	AJ−7	423	1278
J−8	400	1437	AJ−8	522	1354
J−9	333	984	AJ−9	341	1280
J−10	551	1806	AJ−10	306	806
J−11	323	870	AJ−11	323	1129
J−12	339	1209	AJ−12	302	951
J−13	328	1083	AJ−13	516	1270
J−14	358	1090	AJ−14	269	1324
J−15	393	1273	AJ−15	332	1058
J−16	480	1378	AJ−16	452	1469

J−/ɯ/	F1	F2	J−/ɯ/	F1	F2
EJ−1	450	1052	BJ−1	462	1251
EJ−2	443	955	BJ−2	328	997
EJ−3	397	1015	BJ−3	311	1372
EJ−4	351	1380	BJ−4	470	1508
EJ−5	350	1116	BJ−5	433	1089
EJ−6	506	1617	BJ−6	505	1624
EJ−7	337	1322	BJ−7	264	1383
EJ−8	309	1517	BJ−8	300	1360
EJ−9	293	837	BJ−9	328	1341
EJ−10	342	1199	BJ−10	308	1087
EJ−11	452	1000	BJ−11	371	1122
EJ−12	300	1130	BJ−12	280	976
EJ−13	436	1258	BJ−13	315	1487
EK−14	274	1468	BJ−14	342	1164
EJ−15	358	1363	BJ−15	406	1181
EJ−16	310	962	BJ−16	285	864

일본어 /o/의 F1과 F2

J-/o/	F1	F2	J-/o/	F1	F2
J-1	485	971	AJ-1	477	884
J-2	259	648	AJ-2	449	779
J-3	474	868	AJ-3	452	806
J-4	458	936	AJ-4	462	827
J-5	313	784	AJ-5	398	798
J-6	350	738	AJ-6	486	961
J-7	328	802	AJ-7	523	1003
J-8	344	1024	AJ-8	490	1027
J-9	454	936	AJ-9	425	887
J-10	413	948	AJ-10	432	905
J-11	339	1076	AJ-11	304	1130
J-12	413	853	AJ-12	592	1213
J-13	545	936	AJ-13	300	626
J-14	513	948	AJ-14	301	728
J-15	547	970	AJ-15	447	827
J-16	513	905	AJ-16	420	923

J-/o/	F1	F2	J-/o/	F1	F2
EJ-1	456	994	BJ-1	545	990
EJ-2	315	649	BJ-2	522	907
EJ-3	466	980	BJ-3	320	649
EJ-4	518	1013	BJ-4	370	902
EJ-5	413	947	BJ-5	476	869
EJ-6	305	742	BJ-6	369	763
EJ-7	325	841	BJ-7	347	833
EJ-8	439	970	BJ-8	428	872
EJ-9	458	810	BJ-9	418	1003
EJ-10	423	906	BJ-10	463	809
EJ-11	479	770	BJ-11	368	760
EJ-12	388	760	BJ-12	378	870
EJ-13	566	885	BJ-13	506	1104
EJ-14	483	1028	BJ-14	486	1092
EJ-15	438	940	BJ-15	462	893
EJ-16	350	895	BJ-16	452	980

찾아보기

(ㄱ)

강세　68, 69

강한 견해(strong view)　38

개구도　23, 87, 104, 105, 111~113, 115, 123, 125, 138, 141, 142, 144, 147, 151~154, 156~158, 165~168, 170~174, 177~180, 182, 183, 185~190, 192, 194, 196, 197, 200~202, 204, 206, 207, 221, 223, 224, 234, 237, 238

개인적 요인　28, 29, 30

거주 기간(Length Of Residence, LOR)　34, 35, 36, 80, 143

격식 발화(formal speech)　75

격음　21

결정적 시기 가설(Critical Period Hypothesis, CPH)　15, 16, 20, 30, 33, 34, 237

경음　21

경험 기간　13, 17~20, 23, 34~37, 188~190, 205~207, 220~224, 231~236, 239

고립된 모음(isolated vowel)　61, 62, 64, 65, 68

고모음　55, 56, 59, 72

공명주파수　58

과일반화　40

구강의 협착 동작(oral constriction gesture)　63

구강전부(口腔前部)　104, 108

구강후부(口腔後部)　104, 108

구개음(glottal sound)　74

궁극적 성공도(ultimate competence)　227, 235, 236

긍정적 전이　46, 141, 152, 225

기본모음　22, 60, 104, 105, 108, 109, 112, 138

기본주파수　58, 75

(ㄴ)

나이　16, 18, 28~30, 34, 37, 41, 42, 54, 97

난이도　19

난이도의 계층도　38, 39, 228

내부 요인(internal factors)　29

(ㄷ)

단음(phones)　18

단일 언어 화자(monolinguals)　44

대역폭　72, 82

대응 모음   96, 98, 100, 102, 116, 117, 125, 126, 128, 130, 223~225, 228
대응(correspondence)   39, 228
대조 분석 가설(Contrastive Analysis Hypothesis, CAH)   37, 38, 43
도착했을 때의 나이(Age Of Arrival, AOA)   15, 34
동기   28, 29
동등 분류 현상(equivalence classification)   57

(ㅁ)

모음 구간   63, 65, 67, 80~83, 98, 135, 209, 210
모음 안정 구간   65
모음도   61, 99, 100, 117, 122
모음사각도   99, 119
모음의 시작 지점(vowel onset)   62
모음 종료 지점(vowel offset)   63
무성 연구개음(voiceless velar)   49
무성음화된 고모음(devoiced high vowel)   73
문체 변화(style shifting)   75

(ㅂ)

bark   45, 54
받침 음절 덧붙임 오류   21
변이음   70
복잡도(complexity)   226, 227
부재 범주(absent)   39

부정적 전이   42, 159, 225
분열(split)   38, 39, 228, 236
분절음(segment)   42
분포이론(dispersion theory)   106
블랙박스(black box)   28
비언어적 변인   30
비유사성 매트릭스(dissimilarity matrix)   56
비음(nasal)   71
비음화된 모음(nasalized vowel)   71, 72

(ㅅ)

사회적 요인   28~30
새로운 것(new)   39, 40, 47, 101, 228
새로운 단음(New Phone, NP)   18, 20, 33, 45, 46, 50~52
새로운 음성 범주(a new phonetic category)   45, 46, 221, 223, 224, 228, 236, 237
설체   60
설측음(lateral)   74
성대의 진동률   96
성인이 되어 L2를 배우기 시작한 화자 (late learners)   15
소리의 연속체(connected speech)   70
숫자값 찾기(numerical value searching)   81, 98, 135
스펙트럼   63, 72~74, 82
스펙트로그램   62, 64, 70~72, 74, 75, 82
습득 속도(rate of acquisition)   49, 50, 180, 224, 227, 229, 230, 235~237

습득 순서 40, 224, 225, 227, 230, 235,
　　236
10모음체계 23

(ㅇ)

IPA(International Phonetic Alphabet)
　　20, 22, 51~53, 100,~102, 116, 117,
　　119, 122, 125, 126, 232, 233
IPA 공유 20, 53
애착(emotional attachment) 17, 36, 37
약화된 견해(weak view) 38, 40
어린이 때 L2를 배우기 시작한 화자
　　(early learners) 15
억양 69
언어 간 동일 시 현상 18, 57
언어 간 차이 38
언어 내 유표성 가설(Intralingual Markedness
　　Hypothesis, IMH) 49
언어 처리 기제 28
언어적 변인 33, 37
SPE식 자질 표시 52, 116
F1-F2 좌표 100, 171
L1 사용량 17, 34, 36, 42
L2 경험 기간 34
L2로서의 영어(English as a Second Language,
　　ESL) 19
LPC 분석(Linear Predictive Coding) 81,
　　82, 98, 135
연구개 59, 71
연속체(continuum) 53
연습 가설(exercise hypothesis) 33

영 대조(zero contrast) 39, 40
외국인 같은 발음(foreign accent) 17,
　　19, 37, 41~42, 238
외부 요인(external factors) 28
원료와 여과기 이론(source-filter theory)
　　58
원순모음 60, 115, 121, 123
원순성 52, 60, 88, 115, 119, 123, 124,
　　179, 180, 183, 185, 190, 222, 234,
　　235, 238
유사성의 유무 18, 20, 47, 50, 53, 100,
　　101
유사성 차이 정도 가설(Similarity Differential
　　Rate Hypothesis) 37, 43, 47, 49,
　　229
유사한 단음(Similar Phone, SP) 18, 46,
　　51, 52
유성 인두음(voiced pharyngeal) 49
유음 72
유의미한 단어(meaningful words) 69
유의미한 차이 77~78
유의수준 77~78
유창성 134
유표 규약(Marking Convention) 226
유표성 차이 가설(Markedness Differential
　　Hypothesis, MDH) 37, 47, 225, 227
6모음체계 23
융합(coalesced) 38, 39
음가 20, 22, 42, 52, 55, 59, 64, 68, 100,
　　104, 109, 112, 122, 196
음성 범주 동화(phonetic category dissimilation)
　　43, 44, 237

음성 범주 이화(phonetic category assimilation) 43, 44

음성 산출 실험 13, 14, 209, 222, 225

음성 산출의 원료와 여과기 이론(source-filter theory) 58

음성 습득 모형(Speech Learning Model, SLM) 13~16, 26, 33, 37, 42, 43, 47, 50, 228, 236

음성 인식 실험 26

음성적 차원 25, 26, 221, 223

음성적 하부 체계 43

음소 목록 70

음운 5, 25, 221, 223, 225, 227, 228, 235

음운 차원 25, 26, 41, 209, 221, 223, 224, 225, 227, 228, 235

음운론적 공동 영역(common phonological space) 43

음운론적 대립 23

음조(pitch) 69

음향 여과기(acoustic filter) 57

음향음성학적 특징 65, 77, 231

음향적 영역(acoustical space) 55

의심스러운 포먼트(spurious formant) 82

이분법적 구분 53

2차 기본모음 22

이중 언어 화자(bilinguals) 41

인두강 59, 60, 104, 108, 111, 118, 121

인성(personality) 29

인식적 영역(perceptual space) 55~57

인식적 자기 효과(perceptual magnet effect) 57

인지 양식(cognitive style) 28, 29

읽기용 문장(carrier sentence) 61, 69, 79, 97

(ㅈ)

자기 효과(Magnet Effect) 57

자발성(willingness) 17, 37

자모 교수 238

자소 전이 41

자소 체계 42

자연스러운 발화(unconscious speech) 75

자음 목록 70

자질 표시 52, 116

적성(aptitude) 17, 29

적응분산이론(theory of adaptive dispersion) 106, 142

전방성 54, 55, 60

전이 37, 38, 41, 42, 46, 136, 220~222, 225, 234

전체 발음(overall degree of foreign accent) 31, 32

전형적인 발음(authentic pronunciation) 26

접근음(approximant) 74

정밀표기 108

정서법 42

정의적 상태 28, 29

정현 곡선 65~67, 81

JplotFormant 102, 136

제2언어 습득(Second Language Acquisition, SLA)　27, 30, 31
제2형성소 주파수(F2)　55, 60
제1형성소 주파수(F1)　55, 59
조음 전이　41
조음음성학적 특징　99, 231
조음·음향학적 특징　13, 22, 25
조음적 영역(articulatory space)　55
조음체의 이동　95
종료 지점(offset)　62
중간언어(interlanguage, IL)　29
중설 고모음　22
중설모음　60
지각 동화 모형(Perceptual Assimilation Model, PAM)　25, 42, 57
지각(perception)　18
진정한 의미의 초급자(true beginner)　19
진폭(amplitude)　72, 81

(ㅊ)

차이의 유형　229, 230, 236
천장 효과(ceiling effect)　140
청취 실험　17, 24, 25, 205, 209, 222, 225
청취 전이　41, 42
최소대립쌍 읽기　75
최적성이론　107
치경음　94
치조폐쇄음(alveolar closure)　63, 87
7모음체계　23

(ㅌ)

태도　28, 29, 226
t검정(t-test)　78, 136

(ㅍ)

파형(waveform)　62~64, 72, 73, 80, 81, 211
8모음체계　23
편재화 현상(lateralization)　30
평음　21
포먼트 주파수　24, 25, 56, 60, 65, 75, 76, 78, 96
포먼트 측정 지점　63, 67, 68, 78, 81
표본비　82
표상(representation)　36
PitchWorks　65, 67

(ㅎ)

학습 전략(learning strategies)　29
학습 전이　40
학습량　208
학습상 난점　40, 41
합류 현상　109
합쳐진 범주(merged category)　44
혀의 높낮이　55, 59, 103, 108, 109, 113, 118, 125, 138, 144, 147, 151, 153, 160, 165, 167, 168, 170~174, 177, 179, 181, 183, 185~187, 189, 192, 193, 194, 196, 198, 200, 201, 204, 206, 220, 222~234, 235

혀의 전후 위치   55, 59, 85, 102, 113,
118, 120, 125, 138, 144, 147, 151,
153, 157, 158, 165, 166, 170~174,
177,~180, 185~187, 189, 191~193,
197, 198, 200, 201, 206, 207, 221,
222, 224, 234, 235, 238
혓날   88, 104, 105
형성소 주파수   58, 59
후두음   62, 63, 85
후부치경음   94
후설 저모음   22

한국어 발음 습득 연구

모음 중심의 실험음성학적 연구

초판 인쇄 | 2009년 9월 18일
초판 발행 | 2009년 9월 25일

지은이 | 권성미
펴낸이 | 박찬익
편집책임 | 이영희
책임편집 | 김민영

펴낸곳 | 도서출판 **박이정**
주소 | 서울시 동대문구 용두동 129-162
전화 | 02) 922-1192~3
전송 | 02) 928-4683
홈페이지 | www.pjbook.com
이메일 | pijbook@naver.com
온라인 | 국민 729-21-0137-159
등록 | 1991년 3월 12일 제1-1182호

ISBN | 978-89-6292-069-7   93710

* 책값은 뒤표지에 있습니다.